2판

교육행정 및 교육경영

EDUCATIONAL ADMINISTRATION & EDUCATIONAL MANAGEMENT

김달효 저

KB055501

학지사

2판 머리말

시간의 지남은 변화의 만남을 부르는 것이 필연적인 듯하다.

지난 2011년에 『교육행정 및 교육경영』 1판이 나온 이후, 지금까지 관련 이론과 연구 그리고 실제가 많이 달라졌다. 그리고 교육학 임용시험도 선다형 문제에서 논술형 문제로 바뀌었다. 그동안 수업 교재로 활용하면서 이와 같은 변화에 따른 내용의 수정 및 보완의 필요성을 느끼게 되었다.

이에, 『교육행정 및 교육경영』 2판에서는 이와 같은 변화들을 수용하는 내용으로 담으려고 하였다. 정도의 차이는 있으나 모든 장에서 내용의 수정 및 보완이 이루어졌다. 특히 제6장 '교육법'은 주요 법령의 변화에 따른 내용의 수정이 크게 이루어졌다. 제7장 '교육인사행정'은 학교현장과 교원에 좀 더 직접적으로 관련 있는 내용으로 수정 및 보완이 이루어졌다. 제8장 '학교시설'은 아예 별도의 장으로 새롭게 구성하여 학교시설의 중요성과 변화의 필요성을 피력하였다.

아무쪼록, 이 책을 보는 이들에게 조금이나마 뜻깊은 도움이 되기를 바라는 마음이다. 그리고 이 책이 나오기까지 애써 주신 학지사 관계자분들께 감사한 마음을 전한다. 끝으로, 늘 곁에서 힘이 되어 주는 아내(도희), 딸(지민), 아들(민건)에게 고마운 마음을 담는다.

2019년 9월

1판 머리말

저자가 수년간 교육행정에 관한 전공 및 교직 수업을 해 오면서 느낀 것은 학생들이 교육행정이라는 학문을 어려워하고 그 중요성에 대해서도 의미 부여를 깊이 하지 않는다는 점이었다. 물론 그렇지 않은 학생도 있지만, 많은 학생이 그저 수강해야 하니까 또는 시험을 쳐야 하니까 배운다는 인상을 받게 한다. 하지만 교육행정이라는 학문은 교육에 대한 매우 중요한 목적과 성격 그리고 기능을 가지고 있고, 그 의미 부여만 제대로 한다면 학습자가 어렵지 않게 지적인 안목을 습득할 수 있다. 교육행정이라는 학문에 대한 학습자의 지적인 안목이 유익하고 유용하게 습득되도록 하기 위해서는 교수자의 역량도 중요하지만 기본적으로는 교재가 그 목적에 맞도록 충실하게 구성되어야 한다. 이것이 이 책을 집필하게 된 본질적인 동기이다.

이 책을 집필하면서 학습자가 이 책으로 열심히 학습하였을 때 교육행정의 주요 이론뿐만 아니라 실제까지 이해하고 교육행정적인 안목을 가질 수 있도록 다음의 네 가지에 주안점을 두었다. 첫째, 교육행정의 주요 영역이 포괄적으로 포함되도록 하였고, 둘째, 교육행정을 구성하는 주요 개념을 명확하게 이해하는 데 초점을 맞추었으며, 셋째, 가급적 최신의 이론과 실제를 반영하였고, 넷째, 교육행정의 쟁점과 관련된 부분은 이론적인 것뿐만 아니라 실제적인 것까지 심도 깊게 이해할 수 있도록 구성하였다.

이 책은 크게 12개 장으로 구성되어 있다. 제1장 '교육행정의 기초'에서는 교육행정의 개념, 관점, 성격, 원리, 평가 등 교육행정에 관한 기본적인 내용을 이해하도록 하였다. 제2장 '교육행정의 기초 이론'에서는 과학적 관리론, 관료제, 인간관계론, 체제이론, 동기이론 등 교육행정에 관한 기초적인 이론을 파악하도록 하였다. 제3장 '리더십'은 리더십의 개념, 근원, 리더십 특성론, 리더십 행위론, 상황적 리더십, 변혁적 리더십, 새로운 리더십, 리더십 효과성 등으로 구성함으로써 교육행정의 관점에서 리더십을 다각적으로 이해하도록 하였다. 제4장 '교육조직'은 조직의 기초, 조직의 변화와 저항, 학교조직의 특성, 학교조직 분석의 네 가지 틀, 조직 문화와 풍토, 조직의 참여적 관리 모형, 조직구조론 등으로 구성함으로써 조직이라는 단위로 학교 및 교육을 파악하도록 하였다.

제5장 '교육정책'은 교육정책의 개념, 원리, 기본 모형, 교육정책의 과정, 교육정책 효과 분석 모형, 교육정책 형성의 제약 요인, 교육정책 평가의 준거, 교육정책의 쟁점 등으로 구성함으로써 교육정책을 종합적으로 이해하도록 하였다. 특히 교육정책의 실제에서 핵심 쟁점이 되고 있는 학교선택제를 심도 있게 다룸으로써 교육정책을 실질적으로 이해할 수 있도록 하였다. 제6장 '교육법'은 교육법의 개념, 성격, 구조, 학생 체벌과 교원의 법적 책임, 교원의 의사표현 행위의 보호범위, 교원의 교육의 자유의 한계와 보호범위, 학교사고에 대한 교사의 법적 책임 등으로 구성함으로써 주요 교육법령의 핵심 내용과 판례 중심의 실제를 쉽게 파악하도록 하였다. 제7장 '교육인사행정'은 교육인사행정의 개념과 원리, 주요 용어, 교육인사의 분류, 교원의 자

격, 배치, 임용 기준, 보직교사, 교원의 승진과 전직 및 전보, 교원의 보수제도, 교원의 불이익처분과 구제제도, 교원의 휴직 등으로 구성함으로써 교육인사행정에 관해 종합적으로 이해하도록 하였다.

제8장 '교육재정 및 학교시설'에서는 교육재정의 개념, 특성, 원리, 교육비, 교육재정의 확보와 배분, 지방교육재정교부금, 학교회계, 학교시설의 개념, 구성 및 분류 체계, 교육시설의 준거, 학교시설과 관련된 주요 법령 내용 등으로 구성함으로써 교육재정 및 학교시설에 관해 쉽게 이해하도록 하였다. 제9장 '장학'은 장학의 개념, 유형, 선택적 장학, 우리나라 장학의 문제점 등으로 구성함으로써 장학을 쉽게 파악하도록 하였다. 제10장 '학교경영'은 학교경영의 개념, 원리, 학교운영위원회, 교무분장조직, 학교경영의 기법, 학교경영평가 등으로 구성함으로써 학교경영의 이론과 실제를 이해하도록 하였다. 제11장 '학급경영'은 학급경영의 개념, 원리, 학급집단사회의 활동, 사회성 측정, 학급 규모, 능력별 집단편성 등으로 구성함으로써 학생을 위한 진정한 학급경영이 무엇인가에 대한 안목을 갖도록 하였다. 제12장 '교사론'은 교사와 교직관의 변화, 교원의 전문성, 교원의 권리와 의무, 교사의 책임감, 교사의 갈등, 교사의 윤리 등으로 구성함으로써 올바르고 훌륭한 교사에 대하여 이해하도록 하였다.

끝으로 이 책의 출판을 맡아 주신 학지사의 김진환 사장님을 비롯하여 직원 여러분에게 감사드린다. 그리고 항상 저자의 든든한 후원자인 아내와 사랑스러운 딸에게 진정한 고마움을 전하는 바이다.

2011년
승학산 자락 연구실에서
金達孝

차례

제1장 교육행정의 기초   15

제2장 교육행정의 기초 이론   35

제6장 교육법　　　　　　165

제7장 교육인사행정　　　　195

제 1 장

교육행정의 기초

1. 교육행정의 개념

교육행정의 개념을 사전적 정의와 조작적 정의 차원으로 살펴보면 다음과
같다.

1) 교육행정의 사전적 정의

'교육행정'이라는 개념은 '교육'이라는 개념과 '행정'이라는 개념이 결합되
어 구성된 것이다. 그리고 교육행정의 개념을 영어로 표기하면 educational
administration이고, 한자로 표기하면 敎育行政이 된다. 이러한 개념들을 사
전에 근거해서 정의하면, 영어의 '행정(administration)'은 '사업, 학교 또는 기
타 기관을 계획하고, 조직하고, 운영하기 위해 행해지는 활동(the activities
that are done in order to plan, organize and run a business, school or other
institution)'으로 정의되고 있다. 그리고 한자의 '행정(行政)'은 '정치나 사무를

행함' '국가 통치 작용 가운데 입법 작용과 사법 작용을 제외한 국가 작용'으로 정의되고 있고, '교육행정(教育行政)'은 '교육의 목적을 달성하기 위한 국가나 지방자치단체의 조직과 작용'으로 정의되고 있다.

2) 교육행정의 조작적 정의

주요 학자들의 교육행정에 관한 정의를 정리하면 다음과 같다.

* 교육행정은 사회적·공공적·조직적 활동으로서의 교육에 관하여 공동목표를 설정하고, 그 목표 달성에 필요한 교육 프로그램 및 인적·물적 조건을 정비·확립하고, 목표 달성을 위한 활동을 지도·감독하는 것을 포함하는 일련의 봉사활동이다(김종철, 1982).
* 교육행정은 교육의 목적을 효과적으로 달성하기 위해 교육법규나 정책을 집행하고, 교수-학습에 필요한 제 조건을 정비·확립하고, 교육조직 구성원의 협동 행위를 능률적으로 조성하는 수단적 봉사활동의 과정이다(김윤섭, 2001).
* 교육행정은 교육기관이 목적을 수립하고, 수립된 목적을 달성하기 위하여 인적·물적·재정적 자원을 확보하여 이를 배분하고 능률적으로 활용하여 목표 달성을 극대화하기 위하여 기획·운영·평가하는 일련의 활동이다(박종렬 외, 2003).
* 교육행정은 국가나 지방자치단체가 교육활동에 관한 계획이나 정책을 수립하고, 이를 달성함에 필요한 인적·물적 조건을 정비·확립하고, 교육정책을 합법적·효율적·협동적으로 집행하고 평가하는 일련의 활동과정이다(김윤태, 2006).
* 교육행정은 교육목표를 효율적으로 달성하기 위하여 법적·제도적 장치를 마련하고, 교수-학습에 필요한 인적·물적 자원을 확립하여 지원하며, 교육조직 구성원이 서로 협력할 수 있도록 여건을 조성하는 수단

적인 봉사활동이다(박세훈, 권인탁, 고명석, 유평수, 정재균, 2008).

- 교육행정은 교육행정의 주체가 교육활동에 종사하는 기관과 구성원을 위하여 필요한 인적·물적 자원을 최대한으로 지원할 뿐만 아니라 상호 협력적 관계 속에서 교육의 목적을 이루는 과정에 봉사하는 것이다(이성은, 2008).

이상에서 살펴본 교육행정의 사전적 정의와 조작적 정의를 종합해 보면, 교육행정은 '교육의 목적 달성 및 원활한 교수-학습을 위해 필요한 인적·물적 제반 조건을 국가 또는 지방자치단체가 확립하고 지원하는 일련의 봉사적 활동'이라고 정의 내릴 수 있다.

2. 교육행정의 관점

교육행정에 대한 관점은 학자들마다 다소 차이가 있다. 대표적인 교육행정의 관점으로 조건정비론, 국가통치권론, 행정과정론 등을 살펴보면 다음과 같다.

조건정비론　　조건정비론은 교육목적을 달성하는 데 필요한 인적·물적제 조건을 마련하고 지원해 주는 것이 교육행정이라는 관점이다. 따라서 '교육을 위한 행정'이라는 관점을 취한다. 인적 조건에는 대표적으로 교원이 포함될 수 있고, 물적 조건에는 교육재정, 학교시설, 각종 기자재 등이 포함될 수 있다. 또한 교육목적의 달성은 구체적으로 수업을 통해서 가능해지기 때문에, 미시적으로는 효과적인 수업을 하는 데 필요한 인적·물적 조건들을 마련하고 지원해 주는 것이 교육행정이라고 보는 관점이다. 이러한 조건정비론이 교육행정의 가장 일반적인 관점이라고 할 수 있다.

국가통치권론   국가통치권론은 총체적인 국가행정의 관점에서 교육행정을 파악하려는 관점이다. 즉, 국가통치권 중 입법, 사법, 행정 중에서 행정작용을 내무, 외무, 군무, 법무, 재무 등 다섯 가지로 분류하고, 이 가운데 내무행정에 '교육에 관한 행정'인 교육행정을 포함시킨다. 이는 현재 국가통치권 중 교육행정 사무를 교육과학기술부에서 담당하기 때문에 교육행정은 교육과학기술부가 수행하는 법적 기능 또는 행정 작용이라고 정의하는 방식이다. 그리고 이러한 관점은 교육행정을 체계적으로 분류하여 파악하고 법학적 개념에 의존하는 관점이라고 해서, 분류체계론적 관점 또는 법규해석적 관점이라고도 한다(윤정일, 송기창, 조동섭, 김병주, 2008).

행정과정론   행정과정론은 행정이 이루어지는 과정, 단계, 절차, 경로 등에 초점을 맞추어 교육행정을 파악하려는 관점이다. 교육행정은 하나의 단순한 과정으로 이루어지는 것이 아니라 다양하고도 복합적인 과정을 거쳐 이루어지므로, 그러한 과정이 교육행정의 중요한 부분임을 강조한다. 대표적인 예를 들면, Fayol(1949)은 행정의 과정을 ① 기획(planning) → ② 조직(organizing) → ③ 명령(commanding) → ④ 조정(coordinating) → ⑤ 통제(control)로 분석하였고, Gulick과 Urwick(1937)은 행정의 과정을 ① 기획(planning) → ② 조직(organizing) → ③ 인사배치(staffing) → ④ 지시(directing) → ⑤ 조정(coordinating) → ⑥ 보고(reporting) → ⑦ 정산 및 예산편성(budgeting)으로 분석하였다.

3. 교육행정의 특성

교육행정은 공공성, 민주성, 정치성, 한계성, 평가의 난이성 등의 특성을 갖는다.

공공성 학교교육은 국·공립학교 및 사립학교를 모두 포함하여 공공성을 갖는다. 즉, 학교교육은 사적인 목적을 위해서 운영되는 것이 아니라 공적인 목적을 위해서 운영되어야 하고, 소수 계층을 위해 운영되는 것이 아니라 일반 대중을 위해 운영되어야 하며, 사익을 목적으로 하는 것이 아니라 공익을 목적으로 하는 것이다. 따라서 교육행정은 학교교육의 공공성이 보장되고 발전될 수 있도록 인적·물적 자원을 확보하고 지원할 뿐만 아니라 학교교육의 공공성 강화를 위한 교육법, 교육정책, 교육제도 등을 정비하는 것을 가장 기본적인 목적으로 추구한다.

민주성 학교교육은 학교교육 주체들의 참여를 바탕으로 하는 민주성의 가치가 존중되고 실현되어야 한다. 그리고 민주성이라는 개념은 구성원들의 참여를 보장해 주고 그들의 의견과 요구를 존중하고 반영하며, 그 결과로 특정한 사람들이 아닌 대다수의 일반 사람들에게 혜택이 균형 있게 돌아갈 수 있도록 하는 것이 가치 있다는 뜻을 내포한다. 따라서 교육행정은 국민들의 의사가 존중되고 반영될 수 있도록 추진·진행되어야 하고, 교육전문가들의 의견도 다양하게 수렴하여 전체적인 교육행정의 과정 및 결과로 균형적인 발전이 실현되는 것을 목적으로 추구한다.

정치성 학교교육은 기본적으로 정치적·종교적 중립성을 지닌다. 즉, 학교교육에서 특정한 정당에 유리한 또는 불리한 내용을 가르쳐서는 안 되고, 특정한 종교의 학습을 강요해서도 안 된다. 하지만 학교교육은 그 사회의 규범, 가치관, 역사 및 문화에서도 영향을 받을 뿐만 아니라 그 사회가 지향하는 정치적 체제(예: 자본주의 또는 공산주의)에서도 영향을 받기 때문에, 크게 보면 학교교육은 어느 정도 정치성을 띨 수밖에 없는 것이 현실이다. 그리고 정치성이란 넓게 보면 권력, 희소성, 갈등, 조정 등과 같은 일련의 정치적 메커니즘 속성도 내포한다. 교육행정 역시 이러한 정치적 속성을 갖는다. 즉, 교육행정은 그 사회가 지향하는 정치적 이념 속에서, 교육 관련 이해관계 집단의 다양한 주장 및 요구에 대해 일련의 정치적 메커니즘을 거쳐, 제한된 인적·물적 자원으로 효율성과 효과성을 추구해야 하는 속성을 갖는다.

한계성　학교에는 다양한 외모, 성격, 능력, 가정환경 등을 가진 학생들이 생활한다. 이러한 다양성을 지닌 학생들 모두가 최고의 성적을 거둘 뿐만 아니라 올바른 인성도 함양할 수 있도록 하는 것이 학교교육의 이상이다. 하지만 이러한 이상이 실현되기는 매우 어려운 것이 현실이다. 그리고 학교의 사회적 선발의 기능을 고려하면 모두가 성공을 경험하지 못하고 제한될 수밖에 없는 것도 사실이다. 교육행정 역시 제한된 자원을 가용할 수밖에 없다는 현실적인 한계도 갖지만, 모든 사람의 욕구를 충족시키는 교육행정(예: 교육정책)을 하기란 거의 불가능하다는 한계를 갖는다. 다만, 이러한 한계성은 현실의 어려움을 그대로 받아들이고 낙담하거나 포기하는 '체념적 한계성'이 아니라 현실적인 한계성 속에서도 개선을 향해 도전하는 '발전적 한계성'으로 진보할 것을 추구하는 것이 요구된다.

평가의 난이성　학교는 물건을 다루거나 생산하는 곳이 아니라 교사와 학생과 같이 사람과 사람이 만나서 상호작용하는 곳이다. 그리고 그러한 상호작용의 결과로 기대하는 것들(학업성취도 향상, 올바른 인성과 가치관, 만족도 등)은 학교 내적인 요인들(학교풍토, 교사의 역량, 학교시설 등)로만 영향을 받는 것이 아니라 학교 외적인 요인들(가정환경, 지역사회의 환경, 교육제도와 사회규범 등)에 의해서도 영향을 받는다. 따라서 학교교육의 평가를 정확하게 한다는 것이 매우 어렵다. 교육행정의 핵심인 교육목적의 효율적·효과적 달성은 결국 학교교육의 개선과 발전을 통해 이루어지는 것이기 때문에 교육행정 역시 전체적으로 보면 이러한 평가의 난이성의 속성을 갖게 된다.

4. 교육행정의 원리

교육행정의 원리를 이해하기 위해, 먼저 '원리(principle)'라는 용어의 뜻을 살펴보면, 원리는 '법칙 가운데에서도 가장 근본적인 것, 기초가 되는 근거 또는 보편적 진리'를 뜻한다. 따라서 교육행정의 원리란, '교육행정을 계획하고 실행하며 평가할 때 반영하고 실천해야 하는 보편적 진리 혹은 근거나 덕목'을 뜻한다고 볼 수 있다. 그리고 교육행정의 원리는 만약 그것이 교육행정을 실행할 때 반영된다면, 보다 성공적이며 효율적이고 효과적인 교육행정이 보장될 수 있다는 것을 뜻한다. 이러한 교육행정의 원리에는 민주성, 효율성, 합법성, 기회균등, 지방분권, 자주성, 안정성, 전문성 등 다양한 원리가 포함된다.

1) 민주성의 원리

민주성의 원리는 국민의 의사를 교육행정에 반영하고 국민을 위한 교육행정을 해야 한다는 것을 의미한다(윤정일 외, 2008). 이러한 민주성의 원리의 핵심적인 특징은 바로 참여이다. 즉, 교육행정을 할 때에는 한 사람 또는 특정한 집단에 의해서만 이루어져서는 안 되고, 다양한 가치관과 이해관계를 가진 사람들도 참여하여 그들의 의사가 반영되도록 최선을 다해야 한다는 것을 뜻한다. 이러한 민주성의 원리가 잘 반영된 대표적인 예로는 학교현장에서 설치되어 있는 학교운영위원회를 들 수 있다. 즉, 학교운영위원회는 학교교육의 주요 주체라고 할 수 있는 교원 대표, 학부모 대표, 지역인사 대표가 참여하여 구성되며, 학교현장의 구체적인 일들을 협의하여 학교경영을 하도록 함으로써 예전에 학교장의 독단적인 방식으로 이루어졌던 학교경영을 탈피하여 민주성의 원리가 반영된 예라고 할 수 있다.

2) 효율성의 원리

효율성의 원리는 성공적인 교육행정을 위해 투입되는 시간, 노력, 인적 · 물적 자원이 그 투입된 양에 비해 많은 성과를 거둘 수 있도록 교육행정을 해야 한다는 것을 의미한다. 이러한 효율성의 원리는 교육행정이 이루어지는 과정에 있어서 좀 더 경제적일 수 있도록 노력하게끔 해 준다는 점에서 그 장점이 있다. 그러나 교육에 있어서 효율성의 논리만 너무 강조하면 역효과를 가져올 수 있다는 점에 주목할 필요가 있다. 예를 들면, 교육청에서 일선 학교에 예산을 분배해 주는 기준으로서 학교평가 점수에 따라 차등 배분한다는 것을 채택하면, 각 학교에서는 학교경영을 하는 데 있어 주어진 인적 · 물적 자원에 시간과 노력을 더욱 경주할 가능성이 높아질 수도 있다. 그러나 그 결과로 학교들 간에 빈익빈 부익부 현상이 반복될 가능성이 높아지며, 학교 내에서도 교육의 본질에 충실하기보다는 평가 점수에 신경을 더 많이 쓰는 역효과를 유발할 수 있다.

3) 합법성의 원리

합법성의 원리는 교육행정의 모든 활동이 합법적으로 제정된 법령 · 규칙 · 조례 등에 따르는 법률 적합성을 가져야 한다는 것을 의미한다. 즉, 모든 교육행정은 법률에 위반되어서는 안 되고, 법률의 근거를 필요로 하며, 실정법에 맞는 집행을 해야 함을 의미한다(윤정일 외, 2008). 예를 들면, 이것은 교육행정이 「국가공무원법」 「교육기본법」 「초 · 중등교육법」 「고등교육법」 「교육공무원법」 「지방교육자치에 관한 법률」 「교원의 지위 향상 및 교육활동 보호를 위한 특별법」 등에 따라야 하고, 이러한 법률을 위반하도록 교육행정을 시행해서는 안 된다는 것을 뜻한다.

4) 기회균등의 원리

기회균등의 원리는 국민들이 교육을 받을 수 있는 기회가 균등하게 제공될 수 있도록 교육행정을 시행해야 한다는 것을 의미한다. 교육에 있어 이러한 기회균등의 원리를 법률에서 찾아보면, 「교육기본법」의 제3조에 명시된 대로 "모든 국민은 평생에 걸쳐 학습하고, 능력과 적성에 따라 교육받을 권리를 가진다."는 것, 그리고 「교육기본법」의 제4조에 명시된 대로 "모든 국민은 성별, 종교, 신념, 사회적 신분, 경제적 지위 또는 신체적 조건 등을 이유로 교육에 있어서 차별을 받지 아니한다."는 것을 들 수 있다.

이러한 기회균등의 원리는 구체적으로 경제적 차원, 지리적 차원, 시간적 차원에서 해결될 필요성이 있다. 첫째, 경제적 차원에서는 무상의무교육제도의 확대 또는 장학금 제도의 확대를 통해 경제적 어려움을 겪는 사람도 교육에 대한 기회를 보장받을 수 있도록 하는 것이다. 둘째, 지리적 차원에서는 교육을 받고자 하는 사람의 거주지와 가까운 곳에 학교를 설치하도록 함으로써 지리적인 원인으로 인해 교육에 대한 기회가 손실되지 않도록 보장하는 것이다. 예를 들면, 마라도에 분교를 설치한 것을 들 수 있다. 그리고 셋째, 시간적 차원에서는 개인의 여건상 정해진 시간에 교육을 받기가 여의치 않을 경우, 시간제, 계절제, 야간제 등 보다 자유로운 시간에 교육을 받을 수 있는 기회가 보장될 수 있도록 하는 것이다.

5) 지방분권의 원리

지방분권의 원리는 교육행정의 권한이 중앙정부에 집중되지 않고 각 지역에 권한 이양이 이루어지도록 실시해야 한다는 것을 의미한다. 즉, 각 지역마다 지역의 특수성이 있기 때문에, 교육행정에 관한 권한이 지방으로 이양되면 각 지역의 특수성에 맞는 교육행정을 지역 주민의 교육에 대한 요구를 반영하여 효율적이고도 효과적으로 실행할 수 있다는 것을 뜻한다. 이러한 지방분권의 원리는 각 지역의 특수성에 맞는 교육행정이 가능하도록 하는 기회를 제공해 주고 교육행정의 다양성과 자율성을 존중해 준다는 긍정적인 측면이 있다.

하지만 중앙의 권한이 지방으로 이양될 때 교육재정 부담까지 함께 은근 슬쩍 전가된다면, 이는 지역 간의 교육재정 자립도 수준 차이를 도외시하여 결국 교육에 있어 지역 간의 불균형을 더욱 악화시킬 가능성도 있다는 점에 주목해야 한다. 즉, 서울특별시 또는 해당 지역의 재정적 세입금이 풍요로운 광역시는 교육재정에 소요되는 예산을 충당할 수 있지만, 농어촌이 많은 지역이나 개발이 낙후된 지역은 재정적 세입금이 빈약하기 때문에 교육재정에 소요되는 예산을 원활히 충당할 수 없게 된다. 그리고 그 결과로 교육에 있어 지역 간의 불균형이 심화될 수 있다. 그리고 공교육이 실질적으로 강화되기 위해서는 국가가 부담하고 책임을 맡아야 하는 교육재정이 더욱 증가되어야만 하기 때문에, 교육재정 부분까지 지방으로 이양시키는 지방분권의 원리는 신중히 검토되어야 할 사항이라고 할 수 있다.

6) 자주성의 원리

자주성의 원리는 교육행정이란 일반행정으로부터 분리되고 독립되어야 하며, 특히 정치적·재정적 지배나 통제를 받지 않고 독립성을 유지할 수 있어야만 한다는 것을 의미한다. 즉, 원활한 교육행정의 수행에 요구되는 행정적 측면과 재정적 측면이 일반행정과는 독립되어 실행되며 평가받아야만 한다는 것을 뜻한다.

현재 교육감은 시장(도지사)처럼 주민직선제로 선출되며, 시장(도지사)과 대등한 지위를 갖는다. 이를 통해 정치적·행정적 자주성을 갖는다. 하지만 만약 교육감이 시장(도지사)의 러닝메이트로 선출되거나 시장(도지사)이 교육감을 임명하는 식으로 바뀌게 되면 교육행정의 자주성은 침해받게 된다. 한편, 재정과 관련하여 현재 교육청 차원에서는 교육활동에 필요한 일정한 예산을 시·도 의회의 승인을 받아야 하는 측면이 있다. 교육재정과 관련하여 교육행정이 일반행정에 종속되어 있다고 지적받을 수 있는 측면이다. 때로는 이와 관련해서 갈등이 발생하기도 하는 문제가 있다.

7) 안정성의 원리

안정성의 원리는 교육행정의 한 가지 차원으로 시행되는 교육정책이나 프로그램들이 한 번 시행되면 어느 정도의 기간까지는 장기적이고도 안정적으로 유지되도록 교육행정을 해야 한다는 것을 의미한다. 만약 교육정책이나 교육행정의 일환으로 시행되는 프로그램들이 단기간에 새로운 것으로 교체되면, 학생, 학부모, 교원을 비롯한 대다수의 국민들이 사회적 혼란을 경험하게 되고 국가의 교육행정에 대해 불신을 가질 수 있다. 예를 들어, 대입시험제도 또는 교원임용시험제도가 수시로 바뀐다고 한다면, 이와 관련된 많은 학생과 학부모 그리고 교육자들이 혼란을 경험하게 될 것이다. 따라서 이러한 안정성의 원리는 사회적 안정과 질서 유지의 기능을 수행한다. 우리나라의 교육정책 중에서 안정성의 원리의 대표적인 예로는 1974년도부터 시행되고 있는 고교평준화제도를 포함시킬 수 있다.

8) 전문성의 원리

전문성의 원리는 교육행정에 관한 이론과 실제 그리고 경험적으로 잘 이해하고 있는 사람이 교육행정을 수행해야 한다는 것을 의미한다. 이는 교육행정이 보다 성공적이고 효율적이며 효과적인 교육행정을 위한 인적 조건을 충족시키는 것이 중요함을 강조하는 원리이다. 이러한 전문성의 원리가 반영되고 있는 대표적인 예로는 교사가 되기 위해서 반드시 교사자격증을 소지해야만 하고, 교사임용시험을 합격해야만 한다는 점을 들 수 있다. 그리고 교육청의 장학사와 장학관이 되기 위해서는 학교현장에서 학생들을 가르친 교직 경력이 일정 기간 이상 있어야 하고, 또한 교원전문직 시험을 쳐서 높은 성적을 거두어야만 한다는 점을 들 수 있다.

5. 교육행정의 평가

1) 교육행정 평가의 개념

교육행정 평가란, 교육행정이 처음에 목표했던 것을 제대로 달성하였는지 또는 달성해 가고 있는지를 양적 · 질적으로 평가하여, 그 결과를 바탕으로 더욱 개선되고 발전된 교육행정을 할 수 있도록 하는 데 목적을 두고 이루어지는 일련의 종합적인 활동을 의미한다. 따라서 교육행정 평가를 한다고 하면, 실제로는 교육행정의 근간을 형성하는 교육인사, 교육조직, 교육 프로그램 등에서 실시하는 평가를 뜻하며, 이러한 여러 평가를 종합하여 교육행정에 대한 실태를 파악하고 교육행정의 민주성, 합리성, 공평성, 사회정의, 효율성, 효과성 등에서 발전을 도모해 나가는 것을 뜻한다.

2) 교육행정 평가의 원리

교육행정 평가의 원리를 객관성, 공평성, 정의성, 논리성으로 나누어 살펴보면 다음과 같다(박종렬 외, 2003).

객관성의 원리   객관성이란 의식의 대상이 되는 사물, 사건, 관념 등이 가지고 있는 속성 중에서 그 대상을 의식하는 사람의 영향을 전혀 받지 않는 성질을 뜻한다. 즉, 모든 사람이 공동으로 확인할 수 있고, 주관적으로 공통되게 인식되는 성질을 뜻한다. 그리고 교육행정 평가는 의사결정을 위한 목적과 요구에 부응하여야 하며, 더 나아가 주관적 평가보다는 객관적 자료에 기초를 두어야 한다. 따라서 평가 도구나 표집 및 통계적 절차가 객관적 자료에 기초를 두어야 한다.

공평성의 원리　공평성이란 평등의 개념과 비슷한 것으로서, 집단 혹은 사회의 조직적 활동과정에서 여러 인격에 대한 대우 또는 배분 등을 기준에 따라 공평하게 하는 것을 뜻한다. 이러한 공평성에는 동일성(대우 또는 배분의 대상이 같으면 동등하게 대하는 것)과 적합성(이질성 또는 동질성의 여하에 관계없이 주어진 규정 또는 규칙에 맞도록 대하는 것)이 중요시된다. 교육행정 평가는 이러한 공평성의 원리에 따라 공정하고 공평하며 편견이 없어야 한다.

정의성의 원리　정의란 모든 사람이 사회 속에서 최대의 균형적 만족을 얻을 수 있도록 하는 데 목적이 있다. 따라서 정의성의 원리는 공동체의 질서를 위한 법이나 이익 배분의 기본적 기준이 되는 원리로서, 공동체의 구성원에게 공평한 기준에 의하여 교육행정 평가가 행해질 것을 요구하는 것이다. 예를 들면, 교원, 학생, 학부모 등이 만족할 만한 평가 도구와 방법을 평가에 활용하여야 한다.

논리성의 원리　논리란 사물을 감각에 의해서 직접적으로 식별하거나 기억 또는 상상에 의해서 깨닫는 직관과는 다른 것으로서, 사고가 집행되는 과정을 오류 없이 전개하기 위한 규칙과 형식을 뜻한다. 따라서 교육행정 평가에서는 평가 결과의 논리적 도출을 위한 증거를 수집하기 위하여 질문 조사지법, 현장 조사법, 인터뷰 등을 다양하고도 종합적으로 활용하여야 한다.

3) 교육행정 평가의 유형

교육행정 평가의 유형을 크게 ① 교육인사 평가, ② 교육조직 평가, ③ 교육프로그램 평가로 분류할 수 있다. 이에 대해 간단히 살펴보면 다음과 같다.

(1) 교육인사 평가

교육인사 평가란 교육조직 구성원들을 채용하고, 이들의 전문성이 계속 발전할 수 있도록 지원하는 일련의 과정에 대한 적합성, 합리성, 효과성 등을 평가하는 것을 뜻한다. 즉, 교원을 예로 들면, 교사의 임용시험제도, 교장의 임용제도, 교원평가제도가 교육목적을 효과적으로 달성하도록 하는 데 도움이 되도록 적합하고도 합리적으로 이루어지고 있는지 여부를 평가하는 것이 포함된다. 또한 교원의 전보 및 전직 발령이 그 목적을 이상적으로 실현하고 있는지 여부를 평가하는 것도 포함된다.

이와 관련하여, 다음과 같은 질문을 할 수 있다. '신규 교사를 채용하는 현행 임용시험제도가 훌륭한 교사를 선발하는 최적의 방식인가?' '교사 → 교감 → 교장으로의 승진체제는 훌륭한 교장을 선발하는 최적의 방식인가?' '현행 장학사 선발제도는 훌륭한 장학사를 선발하는 최적의 방식인가?' '현행 교원평가제도는 훌륭한 교사를 인정해 주며 전체 교사의 전문성과 사기를 높이는 데 기여하는가?'

(2) 교육조직 평가

교육조직 평가란 학교, 교육청, 교육부 등 교육 관련 조직이 교육목적 달성을 위해 효율적이고도 효과적으로 운영되고 있고 발전하기 위한 노력을 하는지 등을 평가하는 것을 뜻한다. 여기에는 일반적으로 교육조직의 효율화, 적정화, 내실화, 활성화, 목표 달성도, 사업추진 등이 포함된다.

교육부가 실시하는 교육청 평가의 지표는 〈표 1-1〉과 같다. 이와 같은 교육청 평가는 교육청으로 하여금 평가 지표에 해당하는 내용들에 대해 노력하도록 동기부여하고 자극한다는 점에서 의의가 있다. 최우수 및 우수 교육청으로 평가를 받게 되면 교육부의 예산 지원도 강화된다. 하지만 교육청 입장에서는 바람직한 교육 본질에 관해 고민하고 충실하려 하기보다는 평가를 잘 받기 위한 사업과 프로그램 운영에 그칠 수 있다는 우려가 나타날 수 있다. 그래서 교육부에서 최우수 및 우수 평가를 받은 교육청이 진정으로 훌륭한 교육청인가 하는 비판도 받는다.

〈표 1-1〉 **시·도 교육청 평가 지표(2019년 기준)**

평가영역	평가항목	평가지표	배점	방법
① 공교육 혁신 강화 (44점)	1. 교육 혁신을 위한 지원 체제 강화(15점)	혁신학교(지구) 운영을 통한 학교혁신 문화 확산을 위한 추진 노력	4	정성
		교원 행정업무 경감 만족도	3	
		초등문해력 교육 강화 및 학원 등의 교습비 안정화	4	정성
		교육행정기관별 혁신 노력	4	정성
	2. 학생중심 교육 실현(14점)	고교학점제 도입 기반 조성 노력	3	
		자유학기(년)제 연수 실적	2	
		학생부 현장 점검 및 연수 실적	2	
		교원 전문성 신장	5	정성
		학생평가 관련 교원 연수 이수율	2	
	3. 미래인재 양성을 위한 교육 혁신(8점)	초등교원 SW교육 직무연수 누적 이수율	3	
		학교예술교육 활성화	3	정성
		영재교육 수혜율	2	
	4. 진로·직업교육 국가책임 강화 (7점)	직업계고 지원 노력	4	정성
		학생 1인당 진로체험 참여 횟수	3	
② 교육의 희망사다리 복원 (28점)	1. 유아교육 공공성 강화(7점)	국·공립유치원 취원율 향상도	3	
		유아교육 공교육 기반 강화를 위한 시·도교육청의 노력	4	정성
	2. 온종일 돌봄체계 구축(6점)	초등 방과후 돌봄서비스 활성화 추진 실적	4	
		방과후학교 프로그램 참여학생 만족도	2	
	3. 사회취약계층 교육 지원 확대 (5점)	통합학교 교(원)장의 특수교육 연수 이수 실적	3	
		다문화교육 활성화 노력	2	정성

		기초학력보장을 위한 시·도교육청 추진 실적	4	
	4. 사회적 책무성 제고(10점)	전체 학생 대비 학업 중단율	3	
		일자리 개혁 정책의 학교 현장 착근을 위한 시·도교육청의 노력	3	정성
③ 안전한 학교 구현 (18점)	1. 건강한 학교 환경 구축 (10점)	성폭력 예방 및 근절대책 추진	4	정성
		제3차 학교폭력 예방 및 대책 추진	4	정성
		자살예방을 위한 위기학생 전문기관 2차 조치 현황	2	
	2. 안전한 학교 환경 조성 (6점)	안전하고 쾌적한 교육환경 개선 이행률	3	
		학교 안전교육 만족도 및 미세먼지 계기 교육 실시율	3	
	3. 정보보안 강화 (2점)	정보보호 수준진단 점검 결과	2	
④ 교육수요자 만족도 제고 (10점)	1. 교육수요자 만족도(10점)	교육수요자 만족도(학생, 학부모)	10	

* 출처: 교육부(2018). 2019년 시·도 교육청 평가편람, p. 1.

학교평가의 지표는 〈표 1-2〉와 같다. 예전에는 교육청이 직접 학교평가를 실시하였으나, 여러 가지 부작용이 발생하여 학교가 자체적으로 평가하는 것으로 바뀌었다. 이로 인해 학교현장에서는 평가에 대한 부담감이 줄어들고, 학교별 특성에 맞는 평가가 가능하며, 학교의 발전에 실질적으로 기여한다는 장점이 나타난다. 하지만 학교 자체의 인력으로 학교평가를 실시함에 따라 자칫 평가의 전문성이 결여될 수 있다는 우려가 제기된다. 따라서 학교평가에 전문성을 갖춘 외부평가위원을 교육청의 인력풀로 구성하여 지원해 줄 수 있는 방안이 요구된다.

⟨표 1-2⟩ 학교평가 지표 예(2019년 기준/부산광역시교육청)

구분	영역	지표	평가 유형	해당 학교급					자료 출처
				초	중	고	특성화	특수	
공통 지표	1. 교육 과정 및 교수 · 학습	1.1. 자율적 · 창의적 교육과정 편성 · 운영							
		• 핵심역량 함양을 위한 교육과정 편성 · 운영	정성	○	–	–	–	–	학교교육계획
		• 자유학기(년)제, 자유학기-일반학기 연계 교육과정 편성 · 운영	정성	–	○	–	–	–	학교교육과정 편성 · 운영 계획 자유학기(년)제 운영 계획
		• 학생 선택중심 교육과정 편성 · 운영	정성	–	–	○	–	–	학교교육과정 및 학교 간 플러스교육과정 편성 · 운영 계획
		• 특성화교육과정 편성 · 운영	정성	–	–	–	○	–	학교교육과정 및 자기개발시기 교육과정 편성 · 운영 계획
		• 개별화교육의 충실	정성	–	–	–	–	○	개별화교육계획 개별화교육 지원팀 협의록
		1.2. 학생 참여중심 수업 확산과 학생평가 내실화	정성	○	○	○	○	○	학교교육계획 연간 평가 계획
	2. 교육 활동	2.1. 배움 · 나눔 · 성장의 학교문화 혁신	정성	○	○	○	○	○	학교교육계획 전문적 학습공동체 운영 계획
		2.2. 어디(학교 · 가정 · 지역사회)에서나 실천하는 생활교육	정성	○	○	○	○	○	인성교육 계획 및 실적
		2.3. 학력증진 노력	정성	○	○	○	○	○	학교교육계획 기초학력 지원 사업 실적
		2.4. 독서교육 내실화	정성	○	○	○	○	○	독서교육 운영 계획 및 실적
		2.5. 학생자치활동 활성화	정성	○	○	○	○	○	학생자치활동 운영 계획
		2.6. 진로 · 직업교육 충실							
		• 진로교육 프로그램 운영	정성	○	○	○	–	–	진로교육 운영 계획 및 실적
		• 진로 · 직업교육 프로그램 운영	정성	–	–	–	○	○	진로 · 직업교육 운영 계획 및 실적
	3. 교육 개선	3.1. 학교자체평가 결과 환류 노력	정성	○	○	○	○	○	학교교육계획 2018 학교자체평가 결과 2019 학교자체평가 계획
자율 지표	학교자체평가 공통지표 영역(지표) 중 선택을 하거나, 단위학교의 특색 및 자율 주제 중 1개를 선정하여 학교의 교육력 향상을 위한 특색 있고 자율적인 교육활동 전개(정성평가)								

* 출처: 부산광역시교육연구정보원(2019). 2019학년도 학교자체평가 기본계획, p. 5.

(3) 교육 프로그램 평가

교육 프로그램 평가란 교육 프로그램의 목적, 내용, 가치, 영향, 효과 등이 교육목적을 효율적이고도 효과적으로 달성하도록 구성되고 운영되는지 등을 평가하는 것을 뜻한다. 이러한 교육 프로그램 평가에는 대표적으로 교육과정 평가, 교원 연수 평가, 학생 시험 평가 등이 포함된다.

교육과정 평가는 교육과정이 학생들의 발달 단계에 적합하도록 구성되었는지, 지식뿐만 아니라 이해와 적용 그리고 분석 및 종합까지 할 수 있도록 편성되었는지, 교육과정의 전반적인 내용이 교육목적 달성에 적합하고 가치 있는 것인지, 학생의 성 및 계층 그리고 인종에 따라 유리하거나 불리하지 않도록 공정한지 등을 평가한다. 교원 연수 평가는 교원의 전문성을 개선시키는 데 적합하고 충분하도록 프로그램의 종류와 시간이 마련되었는지, 시행 방법 및 결과 활용이 타당하고도 합리적으로 되고 있는지 등을 평가한다. 그리고 학생 시험 평가는 시험이 학생의 학업성취 수준을 정확하게 진단해 주는지, 시험이 학생의 지적 호기심을 유발하고 학습동기를 불러일으키는지 등을 평가한다.

이러한 교육 프로그램 평가와 관련하여 쟁점이 되고 있는 것이 학생의 시험 성적 공개이다. 학생의 시험 성적을 학교별·지역별로 공개하게 되면 학교들 간의 경쟁을 유발할 수 있고, 그 결과로 학생들의 성적을 좀 더 향상시킬 수 있다는 장점이 있다. 하지만 교원들 및 학생들의 부담이 더욱 늘어날 뿐만 아니라 사교육을 더 부추기게 되며, 성적만이 최선이라는 잘못된 교육관을 학생들 및 학부모들에게 직·간접적으로 전달할 수 있어, 오히려 공교육을 약화시킬 수 있다는 문제점이 있다. 따라서 진정한 공교육 강화를 위한 방안을 진지하게 모색할 것이 요구된다.

평가는 문제가 있는 부분을 정확하게 진단할 수 있고, 개선과 발전을 위한 피드백을 제공해 준다는 점에서 긍정적인 측면이 있다. 하지만 이러한 장점이 제대로 실현되기 위해서는 평가의 준거와 방법에 있어서 타당성, 신뢰성,

객관성 등이 확보되어야 한다. 그리고 평가의 결과 활용은 대다수의 구성원이 동의할 수 있는 것이어야 하고, 교육의 균형 있는 발전에 공헌할 수 있는 것이어야 한다.

제 **2** 장

교육행정의 기초 이론

1. 과학적 관리론

20세기 초까지 인간 및 조직에 대한 관리가 체계적으로 이루어지지 않았고, 단지 경험과 상식에 의해 이루어졌다. 이런 상황에서 Taylor는 인간 및 조직에 대한 관리를 체계적으로 하려고 시도하였다. 그리고 관리자는 조직의 구성원들이 과업을 최선의 방법으로 수행할 수 있게끔 연구를 해야 한다고 보았다. Taylor(1911)는 과학적 관리의 네 가지 원리를 다음과 같이 제시하였다(Lunenburg & Ornstein, 2000).

- **과학적인 직무분석**(scientific job analysis): 관찰, 자료 수집, 그리고 면밀한 측정을 통해 각 직무를 '하나의 최선의 방식(one best way)'으로 수행하도록 결정 내릴 수 있다. 이러한 직무분석은 그동안 주먹구구식으로 수행되어 온 비체계적인 직무수행 방식을 바꿀 수 있다.
- **인사 선발**(selection of personnel): 일단 직무분석이 이루어졌으면, 그다

음 단계는 조직 구성원들을 과학적으로 선발하고, 가르치고, 훈련시키고, 발전하도록 하는 것이다. 예전처럼 구성원들이 자신의 일을 선택하고 스스로가 훈련하도록 하는 것은 비과학적이다.

- **관리 협동**(management cooperation): 관리자들은 조직 구성원들과 함께 협동하여 관리함으로써 조직 구성원들이 수행한 모든 일이 과학의 원리에 입각하여 이루어졌음을 확신할 수 있어야 한다.
- **기능적 감독**(functional supervising): 조직의 관리자와 구성원들 간에는 분업이 있어야 하고, 관리자는 기획, 조직, 의사결정과 같은 활동을 해야 하고, 구성원들은 자신들에게 주어진 일을 수행해야 한다. 예전처럼 대부분의 일이 구성원들에게 맡겨지거나 구성원들을 신뢰하여 책임의 역할을 주는 것은 적합하지 않다.

이러한 과학적 관리의 네 가지 원리들은 조직 구성원들의 생산성 극대화를 도모하기 위해 고안된 것이다. Taylor는 시간연구와 동작연구를 통해 조직 구성원들의 작업 기준과 의무를 설정하고, 체계적이고 과학적인 관리를 위해 분업화를 촉진하고, 인센티브 체제를 구축하였다. 그리고 과거의 비과학적이고 비체계적인 관리 방식을 탈피하고, 연구와 실험을 통해 조직의 생산성을 개선시킬 수 있는 명확한 지침과 방식들을 제공하였다.

Taylor의 과학적 관리론은 인간과 조직의 과학적이고 체계적인 관리를 위한 지침과 원리를 제공함으로써 조직발전에 관한 기초적인 틀을 마련하는 데 공헌을 하였다. 또한 이러한 과학적 관리론의 핵심 아이디어(과학화, 체계화, 효율화, 생산성 극대화)는 현대의 조직관리에도 시사점을 제공해 주고 적용되고 있다. 하지만 인간의 존엄성과 가치관을 중요하게 다루지 않았고, 인간을 기계처럼 간주하여 오로지 생산성 극대화를 위한 수단으로 다루었다는 비판을 받는다.

2. 관료제

Max Weber는 인간과 조직이 권위주의적인 산업가들과 기존의 정치체제에 의해 지배된 조직과 비교되는 이상적인 조직으로 관료제(bureaucracy)를 제시하였다. Weber의 관료제 이론은 권위 구조에 기초를 둔 것이다. Weber는 조직체에는 통제와 권위가 있게 마련이라고 보고, 권위가 정당화되는 방법에 따라 권위 유형을 전통적 권위, 카리스마적 권위, 합리적·합법적 권위로 구분하였다. 그리고 Weber는 이러한 합리적·합법적 권위가 관료제를 이루어야 한다고 주장하였다(박병량, 주철안, 2005).

- **전통적 권위**(traditional authority): 하위자가 상위자의 명령을 전통에 따른 것이라는 근거에서 정당한 권위로 받아들일 때 나타난다.
- **카리스마적 권위**(charismatic authority): 권위가 상위자의 비범한 능력에 달려 있는 경우에 나타난다.
- **합리적·합법적 권위**(rational-legal authority): 법에 근거하여 권위가 발생되는 경우이다. 개인은 그가 지닌 법적 지위에 의해 다른 사람들로부터 권위를 부여받고 그 권위를 행사하며, 법적 지위를 상실하면 자동적으로 권위가 상실되는 것으로 간주된다.

1) 관료제의 특징

Weber는 이상적인 관료제의 조직 특징으로서 다음과 같은 다섯 가지를 제시하였다(Hoy & Miskel, 2008).

- **분업과 전문화**(division of labor and specialization): 조직의 목적 달성을 위해 과업이 구성원의 직무로 배분되고 전문화된다.

- **몰인정성**(impersonal orientation): 구성원이 개인적인 감정이나 정에 지배되지 않고 합리성에 근거하여 직무를 수행한다.
- **권위의 위계**(hierarchy of authority): 부서 및 직위가 권위에 따라 위계적으로 배치되고 하위 부서 및 하급자는 상위 부서 및 상급자의 통제와 감독을 받는다.
- **규칙과 규정**(rules and regulations): 구성원의 권리와 의무를 포함한 역할 수행이 규칙과 규정에 의해 일관성 있게 규제된다.
- **경력지향성**(career orientation): 구성원들은 자신의 직무를 경력으로 간주하고, 연공서열이나 실적 또는 양자를 조합하여 승진이 결정된다.

이러한 관료제의 다섯 가지 특징은 학교에도 적용된다. 예를 들면, 학교조직은 교장, 교감, 교사의 직무가 다르고, 중등학교에서는 교과전담제로 운영됨에 따라 한 교사가 자신의 전공 교과만을 가르친다(분업과 전문화). 교사는 학생들을 평가할 때 학생 개인에 대한 감정이나 정에 따라 성적을 달리 주는 것이 아니라 시험성적에 따라 평가한다(몰인정성). 학교는 위로부터 교장, 교감, 부장교사, 일반교사 등의 권위에 따른 위계 서열이 존재하고, 이러한 위계 서열에 따라 하급자는 상급자의 통제와 감독을 받는다(권위의 위계). 학교는 등·하교 시간, 수업 시간 및 지각 시간, 일과 시간, 두발 규정 등 많은 규칙과 규정에 의해 운영된다(규칙과 규정). 학교의 교원들은 교직 경력에 따라 보수와 승진 등에 많은 영향을 받는다(경력지향성).

2) 관료제의 순기능과 역기능

관료제의 특징은 순기능과 역기능을 갖는다. 관료제의 순기능과 역기능을 살펴보면 〈표 2-1〉과 같다(Hoy & Miskel, 2008).

〈표 2–1〉 관료제의 순기능과 역기능

관료제의 특징	순기능	역기능
분업	전문성	권태감
몰인정성	합리성	사기 저하
권위의 위계	순응과 조정	의사소통장애
규칙과 규정	계속성과 통일성	경직과 목표전도
경력지향성	동기유발	실적과 연공 간의 갈등

첫째, 분업과 전문화는 과업을 직무에 따라 나누고 개인은 자신에게 주어진 과업만을 하기 때문에 전문성이 향상되는 순기능을 갖지만, 같은 과업만을 하기 때문에 권태감이 누적되는 역기능을 갖는다.

둘째, 몰인정성은 일을 처리함에 있어 감정이나 정에 구속되지 않고 합리적 기준에 의하므로 합리성을 증진시키는 순기능을 갖지만, 상황에 따른 예외나 융통성을 인정하지 않아 개인의 사기를 저하시키는 역기능을 갖는다.

셋째, 권위의 위계는 하급자가 상급자에게 순응하도록 하고 조정이 필요할 때 상급자의 명령에 따라 원활한 조정이 가능하도록 하는 순기능을 갖지만, 아래로부터 위로의 의사소통은 어렵게 만드는 역기능을 갖는다.

넷째, 규칙과 규정은 조직의 구성원이 바뀌고 다양한 상황의 영향을 받더라도 조직이 계속성을 유지하고 통일성을 기하도록 하는 순기능을 갖지만, 규칙과 규정에 얽매이도록 함에 따라 경직되고 목표전도(더 바람직한 목표를 추구하려고 하지 않고 정해진 규칙과 규정만을 준수하려는 현상)가 나타나도록 하는 역기능을 갖는다.

다섯째, 경력지향성은 조직 구성원들의 경력에 따라 보수와 승진 등에 많은 영향을 주기 때문에 조직에 오래 헌신하면 된다는 동기유발을 가져오는 순기능을 갖지만, 경력만을 중요하게 간주하기 때문에 (경력은 낮지만) 실력이 우수한 구성원과 (실력은 나쁘지만) 경력이 높은 구성원 간에 갈등이 생길 수 있는 역기능을 갖는다.

3) 규칙의 순기능과 역기능

관료제의 특성에서도 살펴보았듯이, 조직은 규칙과 규정을 지님으로써 효율적이고도 효과적인 조직운영이 되도록 한다. 그리고 이러한 조직의 규칙은 그 순기능과 역기능을 함께 지니는 이중적 성격을 갖는다.

조직의 규칙에 대한 순기능과 역기능으로 Gouldner(1954)가 제시한 사항들에 초점을 맞추어 살펴보면 〈표 2-2〉와 같고, 그 설명은 다음과 같다(오영재, 신현석, 양성관, 박종필 공역, 2007; Hoy & Miskel, 2005).

〈표 2-2〉 **규칙의 이중성**

규칙의 순기능	역기능
설명(explication)	무관심의 강화(apathy reinforcement)
차단(보호, screening)	목표전도(goal displacement)
처벌의 합법화(punishment-legitimizing)	자기합리화(legalism)
자유재량(leeway)	방종(indulgency)

첫째, 조직의 규칙은 설명(explication)의 순기능을 가지고 있다. 즉, 규칙은 간결하고 명확한 용어를 통해 하위자들의 구체적인 의무를 기술하고, 일상적인 명령을 반복할 필요가 없게 해 준다. 한편, 규칙은 수용 가능한 최저 수준의 행동을 설명해 주기 때문에 하위자들의 무관심을 강화(apathy reinforcement)하기도 하고 지속시키기도 하는 역기능을 갖는다.

둘째, 규칙은 차단(screening)의 기능을 가짐으로써 행정가와 하위자들 간의 완충 역할을 해 준다. 이에 따라, 지도자들은 자신들의 우위를 억지로 정당화하려고 하지 않고도 규칙을 통해 자신들의 권위를 인정받으며, 하위자들은 모든 인간이 평등하다는 생각을 가지면서 규칙을 통한 지시를 받아들인다. 한편, 규칙은 목표전도(goal displacement) 현상을 가져오기도 하는 역기능을 갖는다. 즉, 규칙을 통해 중요한 의사결정을 하기 때문에 행정가들은 규칙의 중요성에만 초점을 둠으로써 규칙을 넘어서는 다른 중요한 목표들은 고려하지 못하게 된다.

셋째, 규칙은 처벌의 합법화(punishment-legitimizing) 기능을 가지고 있다. 즉, 어떤 행동을 할 때 어떤 형태의 제재가 가해질 것이라는 것을 미리 규칙으로 정해서 분명하게 하위자들에게 제시하였을 때 처벌은 합법화될 수 있다. 사실, 규칙은 처벌을 합법화시켜 줄 뿐만 아니라 몰인정적이게도 해 준다. 한편, 규칙은 자기합리화(legalism)의 수단으로 사용되기도 하는 역기능을 갖는다. 예를 들면, 아무런 행동을 취하지 않은 이유를 규칙에 명시되어 있지 않기 때문으로 돌림으로써 규칙을 이용한 자기합리화를 가능하게 할 수 있다.

넷째, 규칙은 교섭(bargaining) 또는 자유재량(leeway)의 기능을 가지고 있다. 즉, 공식적인 규칙을 교섭의 도구로 활용함으로써, 상위자는 하위자들에게 비공식적인 협조를 구할 수 있다. 예를 들면, 특정 규칙과 규정을 집행하지 않음으로써 하위자들과 우호관계를 형성할 수도 있고, 이를 통해 상위자는 자신의 권위를 확대시킬 수도 있다. 한편, 규칙은 비공식적으로 이루어지는 자유재량의 대가로 규칙을 적용하지 않음으로써 규칙의 적용이 지나치게 관대해질 방종(indulgency)의 위험성을 지니는 역기능을 갖는다.

3. 인간관계론

인간관계 접근은 1927년에서 1933년 사이에 Mayo 등의 학자들이 미국 시카고 근처의 호손(Hawthorne) 공장에서 수행한 일련의 연구에서 시작되었다. 이러한 호손 실험연구는 조직의 효율성 및 효과성에는 인간관계가 강력하게 영향을 미치게 됨을 널리 알리는 계기가 되었다. 이를 살펴보면 다음과 같다(Lunenburg & Ornstein, 2000).

호손 실험은 몇 개의 하위 실험으로 구성된다. 그중에서 전화계전기조립 실험(Relay Assembly Test Room experiments)과 건반배선조립관찰 실험(Bank Wiring Observation Room experiments)이 특히 중요한 의미를 갖는다.

먼저, 전화계전기조립 실험에서는 두 개의 여성 노동자 집단(실험집단과 통제집단)을 지정하고 연구가 시작되었다. 각 집단은 작업장의 조명 밝기가 똑같은 두 개의 분리된 장소(별실)에서 서로 같은 일을 수행하도록 설정되었다. 실험이 진행되는 동안, 통제집단에는 조명 밝기 또는 기타 작업환경의 요소에 변화가 없었고, 실험집단에는 조명 밝기와 기타 작업환경의 요소에 변화가 주어졌다. 이러한 실험에서 두 집단의 생산성에 변화가 있는지를 측정하여 분석하였다. 실험 결과, 조명의 밝기 수준 또는 기타 작업환경의 다양한 변화에도 불구하고, 두 집단의 생산성은 모두 증가되었다. 그 이유는 두 집단 모두가 선택된 사람들이며 별실에서 작업한다는 심리적인 자부심을 가질 수 있었고, 별실에서는 엄격한 감독 없이 상대적으로 자율적인 분위기에서 일을 하며, 팀원들 간에 친밀한 관계를 형성할 수 있었기 때문인 것으로 분석되었다. 이 실험을 계기로, 생산성에 영향을 미치는 것은 환경적 또는 수단적 요소가 아니라 심리적 또는 사회적 요소라는 사실이 알려지게 되었다.

다음으로, 건반배선조립관찰 실험에서는 9명의 남성으로 구성된 한 집단이 자신들의 생산성 증가 정도에 따라 보수가 증가되는 인센티브 보수 체제를 적용받았다. 따라서 연구자들은 이들의 생산성이 시간이 지날수록 증가될 것으로 기대하였다. 하지만 전화계전기조립 실험처럼, 이 실험에서도 전혀 기대하지 못한 것을 발견하게 되었다. 즉, 생산성을 최종 결정하는 것은 인센티브 체제가 아니라 비공식조직의 집단규범(group norm)이라는 사실을 실험결과로 발견하였다. 대부분의 노동자는 인센티브 체제를 무시하였고, 비공식적으로 정해진 집단규범의 생산성 기준을 따랐다. 그리고 비공식적인 집단규범은 몇 가지 방법에 의해 계속 유지되었다. 즉, 비공식적인 집단규범을 따르지 않는 '모난 사람들(deviants)'은 집단에서 설정한 최종 생산성 기준을 따르도록 강요당하였고, 기준보다 너무 많이 생산하는 '튀는 사람들(ratebusters)'은 때때로 기준에 순응하도록 육체적으로 위협을 받기도 하였고, 기준보다 덜 생산하는 '밉상들(chislers)'은 더 많이 생산하도록 압박을 받았다.

그리고 이와 같은 연구들에서 밝혀진 전혀 기대하지 않았던 엉뚱한 결과들을 이해하기 위해, Mayo 등의 연구자들은 호손 공장에 근무하는 20,000명이 넘는 구성원들과 인터뷰를 실시하였다. 그 결과로, 생산성의 증가는 고용자의 요구나 물리적 요소가 아니라 인간적 · 사회적 요소가 강하게 작용하고, 소속감, 참여적인 의사결정, 효과적인 의사소통, 동기부여, 집단역동성 및 비공식조직의 집단규범에 더욱 영향을 받는 것으로 나타났다.

호손 실험을 주도한 Mayo 등의 학자들만이 인간관계 접근을 한 것은 아니다. Kurt Lewin은 장 이론(field theory)과 집단역동성(group dynamics)을 강조하였다. 즉, 집단 구성원들을 의사결정에 참여시키는 민주적 집단이 권위주의적 집단보다 만족감과 목표성취도에 있어서 더욱 효과적인 것으로 나타났다. 또한 Carl Rogers는 내담자 중심 심리치료(client-centered therapy)를 개발하여 인간관계 접근의 골격을 이루었다. 예를 들어, Rogers는 인간의 행동을 제대로 이해하기 위해서는 끊임없이 변화하는 개인의 경험세계, 즉 내부 구조를 이해하는 것이 중요하다는 점을 강조하였다. 그리고 Jacob Moreno는 인간관계 운동에 실질적인 공헌을 하였다. Lewin과 마찬가지로, Moreno 역시 집단 내에서의 개인 간 관계에 관심을 가졌고, 사회성 측정 기법(sociometric technique)을 개발하였다. 이를 통해 서로 마음이 통하고 좋아하는 사람들로 구성된 집단은 그렇지 않은 집단보다 더 좋은 성과를 거둘 수 있다는 점을 제시하였다(Lunenburg & Ornstein, 2000).

이와 같은 인간관계 접근의 주요한 가정들은 다음과 같다(Lunenburg & Ornstein, 2000).

- 구성원들은 경제적인 인센티브에도 동기부여를 받지만, 사회적 · 심리적 욕구에 의해서도 강력한 동기부여를 받게 된다.
- 이러한 개인의 욕구는 작업환경의 물리적 조건보다 구성원들의 사기와

생산성에 더 큰 영향을 미친다.

- 개인의 인식, 신념, 동기, 가치와 같은 요소들이 작업 상황에서의 행동에 영향을 미친다.
- 모든 조직의 구성원들은 비공식조직을 형성하게 되고, 공식조직에 긍정적 또는 부정적 영향을 미친다.
- 비공식조직은 자체적인 규범을 만들게 되고 구성원들의 행동에 영향을 미친다. 팀의 노력, 집단들 간의 갈등, 사회적 일치성(social conformity), 집단 충성심(group loyalty), 의사소통 패턴, 새로운 리더십(emergent leadership)은 개인의 행동 및 집단의 행동을 결정하는 중요한 개념들이다.
- 구성원들은 지원적인 관리 아래에서 더욱 사기가 높아지고 열심히 일한다. 그리고 구성원들의 사기가 높아지면 그 결과로 생산성이 증가한다.
- 의사소통, 권력, 영향력, 권위, 동기, 교묘함(manipulation) 등은 조직 내에서의 관계, 특히 상급자와 하급자 간의 관계에 중요한 영향을 미친다. 효과적인 의사소통 통로는 위계 내의 다양한 수준 간에 개발되어야 한다. 그리고 권위주의적 리더십보다는 민주적 리더십이 더 중요하다.

이상과 같은 인간관계론은 인간 및 조직의 효과적인 관리와 조직 생산성에 인간관계가 중요한 요인이 됨을 널리 알리는 계기가 되었다. 학교조직에서도 독재적이거나 권위주의적인 관리보다는 인간관계 중심의 관리가 더 중요하다는 인식을 갖게 해 주는 계기가 되었다. 구체적으로 교장은 교사들 및 학생들을 존중하고 의사결정에 참여시키며 수평적인 의사소통으로 인간관계의 증진에 노력하는 것이 더 효과적이며 바람직하다는 원리가 보편적으로 알려지게 되었다.

4. 체제이론

1) 체제이론의 개념 및 특성

조직을 이해하는 데 있어 좀 더 유용한 개념들 중의 하나는 조직을 하나의 체제로 보는 것이다. 체제(system)는 '특정한 목적을 위한 하나의 단위로 기능하는 요소들 간의 일련의 상호작용'으로 정의 내릴 수 있다(Banathy, 1992). Senge(1990)는 하나의 조직이 전체로 연구되어야 하고, 조직을 구성하는 여러 요소 간의 상호작용을 고려할 수 있어야 하며, 조직을 외부 환경과의 관계 차원에서도 파악할 수 있어야 한다고 보았다. 그리고 그런 차원에서 체제이론(system theory)을 강조하였고, 학교를 학습조직으로 이해하는 하나의 방식 차원에서 체제이론을 제안하였다.

체제이론의 특성으로는 다음과 같은 내용이 포함된다.

- 체제는 상위 요소들과 하위 요소들로 구성되고, 이 요소들 간에는 상호작용이 일어난다. 즉, 체제는 그 자체가 단일한 것으로 존재하는 것이 아니라 다양한 요소로 구성되며, 체제를 구성한 다양한 요소는 별개로 존재하는 것이 아니라 상호작용을 하게 된다. 예를 들면, 학교는 학교를 구성하는 하위 요소들인 교사, 학생, 교직원 등의 많은 사람으로 구성되고 이들 간에는 상호작용이 일어난다. 또한 우리가 살아가는 사회는 가정, 학교, 기업, 병원, 식당, 군대 등의 다양한 하위 요소로 구성되어 있으며, 이들 간에는 상호작용이 일어난다. 따라서 학교와 사회는 체제의 특성을 갖는다고 할 수 있다. 그리고 학교는 하위 요소들로 구성된 체제임과 동시에 사회를 구성하는 하위 요소의 기능을 한다.
- 체제는 구성요소들 간의 상호작용을 통해 체제를 유지하고 발전하려는 특성을 갖는다. 즉, 체제는 다양하고 역동적이며 계속 생명을 유지·발

전시키려는 속성을 갖는다. 따라서 체제는 외부 환경의 변화에 적응 및 저항함으로써 생명을 계속을 유지하려는 유기체(organic)에 비유되기도 한다. 예를 들어, 학생 또는 학부모 혹은 정부가 학교에 특정한 변화를 요구하게 되면 학교는 정도의 차이가 있지만 그 요구에 반응하게 되어 학교 구성원들 간에 상호작용이 일어나게 된다. 그것은 학교가 구성원들 간의 상호작용을 통해 그리고 학교를 둘러싼 환경과의 상호작용을 통해 학교를 계속 유지하고 발전하려는 속성이 있기 때문이다. 즉, 학교는 학교 내외적으로 요구되는 것에 반응하여 학교체제를 유지하고 발전하려는 특성을 갖는다.

● 체제는 경계와 환경을 수반하며, 시·공간적으로 존재한다. 즉, 체제는 그 자체로만 존재하는 것이 아니라 외부 환경과도 상호작용하고 환경과의 사이에 경계를 갖게 된다. 그리고 체제는 현실적으로 존재하는 것이기 때문에 특정한(혹은 한정된) 시간적·공간적 조건을 갖는다.

● 체제는 투입-과정-산출-피드백의 연속적이고 순환적인 패턴을 지닌다. 즉, 체제는 기계적이고 단일한 과정을 수반하는 것이 아니다. 체제는 기능하는 데 필요한 요소들을 투입하고, 투입된 요소들이 상호작용하는 과정을 거치며, 그 결과로 특정한 산출물을 생산하게 된다. 또한 일회성의 산출 자체로 종료되는 것이 아니라 산출로부터 다시 좀 더 나은 과정과 산출이 되도록 하기 위한 피드백을 얻게 되며, 그러한 피드백의 교정적 정보를 통해 좀 더 나은 것으로의 전환(transformation)을 할 수 있게 된다.

이상의 특성을 지니는 체제는 [그림 2-1]과 같은 기본 모형을 갖게 된다.

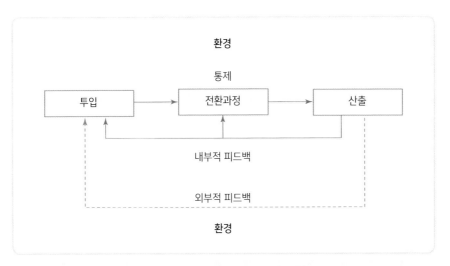

[그림 2-1] **체제이론의 기본 모형**

* 출처: Lunenburg, F. C., & Ornstein, A. C. (2000). *Educational administration*, p. 209.

2) 사회체제로서의 학교

학교는 체제의 특성을 지니고 있기 때문에, 학교를 체제로 간주할 수 있다. 사회체제로서의 학교가 갖는 기본 가정은 다음과 같다(Hoy & Miskel, 2008).

- 사회체제는 개방체제(open system)이다. 학교는 국가의 요구에 영향을 받고, 정치와 역사에도 영향을 받으며, 학교를 둘러싸고 있는 기타 환경적 힘(세력)에도 영향을 받는다.
- 사회체제는 상호의존적인(interdependent) 부분들, 특성들, 활동들로 구성된다. 예를 들면, 교장이 학부모들로부터 새로운 수업에 대한 요구를 받게 되면, 이것은 교장에게만 직접적으로 영향을 미치는 것이 아니라 교사들과 학생들에게도 직접적으로 영향을 미친다.
- 사회체제는 복합적(peopled)이다. 교사들은 자신들의 역할뿐만 아니라 욕구, 신념, 목적에 기초하여 행동한다.

- 사회체제는 목적 지향적(goal oriented)이다. 학생의 학습과 통제는 학교의 많은 목적 가운데 단지 두 가지 목적에 불과하다. 학교체제의 핵심적인 목적은 학생이 학교를 졸업한 후 성인의 역할을 다하도록 준비시키는 것이다.

- 사회체제는 구조적(structural)이다. 학교체제는 분업(예: 수학교사, 과학교사 등), 전문화(예: 교사, 상담교사, 교장 등), 위계(예: 교장, 교감, 교사 등)의 구조적 특성을 갖는다.

- 사회체제는 규범적(normative)이다. 학교는 학생들의 바람직한 행동을 규정하는 비공식적인 규범뿐만 아니라 공식적인 규칙과 규정으로 운영된다.

- 사회체제는 제재를 수반(sanction bearing)한다. 학교는 상대방을 조롱하거나 싫어하는 것과 같은 비공식적인 제재뿐만 아니라 퇴학, 정학 등과 같은 공식적인 메커니즘을 갖는다.

- 사회체제는 정치적(political)이다. 학교는 행정가와 교사의 활동에 필연적으로 영향을 미치는 권력관계를 갖는다. 교사는 부장교사로 그리고 교감 및 교장으로 승진하기를 기대하고 승진에 필요한 것을 경쟁적으로 쟁취하려 한다.

- 사회체제는 독특한 문화(distinctive cultures)를 가진다. 학교는 구성원들의 행동에 영향을 미치는 일련의 공유된 지배적인 가치를 갖는다.

- 사회체제는 종합적이고 상대적(conceptual and relative)이다. 어떤 목적에서 보면 학급이 하나의 사회체제로 고려될 수도 있지만, 다른 목적에서 보면 학교 또는 학교체제가 하나의 사회체제로 보일 수도 있다.

- 모든 공식조직은 사회체제이다. 그러나 모든 사회체제가 공식조직인 것은 아니다.

3) 학교의 사회체제 모형

학교는 사회체제이기 때문에 크게 투입-과정-산출로 구분하고 각각에 대하여 세부적인 요소를 포함시켜 [그림 2-2]와 같은 모형으로 묘사할 수 있다.

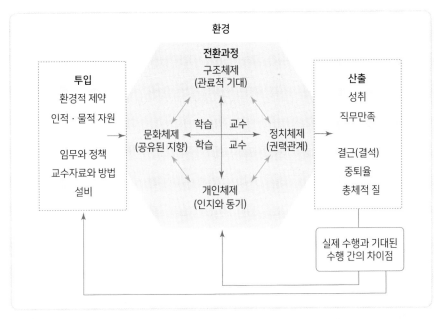

[그림 2-2] **학교의 사회체제 모형**

* 출처: Hoy, W. K., & Miskel, C. G. (2008). *Educational administration*, p. 32.

[그림 2-2]에서 강조하는 것은 투입-과정-산출의 일련의 경로에서 '과정'이다. 즉, 변형과정을 구체적으로 구조체제, 개인체제, 문화체제, 정치체제로 분류하여 묘사하였다. 이러한 네 가지 체제는 학교조직을 분석하는 유용한 틀로도 이용될 수 있다. 이에 대해 간단히 살펴보면 다음과 같다.

구조체제   구조체제의 핵심은 관료적 기대이다. 관료적 기대는 조직이 정한 공식적 요구이자 의무이며, 조직구조를 형성하는 중요 요인이다. 학교에서 학교장, 교사, 학생의 지위는 중요하며, 이 지위들은 일련의 기대로 규정된다. 관료적 기대는 특정 역할 또는 지위에 알맞은 행동을 상세히 열거해 준다(Hoy & Miskel, 2008). 예를 들면, 학교의 구조가 교수–학습의 효율성과 효과성을 증진하는 데 도움이 되도록 정비되어 있는가의 여부에 따라 학교의 성적과 만족도에 영향을 미칠 수 있다. 그리고 학교의 구조가 어떻게 갖추어져 있는가를 파악하는 것은 학교조직을 구조적 관점에서 파악하는 데에도 도움을 제공한다.

개인체제   학교에서 관료적 기대와 역할이 구조적으로 갖추어져 있다고 하더라도 학교 구성원 각자가 갖는 개인적 욕구나 동기, 인지 등은 다르다. 이러한 개인의 욕구나 동기, 인지 등으로 구성되는 개인체제가 어떠한가에 따라 학교체제에 영향을 미친다. 예를 들면, 교사와 학생들의 인지와 동기가 교수–학습의 증진에 초점이 맞추어져 있는가의 여부에 따라 학교의 성적과 만족도에 영향을 미칠 수 있다. 그리고 학교의 구성원들(교장, 교감, 교사, 학생, 교직원 등)이 어떤 인지와 동기를 갖고 있는가를 파악하는 것은 학교조직을 인적 자본의 관점에서 파악하는 데에도 도움을 제공한다.

문화체제   학교에는 구성원들이 공유하는 가치관, 신념, 언어 등이 존재하는 문화가 있다. 즉, 교사들의 문화, 학생들의 문화, 그리고 교사들과 학생들의 문화가 존재한다. 이러한 학교 구성원들에게 존재하는 문화체제가 어떠한가에 따라 학교체제가 영향을 받는다. 예를 들면, 교사와 학생들의 문화가 교수–학습의 증진에 도움이 되는 문화인가 또는 그렇지 않은가에 따라 학교의 성적과 만족도에 영향을 미칠 수 있다. 즉, 교사들은 학생들을 열심히 가르쳐야만 한다는 가치관을 공유하고 있는가, 학생들은 학교에서 면학 분위기를 만들고 열심히 배워야만 한다는 가치관을 공유하고 있는가의 여부에 따라 학교체제의 성격과 성과가 달라진다. 그리고 학교의 구성원들이 어떤 문화를 갖고 있는가를 파악하는 것은 학교조직을 문화상징적 관점에서 파악하는 데에도 도움을 제공한다.

　　정치체제　　일반적으로 인간은 자신이 추구하고자 하고 확신하는 바를 얻으려는 데 관심을 갖는다. 학교는 서로 다른 가치관, 신념 등을 가진 많은 사람으로 구성된다. 따라서 학교 구성원들 간에는 이익과 갈등을 둘러싼 정치적 특성이 존재한다. 이러한 학교 구성원의 이익, 갈등 등으로 구성되는 정치체제가 어떠한가에 따라 학교체제에 영향을 미친다. 예를 들면, 해당 학교의 교사들이 승진에 얼마나 많은 관심을 갖고 그 과정에서 교사들 간에 갈등이 생기는가, 교사들이 한국교원단체총연합회(교총), 전국교직원노동조합(전교조) 등의 단체에 가입하고 이익을 도모하거나 상충하는가에 따라 학교의 분위기와 만족도에 영향을 미칠 수 있다. 그리고 학교의 구성원들(교장, 교감, 교사, 학생, 교직원 등)이 어떤 이익에 초점을 두고 있고 갈등을 경험하고 있는가를 파악하는 것은 학교조직을 정치적 관점에서 파악하는 데에도 도움을 제공한다.

5. 동기이론

　　교육행정의 목적 달성 여부는 교육조직(예: 학교조직)의 구성원들에 달려 있다. 그리고 좀 더 효율적이고도 효과적인 목적 달성을 위해서는 교육조직의 구성원들에게 동기가 부여되어야 한다. 따라서 교육행정의 목적 달성을 위해서는 동기에 대해 이해할 필요성이 강하게 제기된다. 이것이 바로 교육행정에서 동기이론이 차지하는 의의이다.

1) 동기-위생 이론

　　전체적인 사회발전이 사회 구성원의 역량에 의해 그 가능성이 결정되듯이,

작게 보면 하나의 조직도 그 조직을 구성하는 조직 구성원의 역량에 의해 좌우
된다고 볼 수 있다. 그런데 구성원들의 역량의 정도는 저절로 결정되는 것이
아니라 크게 작용할 수도 있고 작게 작용할 수도 있다. 이러한 구성원들의 역
량의 정도에 작용하는 힘이 바로 구성원들이 갖는 동기이다. 즉, 조직 구성원
들이 조직 속에서 동기를 갖게 되고 그로 인해 만족하면서 헌신하게 된다면 조
직 구성원 개인 차원에서뿐만 아니라 조직 차원에서도 발전이 가능하게 된다.

　Herzberg, Mausner, Snyderman(1959)은 조직과 개인에게 있어 동기의 중
요성을 밝히는 연구를 수행하여, 동기-위생 이론(motivation-hygiene theory)
을 개발하였다. 구체적으로, 회계사들과 기술자들을 대상으로 면담을 하여,
그 연구 결과들을 바탕으로 동기화와 직무만족이론을 개발하였다. 그리고 직
무만족에 관련되는 요인과 직무불만족에 관련되는 요인이 별개로 존재한다
는 점을 발견하였다. 즉, "직무만족에 관련되는 요인이 충족될 때에는 직무
만족을 느끼지만 직무만족에 관련되는 요인이 충족되지 않는다고 해서 직무
불만족을 느끼는 것은 아니며, 반대로 직무불만족에 관련되는 요인이 충족되
지 않을 때에는 직무불만족을 느끼지만 직무불만족에 관련되는 요인이 충족
된다고 해서 직무만족을 느끼는 것은 아니다."는 것을 발견하였다(윤정일 외,
2008). 이 점을 좀 더 상세히 표현하면, 동기요인들(만족요인들)이 충족되면
직무만족을 증가시키게 되지만 동기요인이 충족되지 않았을 때에는 단지 최
소한의 직무불만족만이 나타난다. 그리고 위생요인들(불만족요인들)이 충족
되지 않을 경우에는 직무불만족을 갖게 되지만 위생요인이 충족될 때에는 단
지 최소한의 직무만족만을 가져올 뿐이라는 것이다(Hoy & Miskel, 2008).

　구체적으로 동기요인(만족요인)에는 ① 성취감(achievement), ② (능
력 및 노력에 대한) 인정(recognition), ③ 일 그 자체(work itself), ④ 책임감
(responsibility), ⑤ 진보(advancement) 등과 같은 요소가 포함된다. 위생요인(불
만족요인)에는 ① 상급자와의 인간관계, ② 동료들과의 인간관계, ③ 기술적인
감독(technical supervision), ④ 조직의 정책과 행정(policy and administration),
⑤ 작업 조건(working conditions), ⑥ 사생활(personal life), ⑦ 직업 보장 및 보

수(job security and salary)와 같은 요소가 포함된다. 동기요인과 위생요인은 서로 반대적인 개념이 아니라 상호 구분되는 독립된 차원이다. 동기요인과 위생요인을 비교하여 나타내면 〈표 2-3〉과 같다(Hoy & Miskel, 2008).

〈표 2-3〉 동기-위생 이론

위생요인(불만족요인)	동기요인(만족요인)
• 상급자와의 인간관계 • 동료와의 인간관계 • 기술적 감독(장학) • 정책과 행정 • 작업 조건 • 사생활 • 직업 보장 및 보수	• 성취감 • (능력 및 노력에 대한) 인정 • 일 그 자체 • 책임감 • 진보

이러한 Herzberg의 동기-위생 이론을 통해서 유추할 수 있는 시사점은 다음과 같다. 즉, 위생요인이 충족되지 않으면 구성원들이 불만족을 갖게 되기 때문에 위생요인은 기본적으로 충족되도록 만들어 주어야 하는 것에 해당하고, 동기요인이 충족되면 구성원들이 만족을 갖게 되기 때문에 조직의 진정한 발전을 위해서는 동기요인이 충족되도록 최대한 노력과 지원을 해 주어야 한다는 것이다. 그리고 위생요인은 주로 환경적, 조건적, 수단적, 외적인 특성과 관련되고, 동기요인은 주로 심리적, 사회적, 내적인 특성과 관련된다. 따라서 조직의 발전을 위해서는 조직의 환경적이고 조건적인 특성을 핵심 요소로 인식할 것이 아니라, 구성원들의 심리적이고 사회적인 특성을 핵심 요소로 인식할 수 있어야 한다.

이러한 시사점은 학교조직에도 적용된다. 즉, 학교가 진정으로 발전하기를 바란다면, 교사들이 위생요인을 기본적으로 충족시킬 수 있도록 정책적·제도적 보완과 지원을 해 주어야 하고, 교사들이 동기요인까지 원만하게 충족시킬 수 있도록 학교현장의 문제와 현실을 이해하고 개선시키기 위해 노력해야 한다.

2) 목표설정이론

목표설정이론(goal-setting theory)은 조직이 목표를 어떻게 설정하느냐에 따라 조직 구성원들에게 동기를 부여할 수 있다는 관점이다. 이러한 목표설정이론은 Locke와 Latham에 의해 개발되었다.

Locke와 Latham(1990)은 성공적인 목표를 설정하기 위해서 ① 목표의 구체성, ② 목표의 도전성, ③ 목표의 달성 가능성, ④ 목표의 수용성의 네 가지 요소가 포함되어야 한다고 보았다. 그리고 목표는 개인들의 정신적 및 신체적 행동에 영향을 미치기 때문에, ① 목표는 과업에 대한 주의력을 증가시키고, ② 목표는 활동에 투입하는 노력을 증진시키고, ③ 목표가 일단 명료하게 확립되면 목표를 포기하려는 유혹을 줄여 주기 때문에 지속성을 증가시키며, ④ 목표설정은 구체적인 과업수행 전략, 즉 과업수행 방법을 개발하도록 고무시켜 줌으로써 동기와 과업수행 수준을 증가시켜 주는 것으로 보았다. 이러한 목표설정이론의 전체적인 과정은 [그림 2-3]과 같이 나타낼 수 있다(Hoy & Miskel, 2008).

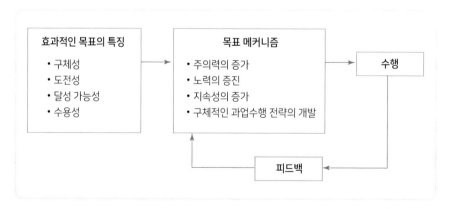

[그림 2-3] 목표설정이론

* 출처: Hoy, W. K., & Miskel, C. G. (2008). *Educational administration*, p. 166.

목표설정이론의 네 가지 핵심 구성요소에 대한 부연 설명을 하면 다음과 같다.

목표의 구체성(specific)   목표가 피상적이고 모호하면 현재의 행동과 미래의 비전에 대해 막연한 기대를 갖게 되고 현실에 충실하지 못하게 된다. 그렇기 때문에 목표의 추상성은 개인 또는 조직에 비효율적이고도 바람직하지 못한 결과를 초래한다. 따라서 목표는 구체적으로 설정되어야 한다. 목표가 구체적으로 설정되면 그 목표 달성을 위해 매진할 수 있는 동기가 부여된다. 예를 들면, 1년치의 목표를 다시 12개월로 분류하고, 각 월별 목표는 다시 주별 목표로 구체화하며, 각 주별 목표는 다시 일별 목표로 상세화하는 것이다. 그렇게 되면 개인 또는 조직은 하루하루의 정해진 목표만 달성해 가면 궁극적인 목표를 달성할 수 있게 되는 것이다.

목표의 도전성(challenging)   목표의 수준이 너무 낮거나 특별한 노력을 하지 않더라도 쉽게 달성되는 것이면 오히려 목표 달성을 위한 동기부여에 자극이 안 될 수도 있다. 따라서 개인 또는 조직의 현재 수준을 감안하여 조금 더 높은 수준의 목표를 설정하는 것이 동기부여가 되고 목표 달성을 하였을 때 개인 또는 조직의 전반적인 수준을 향상시킬 수도 있다.

목표의 달성 가능성(attainable)   목표가 아무리 구체적이고 도전적으로 설정되었다고 하더라도 조직 또는 개인의 현실적 상황을 고려하지 않음으로 인해 목표가 달성 불가능한 것이면 안 된다. 따라서 목표를 설정할 때에는 개인 또는 조직이 최선의 노력을 다하였을 때 목표 달성이 가능한 것으로 설정해야 한다.

목표의 수용성(embraced)   목표 달성은 개인 또는 조직 구성원들에게 달려 있기 때문에 개인 또는 조직 구성원들이 해당 목표를 달성해야 한다는 동기가 생겨서 목표 달성에 거부감을 갖는 것이 아니라 수용적일 수 있도록 해야 한다. 목표가 수용적이기 위해서 과정 면에서는 개인 또는 조직 구성원들을 참여시킬 필요가 있고, 내용 면에서는 개인 또는 조직 구성원들에게 흥미와 관심이 있는 것이거나 중대한 것 또는 당사자에게 직·간접적으로 관련되는 것이어야 한다.

즉, 목표설정이론은 목표가 구체적으로 설정되어야 하고, 현 수준보다 좀 더 높은 수준의 목표를 설정하여 도전적이되 현실적인 여건들을 고려하여 달성 가능한 것으로 하여야 하며, 개인 또는 조직 구성원들이 해당 목표를 진심으로 달성하기 바라고 최선을 다할 수 있도록 수용적이어야 한다는 것이다.

3) 공평성 이론

공평성 이론(equity theory)은 개인이 자신의 상태와 타인의 상태를 비교함으로써 공평하게 대우받는다고 인식할 때 만족스러운 동기가 부여된다는 이론으로서, Adams(1965)에 의해 개발되었다. 즉, 자신의 투입(조직에 시간적·정신적·육체적으로 기여하는 것)에 대한 산출(조직으로부터 보수나 승진 등을 받는 것)을 타인의 투입에 대한 산출과 비교함으로써 스스로에 대한 동기부여 및 만족감이 결정된다는 관점이다(Hoy & Miskel, 2008). 공평성 이론을 쉽게 이해하기 위한 도식을 간단히 나타내면 [그림 2-4]와 같다.

공평성 이론에서는 자신의 투입에 대한 산출의 비율이 타인의 투입에 대한 산출과 동등하다고 인식할 때(A=B)에는 만족스러운 동기(직무만족)가 부여되지만, 그렇지 않을 때에는 동기가 부여되지 않는다(직무불만족)는 관점을 취한다. 즉, 자신의 투입에 대한 산출의 비율이 타인의 투입에 대한 산출의 비율보다 클 때(A>B)에는 '불안'을 경험하게 되고, 자신의 투입에 대한 산출의 비율이 타인의 투입에 대한 산출의 비율보다 작을 때(A<B)에는 '불

만'을 경험하게 된다.

만일 조직 구성원이 다른 사람과 비교하였을 때 자신이 불공평하게 대우받는다고 인식하게 되면, 일반적으로 세 가지 방법(① 자신의 성과를 높이려고 노력하는 것, ② 다른 직장으로 이동하려고 하는 것, ③ 노력을 덜 하려는 것) 중 하나를 선택하게 된다. 다른 사람들과 마찬가지로, 학교의 구성원들인 교장 및 교감, 교사들, 학생들도 이러한 공평성 이론의 기본적인 관점에 적용될 수 있다. 공평성 이론을 학교현장에 적용하여 예를 들어 보면 다음과 같이 설명될 수 있다. 1학년 1반 교사와 2반 교사의 학교에 대한 시간적·정신적·물질적 노력은 거의 똑같다고 가정하였을 때, 1반 교사가 2반 교사보다 성과급을 훨씬 더 많이 받게 되면 만족하는 것이 아니라 불안을 경험하게 되고, 1반 교사가 2반 교사보다 성과급을 더 적게 받게 되면 불만을 갖게 되지만, 거의 똑같은 성과급을 받게 된다면 학교에 대해 만족하게 되는 동기가 부여된다는 것이다.

```
       <나>              <타인>
        B                 B
     ———————    비교    ———————
        A                 A

*비고    A: 조직에 대한 개인의 투입(시간적·정신적·육체적 노력)
         B: 조직으로부터 개인이 받는 것(보수, 승진 등)
```

[그림 2-4] **공평성 이론**

공평성 이론은 다음과 같은 세 가지 쟁점을 갖는다. 즉, 첫째, 공평성에 관한 개인적 판단은 주관적이라는 점, 둘째, 사람은 자신이 당연히 받아야 하는 몫을 기준으로 많이 받는 것보다 적게 받는 것에 더욱 민감하다는 점, 셋째, 공평성과 정의(justice)는 사람들에게 동기를 부여해 주는 중요한 힘이 된다는 점이다. 특히 공평성과 정의는 밀접한 관계를 형성하기 때문에 공평성을 추구하기 위해서는 분배적 정의(distributive justice, 자원이 분배되는 방식의 공평성)와 절차적 정의(procedural justice, 자원의 분배 절차의 공평성)를 실현하는 것이 중요하다(Hoy & Miskel, 2008). 그리고 공평성을 추구하기 위한 조직 정의의 원리들은 〈표 2-4〉와 같다.

〈표 2-4〉 조직 정의의 원리

공평성(equity) 원리	보상은 공헌한 것에 비례해야 한다.
인식(perception) 원리	공정성에 관한 개인의 인식이 정의를 규정한다.
참여(the voice) 원리	의사결정에의 참여는 공정성을 향상시킨다.
개인 간 정의(interpersonal justice) 원리	사람을 존엄한 존재로 여기고 존중하는 것은 공정성을 증진시킨다.
일관성(consistency) 원리	공정한 행동의 일관성은 정의의 감각을 증진시킨다.
평등성(egalitarian) 원리	자기 이익보다는 전체의 이익이 우선되어야 한다.
교정(correction) 원리	잘못된 결정은 신속히 교정되어야 한다.
정확성(accuracy) 원리	의사결정은 정확한 정보를 바탕으로 해야 한다.
대표성(the representative) 원리	의사결정은 그 관련성을 대표해야 한다.
윤리성(ethical) 원리	주요한 도덕적·윤리적 기준을 추구해야 한다.

* 출처: Hoy, W. K., & Tarter, C. J. (2004). Organizational justice in schools: No justice without trust. *International Journal of Educational Management*, *18*, 250-259.

제 3 장

리더십

1. 리더십의 개념

리더십의 정의에 대해서는 학자들마다 관점이 다르다. 몇몇 주요 학자의 리더십에 대한 정의를 살펴보면 다음과 같다.

- 리더십은 조직의 목적이 달성될 수 있도록 하기 위해 조직의 비전을 명확하게 명시하고, 조직의 가치를 구체화하며, 조직의 환경을 창조해 내는 것이다(Richards & Engle, 1986).
- 리더십은 조직의 구성원들로 하여금 조직의 목적을 달성하기 위해 노력하려는 의지를 갖도록 하고, 그러한 노력을 결집시키기 위해 의미 있는 방향을 제공해 주는 과정이다(Jacobs & Jaques, 1990).
- 리더십은 조직이 좀 더 발전적 적응을 할 수 있도록 조직의 문화를 변화시키려는 능력이다(Schein, 1992).
- 리더십은 조직 구성원들이 함께 일하는 것에 대해 이해할 수 있도록 만

드는 과정이고, 이를 통해 조직 구성원들이 조직을 이해하고 헌신하도
록 하는 것이다(Drath & Palus, 1994).
● 리더십은 공동 과업의 성취를 위해 리더가 구성원들에게 협력과 지원
을 얻어 낼 수 있는 사회적 영향력의 과정이다(Chemers, 1997).

이상의 리더십에 대한 정의들을 종합해 보면, 리더십이란 '리더가 조직의
목표 달성을 위해 그 구성원들에게 영향력을 발휘하는 능력'으로 정리할 수
있다. 그래서 리더의 영향력이 발휘된 능력에 대해 집단 또는 조직의 구성원
들이 얼마나 호응을 해 주는가에 따라 리더십의 유무 또는 정도를 파악할 수
있다. 그리고 이러한 리더십의 정의에서 핵심 개념으로 '리더의 능력'을 들
수 있다. 리더의 능력을 Katz(1974)의 모형에 적용하여 살펴보면 [그림 3-1]
과 같다.

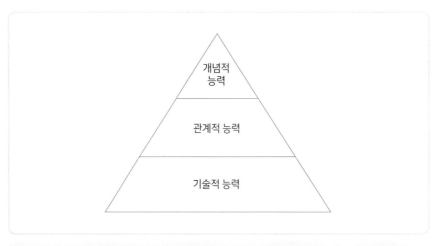

[그림 3-1] Katz의 능력 모형

Katz(1974)는 효과적인 리더십을 위해 필요한 능력을 기술적 능력(technical
skill), 관계적 능력(human skill), 개념적 능력(conceptual skill)으로 분류하였
다. 기술적 능력은 과업을 수행하기 위해 필요한 구체적인 지식, 방법, 기술

을 익히고 발휘하는 능력을 뜻하고, 관계적 능력은 사람들과 함께하는 인간관계 능력을 뜻하며, 개념적 능력은 전반적인 상황을 정확하게 파악하고 비전을 제시할 수 있는 능력을 뜻한다. 이러한 Katz의 효과적인 리더십 능력은 조직의 직책에 따라서 구분할 수 있을 뿐만 아니라, 리더십을 발휘하는 리더 개인에게도 적용할 수 있다.

즉, 학교조직 차원에서 보면, 교사는 자신의 전문적인 지식과 효과적인 수업방법 등을 원활히 사용할 수 있어야 하기 때문에 기술적 능력이 요구된다. 부장교사는 위로는 교장 및 교감, 아래로는 교사들과의 원만한 교류 역할을 해야 하기 때문에 관계적 능력이 특히 요구된다. 교장 및 교감은 학교를 전반적으로 효율적이고도 효과적으로 운영해 나가야 하기 때문에 개념적 능력이 특히 요구된다. 또한 개인 차원에서 보면, 담임교사는 자신이 맡은 학급에 책임감을 갖고 성공적으로 운영해 나가야 하기 때문에 여기에도 세 가지 능력이 모두 요구된다. 즉, 담임교사는 수업에 대한 전문적 지식과 수업방법을 효과적으로 사용하는 기술적 능력, 학생들 및 학부모 그리고 동료교사들과 원만하게 잘 지내는 관계적 능력, 학생들의 특성과 학교의 여러 가지 상황 등을 종합적으로 파악하여 학급을 1년 동안 어떻게 성공적으로 경영해 나갈 것인가와 관련된 개념적 능력이 모두 요구된다는 것을 의미한다.

2. 리더십 영향력의 근원

리더십 영향력의 근원은 일차적으로 리더가 갖는 권력에서 비롯된다. French(1993)는 리더십 영향력의 근원으로서 다섯 가지 권력을 다음과 같이 제시하였다.

합법적 권력(legitimate power)　　합법적 권력은 조직의 위계 내에서의 리더의 지위 또는 역할에서 그 권한이 생기는 권력이다. 합법적 권력은 리더가 조직의 구성원들에게 영향력을 행사할 권리를 갖는다는 것을 상호 인식한다는 것에 기초한다. 예를 들면, 학교조직에서 교육감은 교장에게 특정한 과업을 학교에서 수행해 줄 것을 기대할 권리를 갖게 되고, 교장은 교사들에게 그 과업을 완수할 것을 기대하게 된다.

보상적 권력(reward power)   리더는 조직 구성원들에게 보상을 제공해 줄 수 있는 능력으로서 일반적으로 조직 내에서 보상적 권력을 갖는다. 보상적 권력은 리더가 보상을 해 줄 수 있는 보상의 양과 조직 구성원들이 요구하는 보상의 정도에 따라 달라진다. 보상적 권력의 예에는 보수 증액, 승진, 좋은 부서 임명, 또는 칭찬이 포함된다.

강압적 권력(coercive power)   강압적 권력은 보상적 권력과 반대된다. 강압적 권력은 리더의 지시에 조직 구성원이 순응하지 않을 때 벌이나 징계를 가하거나 면해 줄 수도 있는 능력과 관련된다. 예를 들면, 강등, 보수 증액 보류, 질책, 원하지 않는 부서 임명, 벌의 위협 등이 있다.

전문적 권력(expert power)   전문적 권력은 리더가 조직에 필요한 전문적인 능력과 지식을 갖는 것에서 발생한다. 즉, 리더는 조직의 과업을 분석하고, 수행하고, 통제하는 능력을 가짐으로써 조직 구성원들에게 리더십을 발휘할 수 있다. 전문적 권력은 교육, 숙련, 경험 등에 따라 달라지는데, 현대의 복잡한 학교조직을 관리하기 위해서는 전문적 권력을 갖는 것이 중요하다.

준거적 권력(referent power)   준거적 권력은 리더가 자신의 인격 또는 인성으로 조직 구성원들에게 영향력을 발휘하는 능력이다. 그런 의미에서, 준거적 권력은 사람들로부터 존경심을 이끌어 내고 마음을 매혹시키는 카리스마의 한 형태라고 할 수 있다. 잘 알려진 지도자 중에서는 간디(Mahatma

Gandhi)와 루터 킹(Martin Luther King)이 준거적 권력으로 리더십을 발휘하였다고 볼 수 있다.

그리고 Yukl(1981)은 리더십 영향력의 근원인 다섯 가지 권력을 [그림 3-2]와 같이 나타내었다. 즉, 합법적 권력, 보상적 권력, 강압적 권력을 '조직적 권력'으로 분류하고, 전문적 권력, 준거적 권력을 '개인적 권력'으로 분류하여, 이러한 조직적 권력과 개인적 권력이 영향력을 미쳐 성과를 나타내는 것으로 파악하였다.

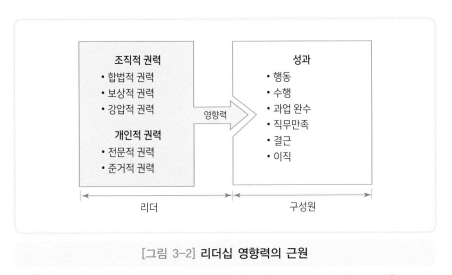

[그림 3-2] 리더십 영향력의 근원

* 출처: Lunenburg, F. C., & Ornstein, A. C. (2000). *Educational administration*, p. 116.

그러나 학교는 학교를 둘러싸고 있는 환경과 끊임없이 상호작용하며, 학교의 리더들은 학교의 내부적인 삶에서뿐만 아니라 외부적인 맥락에 대응하고 있기 때문에 학교 리더십은 유동적이다. 학교 리더십과 관련해서는 일반적으로 다음과 같은 특징을 통찰할 수 있다(Harris et al., 2003).

• 정해져 있는 하나의 학교 리더십은 존재하지 않는다. 학교 리더십을 발

달시키고 성장시킬 수는 있을지라도, 학교의 문화 또는 맥락을 초월하여 배울 수 있고 적용할 수 있는 유일한 학교 리더십은 없다.

● 학교 리더십은 한 명의 개인의 노력으로 좌우될 수 있는 것이 아니다. 즉, 학교 리더십은 여러 명의 학교 구성원의 노력으로 영향을 받는다.
● 학교 리더십은 정적인 것이 아니다. 즉, 학교 리더십은 역동적이다.
● 효과적인 학교의 리더들은 정해진 리더십을 행하려고 하지 않는다. 즉, 경우에 따라서는 오히려 학교규칙을 깨뜨리기도 하고 새로운 환경에 대응하기 위해 기꺼이 변화하려고 한다.

3. 리더십 특성론

리더십 특성론(leadership traits)은 조직의 효과적인 리더가 되기 위해서는 그것에 필요한 자질을 지닐 수 있어야 한다는 점을 전제로 한다. 즉, 훌륭한 리더가 되기 위해서는 육체적인 특성(건강, 키, 몸무게 등), 성격적인 특성(적극성, 활동성, 인내성, 관계성 등), 능력적인 특성(판단력, 통솔력, 지능, 카리스마 등)에 있어 뛰어난 자질을 지녀야 하는 것으로 본다. 이러한 리더십 특성론에 관해 분석한 대표적인 학자로는 Stogdill을 들 수 있다. Stogdill(1948)은 많은 연구를 종합 검토하여, 리더가 갖는 특성들을 다음과 같이 분류하였다.

● **능력**(capacity): 지성, 기민함, 언어적 재능, 독창성, 판단력
● **성취**(achievement): 학식, 지식, 운동적 소양
● **책임**(responsibility): 신뢰성, 창의성, 인내성, 진취성, 자신감, 탁월성
● **참여**(participation): 활동성, 사회성, 협동성, 적응성, 유머
● **지위**(status): 사회경제적 지위, 인기

또한 Stogdill(1981)의 리더십 특성론과 관련한 후속 연구에서는, 리더는 ① 책임과 과업을 완수하려는 강력한 추진력, ② 목적 달성을 하려는 활기와 인내력, ③ 문제를 해결하려는 모험심과 독창성, ④ 사회적 상황에서 진취성을 발휘하려는 추진력, ⑤ 자신감과 개인적 정체성, ⑥ 결정과 행위에 대한 결과를 수용하려는 의지, ⑦ 대인관계의 스트레스를 완화시키려는 마음가짐, ⑧ 좌절과 지연을 인내하려는 의지, ⑨ 다른 사람의 행동에 영향을 미치는 능력, ⑩ 상호작용 체제를 적절히 구조화하는 능력 등을 가지고 있다는 결론을 내렸다.

그리고 Hoy와 Miskel(2008)은 효과적인 리더십과 관련된 특성과 기술을 〈표 3-1〉과 같이 분류하고, 다음과 같이 설명하였다.

〈표 3-1〉 **효과적인 리더십과 관련된 특성과 기술**

인성	동기	기술
• 자신감 • 스트레스 인내심 • 정서적 성숙 • 청렴 • 외향성	• 과업과 대인관계의 욕구 • 성취 지향 • 권력의 욕구 • 기대감 • 자기효능감	• 전문적 • 대인관계적 • 개념적

첫째, 효과적인 리더의 인성적인 특성은 다음과 같다. 자신감을 지니고 있고, 스트레스에 대한 인내심을 가지고 있으며, 자신의 장점과 단점을 정확하게 인식하고 자기개선을 지향하는 정서적으로 성숙한 모습을 보이고, 정직하고 윤리적인 청렴성을 지니며, 사교적이고 사회적인 외향성을 띤다.

둘째, 효과적인 리더의 동기적인 특성은 다음과 같다. 과업에 대한 추진력과 사람에 대한 관심을 함께 갖고 있고, 목표를 성취하려는 욕구가 강하며, 권위 있는 지위를 추구하려는 욕구를 가지며, 직무를 성실히 수행하면 가치 있는 결과를 얻을 수 있다는 기대감을 가지고, 어떤 일을 조직하고 실행할 수 있는 능력이 있다는 신념인 자기효능감을 가지고 있다.

셋째, 효과적인 리더의 기술적인 특성은 다음과 같다. 특정한 일, 활동, 절차 또는 기법에 능숙함과 지식을 소유하는 전문적 기술을 가지고 있고, 다른 사람의 기분과 태도를 이해하고 협동적인 관계를 유지하는 대인관계 기술을 가지고 있으며, 논리적이고 분석적으로 사고하는 개념적인 기술을 가지고 있다.

4. 리더십 행위론

리더십 행위론(leadership behavior)은 조직의 리더가 어떤 행동을 하는가에 따라 전체적인 리더십이 영향을 받는다는 점을 전제로 한다. 예를 들면, 리더가 방임적으로 행동하는가, 독재적으로 행동하는가, 민주적으로 행동하는가에 따라 그 조직에 미치는 리더십의 효과가 다르다는 것을 강조한다. 이러한 리더십 행위론의 대표적인 연구로는 오하이오 주립대학교의 연구와 Yukl의 연구를 들 수 있다.

먼저, 오하이오 주립대학교의 연구에서는 구조성(initiating structure)과 배려성(consideration)이라는 두 가지 기본적인 차원으로 리더의 효과적인 행위의 특징을 연구하였다([그림 3-3] 참조). 구조성은 리더와 구성원 간의 관계를 나타냄과 동시에 조직의 패턴, 의사소통 통로, 절차적 방법을 규정하는 리더의 행동을 의미한다. 배려성은 리더와 구성원 간의 우호, 신뢰, 온정, 관심 그리고 존중을 나타내는 리더의 행동을 의미한다. 즉, 구조성은 리더의 과업중심적인 행동을 나타내는 것이며, 배려성은 리더의 관계중심적인 행동을 나타내는 것이다. 그리고 연구에서 구조성과 배려성의 정도는 리더행동묘사설문지(LBDQ)로 측정하였다.

오하이오 주립대학교의 연구에서 밝혀진 주요 연구 결과는 다음과 같다 (Halpin, 1966).

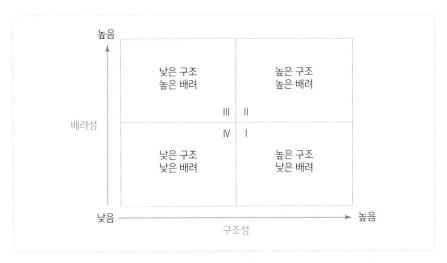

[그림 3-3] 오하이오 주립대학교의 리더십 모형

* 출처: Lunenburg, F. C., & Ornstein, A. C. (2000). *Educational administration*, p. 128.

● 구조성과 배려성은 리더 행동의 기본적 차원이다.
● 가장 효과적인 리더들은 높은 구조성과 높은 배려성을 모두 조합하여 나타낸다.
● 리더와 구성원들은 효과성을 진단하는 데 있어서 리더의 행동 차원의 공헌을 반대로 평가하는 경향이 있다. 즉, 리더는 구조성을 강조하는 경향이 있지만, 구성원들은 배려성에 더 많은 관심을 보이는 경향이 있다.
● 리더 스스로가 어떻게 행동해야 하는가에 관해 말하는 것과 구성원들이 실제로 리더가 어떻게 행동하는가를 설명하는 것 간에는 일치하는 것이 거의 없다.

이러한 구조성과 배려성의 특징을 학교에 적용시켜 보면, 만약 학교장이 구조성의 행동을 소홀히 하면 학교 구성원들에게 미치는 영향력은 제한되고, 배려성의 행동을 무시하면 학교 구성원들의 만족을 감소시키게 된다

(Hoy & Miskel, 2008). 따라서 오하이오 주립대학교의 연구는 리더가 효과적인 리더십을 발휘하기 위해서 높은 구조성의 행동과 높은 배려성의 행동을 하는 것이 중요하다는 점을 나타내 준다.

그리고 Yukl(2002)은 효과적인 리더의 행동을 ① 과업지향적 행동, ② 관계지향적 행동, ③ 변화지향적 행동이라는 세 가지 범주의 틀로 정리하여 다음과 같이 제시하였다.

- **과업지향적 행동**(task-oriented behavior): 리더가 역할을 명확히 하고, 과업을 계획하고 조직하며, 조직 기능을 감독하는 것을 의미한다. 이러한 리더의 행동은 과업 성취하기, 구성원과 자원을 효율적으로 사용하기, 안정적이고 신뢰할 수 있는 과정을 유지하기, 점진적인 개선을 도모하기 등을 강조한다.
- **관계지향적 행동**(relations-oriented behavior): 리더가 구성원과의 관계에 우호적이고, 관계를 발전시키려고 하며, 구성원들의 갈등을 파악하고, 조언해 주며, 관리해 주는 것을 의미한다. 이러한 리더의 행동은 구성원들과의 관계를 개선하기, 구성원들을 도와주기, 협동과 팀워크를 증가시키기, 조직에 대한 헌신을 구축하기 등에 초점을 둔다.
- **변화지향적 행동**(change-oriented behavior): 리더가 조직 외부에서 일어나는 일들을 탐지하고 판단하고, 도움이 될 만한 비전을 제시하며, 혁신적인 프로그램들을 제안하고, 조직의 변화를 호소하며, 변화를 지원하고 실행하기 위한 연합을 만들어 내는 것으로 구성된다. 이러한 리더의 행동은 환경의 변화에 적응하기, 조직의 목적, 정책, 절차 및 프로그램들에 커다란 변화를 가져오기, 변화에 대한 헌신을 이끌기 등에 집중한다.

Yukl(2002)은 리더가 리더십을 효과적으로 발휘하기 위해서 이러한 과업

지향적 행동, 관계지향적 행동, 변화지향적 행동을 적절하게 조합하여 행동하는 것이 요구된다고 보았다.

5. 상황적 리더십

상황적 리더십(situational leadership)은 리더십이 타고나는 속성도 아니고, 특정한 하나의 리더십 행동을 상황에 상관없이 고수하는 것도 아니며, 상황에 따른 적합한 리더십을 달리 적용하는 것이 효과적인 리더십이라는 점을 전제로 한다. Hoy와 Miskel(2008)은 상황적 리더십의 요인들을 〈표 3-2〉와 같이 분류하였다.

〈표 3-2〉 **상황적 리더십의 요인**

구성원	조직	내부 환경	외부 환경
• 인성 • 동기 • 능력	• 규모 • 위계 • 형식화 • 리더 역할	• 풍토 • 문화	• 사회적 • 경제적

즉, 리더십에 영향을 미칠 수 있는 상황적 요인을 크게 네 가지로 분류하고 각 요인에 포함되는 중요한 요소를 제시하였다. 이를 좀 더 구체적으로 정리하면 다음과 같다.

- **조직의 구조적 특성**: 규모, 위계적 구조, 형식화, 기술
- **역할 특성**: 과업의 유형과 난이도, 절차적 규칙, 내용과 수행 기대, 권력
- **구성원 특성**: 교육, 연령, 지식과 경험, 애매모호함의 정도, 책임감, 힘
- **내부 환경**: 풍토, 문화, 개방성, 참여 수준, 집단 분위기, 가치, 규범
- **외부 환경**: 복잡성, 안정성, 불확실성, 자원 의존도, 제도화

조직 요인의 규모를 예로 들면, 조직의 크기의 상황에 따른 리더십이 다르게 요구된다고 할 수 있다. 즉, 조직의 크기가 작을 경우에는 리더가 조직의 구체적인 사항까지 상세하게 파악할 수 있어야 하고, 각 세부 영역에 대한 비전과 해박한 지식도 갖추어야만 한다. 하지만 조직의 크기가 클 경우에 리더가 조직의 구체적인 사항까지 모두 파악하는 것은 무리이다. 이럴 경우 리더는 조직의 전반적인 경영과 비전에 역량을 발휘해야 하며, 각 영역의 하위 책임자들을 전문성에 입각하여 엄격하게 선발하고, 그들에게 권한과 책임을 이양하는 것이 필요하다.

Hersey와 Blanchard의 상황적 리더십

Hersey와 Blanchard(1996)는 상황적 리더십에서의 상황에 해당하는 핵심 변인으로 구성원의 성숙도(maturity)를 가미시켰다. 그리고 구성원의 성숙도를 두 가지 유형, 즉 직무 성숙도(job maturity)와 심리적 성숙도(psychological maturity)로 구체화하였다. Hersey와 Blanchard의 이론적 모형에서 말하는 구성원의 성숙도는 직무 성숙도와 심리적 성숙도를 결합한 것을 뜻한다.

- **직무 성숙도**: 교육과 경험에 영향을 받아 직무를 수행하는 구성원의 성숙도를 의미한다. 예를 들면, 학교에 오랜 기간 동안 근무해 온 교사는 교직에 대한 직무 성숙도가 높게 나타날 것이다.
- **심리적 성숙도**: 책임감을 가지려 하는 의지와 성취 욕구에 대한 구성원의 동기 수준을 의미한다. 예를 들면, 대학교에서 단독으로 연구하고 연구 결과물을 출판하려고 노력하는 교수는 심리적 성숙도가 높게 나타날 것이다.

Hersey와 Blanchard의 상황적 리더십 모형에서 리더십 효과성을 판단하기 위한 핵심은 상황과 그 상황에 적합한 리더십 유형을 연결시키는 것이다.

여기에는 네 가지 리더십 유형, 즉 지시형(directing style), 지도형(coaching style), 지원형(supporting style), 위임형(delegating style)이 있다.

- **지시형**: 높은 과업, 낮은 관계 유형이고, 구성원이 낮은 동기와 낮은 능력을 가질 때 효과적이다.
- **지도형**: 높은 과업, 높은 관계 유형이고, 구성원이 적합한 동기와 낮은 능력을 가질 때 효과적이다.
- **지원형**: 낮은 과업, 높은 관계 유형이고, 구성원이 낮은 동기와 적합한 능력을 가질 때 효과적이다.
- **위임형**: 낮은 과업, 낮은 관계 유형이고, 구성원이 적합한 동기와 적합한 능력을 가질 때 효과적이다.

이러한 Hersey와 Blanchard의 상황적 리더십 모형을 그림으로 나타내면 [그림 3-4]와 같다. [그림 3-4]에서 알 수 있듯이, 구성원들이 낮은 성숙도를 가질 때(M1), 리더는 집단 구성원들의 행동을 지시하고 역할을 분명히 정해 주어야 한다(Q1). 구성원들이 조금 낮은 성숙도를 가질 때(M2), 리더는 적절한 지시를 해 주어야 하지만 구성원들이 결정과 지시를 받아들이도록 설득을 시도할 수 있다(Q2). 구성원들이 조금 높은 성숙도를 가질 때(M3), 리더는 지시할 필요가 없고, 구성원들은 의사결정을 공유하여 결정하도록 하고 구성원들이 과업 수행에 노력하도록 지원해야 한다(Q3). 마지막으로, 구성원이 높은 성숙도를 가질 때(M4), 리더는 구성원들에게 과업을 위임함으로써 집단 구성원들에게 신뢰감을 보여 주어야 한다(Q4). Hersey와 Blanchard의 상황적 리더십 이론이 성공하기 위해서는 리더십 유형과 구성원의 성숙도 상황 간의 연결을 적합하게 하는 것이 가장 중요하다.

Hersey와 Blanchard의 리더십 유형 네 가지를 교사들에게 적용시켜 보면 다음과 같다(Webb, 1990). 즉, 지시형은 수업과 장학에 많은 도움을 필요로 하는 초임교사에게 적합하고, 지도형은 자신감과 역량을 점차 확대해 가지

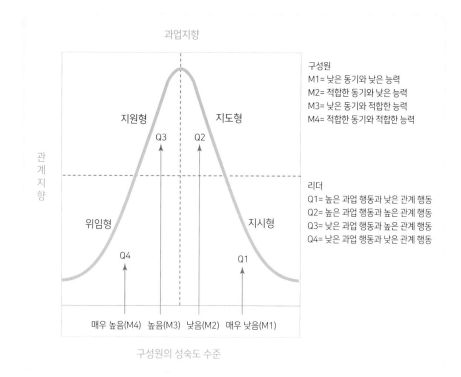

[그림 3-4] Hersey와 Blanchard의 상황적 리더십 모형

* 출처: Hersey, P., & Blanchard, K. H. (1988). *Management of organizational behavior*, p. 171.

만 여전히 부족함이 많은 2~3년의 교직경력을 가진 교사들에게 적합하다. 지원형은 높은 창의력을 가진 교사들에게 적합하고, 위임형은 자신의 일을 스스로 잘 알아서 처리하는 교사들에게 적합하다.

또한 Hersey와 Blanchard는 상황적 리더십 이론에서 제시한 네 가지 리더십과 성숙도 수준과 함께 리더가 가지는 권력의 수준을 일곱 가지로 더 세분화하여 [그림 3-5]와 같이 제시하였다(이성은, 2008).

• **강압적 권력**(coercive power): 일반적으로 낮은 성숙도 수준을 나타내고 있는 조직 구성원들은 역할 수행을 위해서 강한 지시적 행동을 필요로

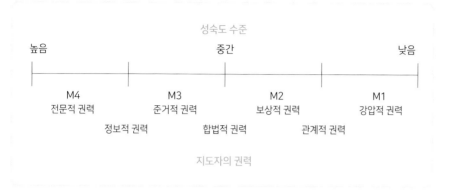

[그림 3–5] **구성원의 성숙도와 리더의 권력관계**

한다. 이럴 때 강압적 권력이 효과적이며, 구성원들은 제재를 피하기 위하여 일을 수행하는 동기를 갖게 된다.

● **관계적 권력**(connection power): 조직 구성원의 성숙도가 M1에서 M2로 이동할 때에는 리더의 직접적인 행동이 필요하다. 그러나 무엇보다도 지원적인 행동의 증가가 중요하며, 지시형과 지도형을 연계시킬 수 있는 관계적 권력을 발휘한다면 더 효과적인 리더십을 발휘할 수 있다.

● **보상적 권력**(reward power): 중간 단계보다 낮은 성숙도 수준에 있는 구성원은 더 많은 지원적 행동과 직접적인 행동을 필요로 한다. 지도형의 리더십이 요구되는 유형은 보상적 힘에 더욱 강화될 수 있다.

● **합법적 권력**(legitimate power): 조직 구성원의 성숙도가 M2에서 M3로 이동할 때 효과적으로 영향력을 발휘할 수 있는 핵심 개념은 지도와 지원이며, 이를 위해서는 합법적 권력이 도움이 될 수 있다. 즉, 조직 구성원의 성숙도 수준이 중간에 위치할 때, 리더는 조직 구성원의 만족을 유발시키거나 조직의 위계 구조 속에서 자신의 지위를 이용하여 구성원의 행동에 영향을 미칠 수 있다.

● **준거적 권력**(referent power): 조금 높은 성숙도 수준에 있는 구성원은 지시를 필요로 하지 않고 리더로부터 높은 수준의 의사소통과 지원을 요

구한다. 이러한 지원형의 리더십이 요구되는 유형은 리더가 준거적 힘을 가지고 있다면 효과적으로 리더십을 발휘할 수 있다.

- **정보적 권력**(information power): 조직 구성원의 성숙도가 M3에서 M4로 이동할 때에는 조직 구성원들에게 정보를 제공하여 일의 진행을 향상시킬 수 있다. 즉, 리더가 조직 구성원들에게 조직의 목표를 명확히 설명해 주거나 자료와 보고서에 쉽게 접근할 수 있도록 해 줌으로써 리더십을 효과적으로 발휘할 수 있다.
- **전문적 권력**(expert power): 높은 성숙도 수준에 있는 구성원들은 지시나 지원을 거의 요구하지 않는다. 따라서 리더는 전문적 지식과 기술을 보유한 유능성을 토대로 구성원들로부터 존경과 권력을 얻을 수 있고 효과적인 리더십을 발휘할 수 있다.

6. 변혁적 리더십

1) 변혁적 리더십의 개념

주요 학자들이 바라보는 변혁적 리더십에 대한 관점은 다음과 같다.

- 변혁적 리더십은 리더와 구성원들이 서로에게 높은 차원의 동기와 도덕성을 갖도록 해 주는 사람들 간의 관계와 관련된다(Burns, 1978).
- 변혁적 리더는 진취적이고, 구성원들의 관심사와 이해관계를 파악하고 있으며, 구성원들 본인이 지닌 능력 이상을 발휘할 수 있도록 도와준다 (Bass, 1985).
- 변혁적 리더는 치어리더(cheerleader), 열광자(enthusiast), 방랑자 (wanderer), 극작가(dramatist), 코치(coach), 촉진자(facilitator), 건설자 (builder)의 특징을 갖는다(Peters & Austin, 1985).

- 변혁적 리더들은 사람들을 통제하려고 하기보다는 사람들과 함께 힘을 발휘하려고 하거나 사람을 통해 힘을 발휘하려고 노력한다(Blase, 1989).

- 변혁적 리더십은 기술과학(technical science, 규칙이 정해져 있는 정적인 것)이라기보다는 도덕적 예술(moral art, 도덕성에 바탕을 둔 동적인 것)에 가깝다(Hodgkinson, 1991; Sergiovanni, 1992).

- 변혁적 리더십의 관점은 리더의 도덕적 가치와 가치 있는 활동에 초점을 두며, 이러한 것들이 어떻게 다른 사람들에게 나타나게 할 것인지에 초점을 둔다(Duignan & Macpherson, 1992).

- 변혁적 리더는 교사들의 지속적인 전문성 발달을 추구하고, 학교 구성원들의 학습 능력을 신장시키려고 한다(Leithwood, Jantzi, & Steinback, 1999).

- 변혁적 리더들은 조직의 구조를 관리할 뿐만 아니라 조직의 변화를 위해 의도적으로 조직문화에 영향을 가한다(Harris et al., 2003).

그리고 Burns(1978)는 거래적 리더십(transactional leadership)과 변혁적 리더십(transformational leadership)을 구분하였고, 대부분의 리더들이 거래적 리더십보다는 거래적 관리(transactional management)를 사용하고 있다고 지적하였다. 이 말은 대부분의 리더들이 비록 거래적 리더십이더라도 '리더십'을 발휘하려는 것이 아니라 단순히 '관리' 차원에서 그치고 있다는 지적이다. 그리고 Burns(1978)의 연구에서부터 조직의 문화와 리더십 간의 연계성이 강조되기 시작하였다(Dalin, 1996). 이러한 의미에서, 변혁적 리더십은 사람이 일하는 문화적 맥락을 변화시키기 위한 잠재력을 갖는 것으로 간주되었다.

> ### 거래적 리더십
>
> 거래적 리더십은 리더가 조직의 목적을 달성하기 위하여 조직의 구성원들에게 보상을 제공함으로써 구성원들이 조직의 목적 달성을 위해 추종하도록 하는 방식을 뜻한다. 즉, 조직의 리더와 구성원들 간에 상호교환(give-and-take)이 이루어진다. 대표적인 예를 들면, 조직의 구성원들이 조직의 목적 달성을 위해 노력하고 봉사를 하게 되면, 조직의 리더는 조직의 구성원들에게 물질적(예: 보수) 또는 사회적(예: 승진) 보상을 제공해 주는 것이다.

2) 변혁적 리더십의 특징과 활동

변혁적 리더십의 주요 특징으로는 네 가지 I로 불리는 ① 이상적 영향력 (idealized influence), ② 영감적 동기화(inspirational motivation), ③ 지적 자극 (intellectual stimulation), ④ 개별적 고려(individualized consideration)가 포함된다. 이에 대해 간단히 살펴보면 다음과 같다(오영재 외 공역, 2007; Hoy & Miskel, 2005).

이상적 영향력   변혁적 리더는 중요한 사안에 대한 분명한 입장을 밝히면서, 높은 윤리적·도덕적 기준을 설정하고, 목적 설정에서부터 달성에 이르기까지 구성원들과 고난을 함께하며, 자신의 욕구를 초월하여 타인의 욕구를 고려할 줄 알고, 개인과 조직 전체가 조직의 사명, 비전, 대의를 완수할 수 있도록 권력을 행사하면서도 자신의 이익을 구하지는 않는다. 리더가 이와 같은 행동을 하면 구성원들로부터 존경과 신뢰, 찬사를 받게 되고, 구성원들은 리더를 추종하고자 하게 된다. 이상적 영향력은 구성원들로부터 신뢰와 존경을 받고 개인 및 조직 전체가 업무를 수행하는 과정에서 급격하면서도 근본적인 변화를 수용할 수 있는 토대를 마련해 준다.

영감적 동기화   영감적 동기화는 기본적으로 구성원들에게 의미와 도전을 제공해 주는 리더의 행동에서 비롯된다. 변혁적 리더는 조직의 미래와 비전을 설명하는 데 구성원들을 참여시키고, 구성원들이 바라는 기대를 분명하게 전달한다. 그 결과로, 조직에서는 단체정신, 열정, 낙관주의, 목적 달성에의 기여, 공유하는 비전의 힘으로 서로 결속하게 된다(Bass & Avolio, 1994). 영감적 동기화는 조직의 문제들이 해결될 수 있다고 구성원들이 믿도록 구성원들의 기대를 변화시킨다(Atwater & Bass, 1994).

지적 자극   변혁적 리더는 문제가 가지는 근본적인 가정에 의문을 제기하고, 이를 바탕으로 문제를 재구조화하며, 종래의 상황을 새로운 방식으로 접근함으로써 구성원들도 혁신적이면서 창의적인 접근을 할 수 있도록 자극한다. 변혁적 리더는 새로운 절차, 프로그램, 문제해결에서 창의성을 격려하고, 시행착오를 통한 학습을 강조하며, 고착화된 기존의 일 처리 방식을 제거하면서도 구성원 개개인의 잘못을 공개적으로 비난하지는 않는다(Bass & Avolio, 1994). 변혁적 리더는 모든 것을 개방적으로 부단히 검토하고 변화를 전체적으로 수용한다(Avolio, 1994). 지적 자극은 창의적으로 문제를 해결하는 데 도움이 된다.

개별적 고려   개별적 고려는 변혁적 리더가 성취나 성장 욕구가 강한 개인에게 특별한 관심을 기울이는 것을 의미한다. 변혁적 리더는 타인의 욕구나 강점을 활용하여 그들의 멘토가 되기도 하고, 구성원들을 도와 잠재력을 보다 높은 수준으로 발전시켜 자신의 발전에 책임을 지도록 한다(Avolio, 1994). 개별적 고려를 신중하게 행하는 리더는 다른 사람들의 소리에 적극적이고 효과적으로 경청한다.

또한 학교에서의 변혁적 리더십은 다음과 같은 네 가지 핵심 활동이 나타난다고 볼 수 있다(Leithwood et al., 1999).

- **방향 설정**(setting directions): 학교의 비전을 만들고, 학교 구성원들의 목적을 일치시키며, 학교 구성원들에게 높은 수행 기대를 갖도록 한다.
- **인적 개발**(developing people): 학교 구성원들에게 개별적인 지원을 제공해 주고, 지적인 자극을 갖도록 하며, 학교의 목적에 중요한 가치와 실제의 모델을 정하도록 한다.
- **조직화**(organizing): 교직원들이 도덕적 책임에 의해 동기를 부여받도록 하는 학교문화를 만들고, 학교의 의사결정 과정이 공유되도록 구조화하는 학교문화를 만들며, 문제해결 능력을 신장하도록 하는 학교문화를 만든다.
- **학교공동체**(school community): 학교공동체의 관계를 건설한다.

이러한 변혁적 리더십이 존재하는 학교에서는 교사들의 협동이 높아지고, 교사들이 교직에 대한 동기부여를 받으며, 교사들의 자기효능감(self-efficacy)이 높아진다. 그리고 변혁적 리더십과 학교 개선 간에는 정적 관계가 성립된다는 증거들이 있다. 이것은 변혁적 리더십이 학교의 문화를 개선시키는 데 직접적으로 공헌한다는 점을 보여 주는 것이다(Leithwood et al., 1999). 변혁적 리더가 학교의 문화를 개선한다는 것은 구체적으로 학교의 규범, 가치, 신념, 그리고 지속적인 전문성 개발의 개선과 변화를 통해서 이룩하는 것이다(Harris et al., 2003).

7. 새로운 리더십

1) 도덕적 리더십

도덕적 리더십(moral leadership)은 리더의 도덕성 및 윤리성을 강조하는 리더십이다. 즉, 도덕적 리더는 구성원들에 대한 자신의 언행에 있어 도덕적으로 모범적이어야 하고, 구성원들에게 기대하거나 요구하는 과업 또한 도덕적·윤리적으로 문제가 없는 것이어야 한다. 도덕적 리더십은 리더의 도덕적 영향력이 구성원들에게 미침으로써 구성원들도 도덕적 행위를 하게 됨과 동시에 리더를 존경하게 되는 것을 강조한다. 예를 들면, 교사가 자기 반의 학생들에게 말과 행동을 도덕적으로 할 뿐만 아니라 그 외의 상황에서도 항상 도덕적인 언행을 함으로써 자신과 학생들을 대한다면, 학생들도 교사를 존경하게 되고 교사의 리더십에 높은 호응을 보이게 되는 것이다. 그리고 이러한 도덕적 리더십은 가식적이거나 의도적으로 행한다고 효과가 있는 것이 아니라, 무엇보다 리더 자신의 내면으로부터 자연스러운 과정으로 나타나야 한다. 따라서 도덕적 리더십은 리더의 내면적인 자질을 특히 강조하는 특징을 지닌다.

이러한 도덕적 리더십과 관련하여 학교현장의 문제점을 관련시켜 보면, 비록 일부 교사의 문제일지 모르지만 교사는 촌지문제에 있어 자유로워야 하고, 수업시간에는 수업에만 충실해야 하고, 사소한 학교규칙일지라도 교사도 지켜야 하며, 불법 찬조금 등 학교 차원의 비도덕적인 관행이 발생하면 교사는 그 문제를 개선하기 위해 노력해야 한다는 시사점을 얻을 수 있다.

2) 문화적 리더십

문화적 리더십(culture leadership)은 조직의 문화를 올바른 방향으로 개선하는 것을 수반함으로써 리더의 영향력이 구성원들에게 전달되는 리더십이다. 즉, 문화적 리더십은 조직 구성원 개개인에게 초점을 두기보다는 조직의 문화에 초점을 두는 관점이다. 왜냐하면 조직 구성원의 사고방식과 행동에 영향을 미치는 것은 조직의 문화가 어떠하냐에 따라 달라지기 때문이다. 예를 들면, 신임교사가 처음 발령받아 재직하는 학교의 문화가 어떻게 조성되어 있느냐에 따라 신임교사는 직·간접적으로 영향을 받기 쉽고 시간이 지남에 따라 학교의 문화에 동화되기 쉽다. 이때 만약 학교의 문화가 학생들에게 관심을 크게 갖지 않는 대신에 교사의 개인주의 문화가 발달되어 있다면 신임교사도 점차 그렇게 변화되기 쉽다.

따라서 학교의 리더라고 할 수 있는 교장이 이러한 부정적인 학교의 문화를 변화시킴으로써 리더십을 발휘하고 싶다면, 먼저 학교의 문화를 체계적으로 파악해야 한다. 즉, 학교 구성원들의 가치관, 언어(이야기), 관습, 행동양식, 상징, 신념, 규범, 비공식조직 등을 구체적으로 파악해야 하고, 이러한 문화의 하위 구성요소들의 변화를 이끎으로써 문화적 리더십을 발휘해야만 한다는 시사점을 얻을 수 있다.

3) 참여적 리더십

참여적 리더십(participative leadership)은 리더의 결정에 조직 구성원이 영향력을 미치도록 허용하는 다양한 의사결정 절차를 리더가 사용하는 것과 관련된다. 참여적 리더십의 측면을 언급하기 위해서 일반적으로 사용되는 다른 용어에는 협의, 공동 의사결정, 권력 공유, 분권화, 임파워먼트, 민주적 관리 등이 있다. 참여적 리더십은 여러 잠재적 혜택을 제공하지만, 혜택이 있는지의 여부는 참여자가 누구인가, 참여자들이 얼마나 많은 영향력을 가지고 있는가, 그리고 결정 해결책(의사결정에 관한 해결책)의 기타 측면이 좌우한다. 참여가 주는 네 가지 잠재적 혜택은 결정의 질 개선, 결정에 대한 참여자의 수용 증가, 결정 과정에 대한 만족 증가, 의사결정 기술의 발전이다 (강정애, 이상욱, 이상호, 이호선, 차동옥 공역, 2009; Yukl, 2006).

이러한 참여적 리더십으로부터 학교현장에서 교장이 독단적으로 학교경영을 하려 하거나 교사들에게 지시적이고 통제적으로 상호작용해서는 안 되고, 중요한 사안에 교사들을 적극적으로 참여시키고 교사들의 견해를 적극적으로 경청하고 반영하려고 하는 상호작용을 해야 한다는 시사점을 얻을 수 있다. 또한 교사도 학급에서 학생들에게 지시적이고 통제적으로 상호작용해서는 안 되고, 중요한 학급 일에 학생들을 적극적으로 참여시키고 학생들의 의견을 적극적으로 경청하고 반영하려고 하는 상호작용을 해야 한다는 시사점을 얻을 수 있다.

4) 슈퍼 리더십

슈퍼 리더십(super leadership)은 리더가 조직 구성원들로 하여금 자기 자신을 스스로 이끌어 갈 수 있도록 구성원들에게 자율성과 권한을 부여하여 셀프 리더로 만드는 리더십이다(Manz & Sims, 1989). 즉, 슈퍼 리더십은 전통적 리더십의 관점과는 달리, 조직 구성원들이 자신을 스스로 통제할 수 있고, 그렇게 할 수 있도록 영향을 주는 리더가 효과적인 리더라고 전제한다(이병진, 2003).

결국 슈퍼 리더십을 발휘하기 위해서는 리더가 먼저 셀프 리더가 되어야 한다. 그리고 조직 구성원들을 셀프 리더로 유도하는 칭찬과 보상을 제공하고, 자율적 분위기를 조성하며, 신속한 의사결정을 할 수 있는 역량 등을 함양해야 한다. 또한 리더는 구성원들이 스스로 내적인 통제에 의해 생산적으로 직무를 이행할 수 있도록 자기 지도적(self-leading) 리더십 능력과 동기를 자극해야 한다(이병진, 2003). 이러한 슈퍼 리더십을 학교현장에 적용해 보면, 교사는 학생들에게 강압적으로 어떤 행동을 하도록 해서는 안 되고, 학생들이 스스로 상황을 올바르고 정확하게 판단하고 행동할 수 있도록 칭찬과 격려를 해야 하며, 무엇보다 학생들이 자율적으로 행동하고 책임질 수 있도록 하는 학급분위기를 만들어야 한다는 시사점을 얻을 수 있다.

5) 분산적 리더십

분산적 리더십(distributed leadership)은 분산적 인지이론을 바탕으로 한 리더십 이론이다. 따라서 분산적 인지에 대한 기본적 지식을 갖추고 있다면 분산적 리더십을 이해하는 데 많은 도움이 된다. 과거 전통적 인지이론들은 인지가 사람의 두뇌 안에 머물러 있는 것으로 보았지만, 분산적 인지이론은 인지라는 것을 상황적·사회적으로 분산되어 있는 것으로 간주한다. 즉, 인간의 인지작용은 두뇌뿐만 아니라 사람들, 컴퓨터 자판, 메모지, 필기도구 등과 같은 도구와의 상호작용을 통해 이루어진다고 본다. 이러한 분산적 인지이론의 영향을 받아서 리더십 또한 한 개인의 특성이나 소유물이 아닌, 조직 구성원들과 안팎의 환경에 분산되어 있다는 관점을 갖고 출발하는 것이 분산적 리더십이다(라연재, 엄준용, 정우진, 최상민 공역, 2010; Spillane, 2006).

그리고 분산적 리더십은 네 가지 주제, 즉 누가 어떠한 리더십 책임을 맡게 되는지, 어떠한 형식으로 분담이 되는지, 어떠한 요인으로 분담이 일어나는지, 어떠한 이유에서 영향력 있는 리더로 여겨지는지에 관해 관심을 둔다. 이러한 분산적 리더십은 학교현장의 리더십을 개선하는 데 있어 진단도구(diagnosis tool)와 설계도구(design tool)로 쓰일 수 있다. 즉, 어떤 활동과 과업이 주어지는가, 누구의 책임인가, 어떤 도구가 갖추어져 있는가, 왜 만들어졌는가, 리더가 어떻게 이끌어 가는가, 구성원들이 어떻게 수행하는가, 상황이 리더와 구성원을 어떻게 매개하는가 등이 진단도구로 쓰일 수 있다. 또한 리더십 구조, 책임, 과정보다 더 중요한 것은 리더십 실행이라는 것, 인물을 개별적으로 보지 말고 사람들의 상호작용으로 볼 것, 도구와 정례업무가 어떻게 만들어지고 수정되는지 볼 것 등이 설계도구로 쓰일 수 있다(라연재 외 공역, 2010; Spillane, 2006).

6) 체인지 리더십

체인지 리더십(change leadership)은 사회가 복잡해질수록 리더에게는 더욱 정교한 리더십 기술이 요구되는데, 이러한 변화의 문화 속에서 리더가 갖추어야 할 핵심 역량 다섯 가지를 강조하는 리더십이다(Fullan, 2001).

즉, 체인지 리더십에서는 정력적이고 열정적이며 희망적인 리더가 변화를 두려워하는 조직 구성원에게 ① 도덕적 목표 갖기(작게는 개인에게, 크게는 사회의 전체적인 차원에서 긍정적인 변화를 꾀하려는 의도를 갖고 행동하는 것), ② 변화과정 이해하기(변화의 목표는 대대적인 혁신이 아니라는 점, 최상의 아이디어를 보유하는 것만으로는 부족하다는 점, 시행 초기의 어려움을 인식하는 것, 저항을 잠재적인 긍정의 힘으로 재정의하는 것, 문화의 재창조가 가장 중요하다는 점, 리더십의 복합성을 이해하는 것), ③ 관계 형성하기(리더가 반드시 다양한 사람들과 집단, 특히 자신과 다른 사람들과의 관계를 유능하게 만들어 가는 것), ④ 지식 축적과 공유하기(리더가 지식 축적의 가치와 역할을 이해하고, 그것을 최우선 과제로 삼으며, 조직 구성원들 간에 지식 교환의 습관을 형성하고 강화하는 것), ⑤ 응집력 형성하기(조직을 새로운 상호작용과 아이디어의 결과로 만들어진 새로운 상태로 변화시키고, 조직 구성원들의 열정과 헌신을 이끌어 내는 경험이나 힘을 발휘하는 것)를 통해 리더십을 발휘하게 되면, 조직 구성원들을 조직에 대해 총체적으로 헌신하고 변화를 주도하도록 만들 수 있고, 이를 통해 조직은 전반적으로 좋은 일이 더 많이 생기고 나쁜 일이 줄어들게 된다는 것을 강조한다.

8. 리더십 효과성

조직의 목적 및 목표 달성을 위해 조직의 리더가 조직 구성원들에게 리더십을 발휘하였다면, 그 효과성의 유무에 대해서 어떻게 판단할 수 있는가는 흥미로운 주제이다. Hoy와 Miskel(1996)은 리더십의 효과성을 세 가지 차원, 즉 ① 개인적(individual) 차원, ② 조직적(organizational) 차원, ③ 인간적(personal) 차원으로 〈표 3-3〉과 같이 범주화하였다.

〈표 3-3〉 리더십 효과성 차원

리더십 효과성	구성요소
개인적 차원	구성원들의 만족도
조직적 차원	목표 달성도
인간적 차원	(타인들로부터) 지각된 명성 자기 평가

　리더십 효과성은, 첫째, 개인적 차원에서는 구성원들의 만족도가 향상되어야 하고, 둘째, 조직적 차원에서는 목표 달성을 이루어야 하고, 셋째, 인간적 차원에서는 타인들로부터 명성을 인정받아야 하며 본인의 평가에서도 만족스러워야 한다는 점을 알 수 있다. 학교현장의 예를 들면 다음과 같다. A 학교의 교장선생님의 리더십이 효과적이기 위해서는, 첫째, A 학교의 대표적인 구성원이라 할 수 있는 교사들과 학생들이 그 학교에 재직 및 재학하고 있으면서 만족을 느끼고 있어야 하고(개인적 차원: 구성원들의 만족도), 둘째, A 학교가 설정한 목표(예: 학업성취도 향상)를 달성해야 하고(조직적 차원: 목표 달성도), 셋째, A 학교가 타인들로부터 훌륭한 학교라는 명성을 얻을 수 있어야 하며, A 학교의 구성원들 또한 자기 학교가 훌륭한 학교라고 인식할 수 있어야 한다(인간적 차원: 지각된 명성, 자기 평가).

　이러한 리더십 효과성의 세 가지 차원의 범주는 조직의 효과성, 특히 학교조직의 효과성을 판단하는 범주로도 활용될 수 있다.

제 **4** 장

교육조직

1. 조직의 기초

1) 조직의 개념

주요 학자들의 조직에 대한 정의를 살펴보면 다음과 같다.

- 두 사람 이상의 활동이나 힘이 의식적으로 조정되는 체제이다(Barnard, 1938).
- 업무를 수행하기 위해 설계된 기술적 도구이며, 의도적으로 조정된 활동의 체제이다(Selznick, 1957).
- 특정 목표를 성취하기 위하여 의도적으로 구성되고 재구성되는 사회적 단위이다(Etzioni, 1964).
- 업무와 기능의 분담을 통하여, 그리고 권위와 책임의 위계를 통하여 공동의 명시적 목적이나 목표를 성취하고자 여러 사람의 활동이 계획적으

　　로 조정되는 것이다(박세훈, 권인탁, 고명석, 유평수, 정재균, 2008; Schein, 1980).

● 공동의 목표를 달성하기 위하여 둘 이상의 구성원들이 규칙과 규정에 따라 서로의 역할을 분담하여 상호 협력하는 체제이다(주삼환 외, 2003).

● 둘 이상의 사람이 일정한 목표를 추구하기 위해 의도적으로 구성한 사회체제로서, 목표 달성을 위한 특정한 과업, 역할, 권한, 의사소통, 지원 구조 등을 갖는 체제이다(윤정일, 송기창, 조동섭, 김병주, 2007).

　　이상에서 살펴본 조직에 대한 여러 학자의 정의에서 공통적으로 나타나는 개념적 요소들은 둘 이상의 구성원, 구성원들 간의 의사소통, 구성원들의 공통적·의도적인 구성, 계획적이고 체계적인 구조이다. 따라서 이러한 공통된 요소들을 바탕으로 조직의 개념을 정리하면, 조직이란 '둘 이상의 구성원들이 공통된 목표를 달성하기 위하여 의도적으로 구성되고, 그 목표 달성을 위해 각 구성원의 과업, 권한, 역할, 책임 등이 체계적이고 명료화되며, 이러한 과정에서 의사소통과 상호 협력하는 체제'라고 할 수 있다.

집단과 조직의 구분

　　일반적으로 집단(group)과 조직(organization)의 개념을 혼동하기가 쉽다. 집단과 조직은 둘 이상의 구성원으로 구성된다는 점, 나름의 의사소통이 가능하다는 점, 공통된 목표를 지향한다는 점 등의 공통점을 갖는다. 그러나 집단과 조직의 개념은 다른데, 그 차이를 명확하게 하기 위해서 Weber의 관료제의 다섯 가지 특징(분업과 전문화, 몰인정성, 권위의 위계, 규칙과 규정, 경력지향성)을 준거로 활용할 수 있다. 즉, 관료제의 다섯 가지 특징이 적용되면 그것은 조직에 가깝고, 적용되지 않으면 집단에 가깝다고 볼 수 있다. 따라서 학교는 집단이기보다는 조직에 가깝다.

2) 조직의 원리

조직의 대표적인 원리로는 다음과 같은 여섯 가지를 들 수 있다(윤정일 외, 2007). 이러한 조직의 원리는 조직의 목표 달성에 있어서 효율성과 효과성을 도모하기 위해 필요한 것들이다.

- **위계의 원리**(principle of hierarchy): 조직의 목표를 달성하기 위한 업무를 수행함에 있어 권한과 책임의 정도에 따라 직위가 수직적으로 서열화·등급화되어 있는 것
- **기능적 분업의 원리**(principle of division of work): 조직의 업무를 직능 또는 성질별로 구분하여 한 사람에게 동일한 업무를 분담시키는 것
- **조정의 원리**(principle of coordination): 조직 내에서 업무의 수행을 조절하고 조화로운 인간관계를 유지함으로써 협동의 효과를 최대한 거두려는 것
- **적도집권의 원리**(principle of optimum centralization): 중앙집권제와 분권제 사이에 적정한 균형을 도모하려는 것
- **명령통일의 원리**(principle of unity of command): 구성원은 한 지도자로부터 명령과 지시를 받고 그에게만 보고하도록 해야 한다는 것
- **통솔한계의 원리**(principle of span of control): 한 지도자가 직접 통솔할 수 있는 구성원의 수에는 한계가 있다는 것

3) 조직의 핵심 변인

조직은 수단이 되는 변인과 목적이 되는 변인을 갖는다. Lunenburg 와 Ornstein(2000)은 조직의 핵심 변인을 여덟 가지로 제시하였다. 그중에서 복잡성(complexity), 집중화(centralization), 형식화(formalization), 유층화(stratification)의 네 가지는 조직의 수단 변인으로 분류하였고, 다른 네 가지

인 적응성(adaptiveness), 생산성(production), 효율성(efficiency), 직무만족(job satisfaction)은 조직의 목적 변인으로 분류하였다.

- **복잡성**: 전문화(specialization)라고도 한다. 복잡성은 조직에 포함되는 직업적 전문가의 수와 관련되고, 각 전문가에게 요구되는 교육 및 훈련의 기간과 관련된다. 전문화는 인적 전문화와 과업 전문화의 정도에 따라 결정된다. 영문학 전문가인 교사는 인적 전문가이고, 중학교 3학년의 영어를 가르치는 교사는 과업 전문가이다. 인적 전문가의 수가 많고 인적 전문화를 성취하기 위해 요구되는 교육 또는 훈련 기간이 길수록, 조직은 더욱 복잡성을 띠게 된다.

- **집중화**: 권위의 위계(hierarchy of authority)라고도 한다. 집중화는 의사결정에 참여하는 구성원들의 역할 수와 관련되고, 구성원들이 참여하는 영역의 수와 관련된다. 구성원들이 참여하는 역할의 비율이 낮을수록 그리고 구성원들이 참여하는 의사결정 영역이 적을수록, 조직은 더욱 집중화를 띠게 된다.

- **형식화**: 표준화(standardization)라고도 한다. 형식화는 공식적으로 명시된 직무의 비율과 관련되고, 규정된 직무의 범위 내에서 변화를 줄 수 있는 범위와 관련된다. 학교에서 공식적으로 명시된 직무의 비율이 높을수록 그리고 직무 변화의 범위가 좁을수록, 조직은 더욱 형식화를 띠게 된다.

- **유층화**: 지위 체계(status system)라고도 한다. 유층화는 학교의 위계 내에서 더 높은 지위 수준과 더 낮은 지위 수준 간의 차이와 관련된다. 학교의 위계 내에서 지위를 가진 사람들 간에 있는 보수, 명성, 특권, 이동성 등의 차이는 일반적으로 지위 차이를 가리킨다. 최상의 지위를 가진 자와 최하의 지위를 가진 자들 간에 보상에서의 차등이 클수록 그리고 이들 간에 이동률이 낮을수록, 조직은 더욱 유층화를 띠게 된다.

- **적응성**: 유연성(flexibility)이라고도 한다. 적응성은 학생의 수업에서 사

용하는 전문적인 지식 및 기법과 관련되고, 환경의 요구에 반응하는 학교의 능력과 관련된다. 심화된 지식과 수업 기법을 사용하고 환경의 요구에 진보된 반응을 할수록, 조직은 더욱 적응성을 띠게 된다.

- **생산성**: 성과의 양 및 질과 관련된다. 어떤 학교들은 양에 관심을 더 갖고 질에는 관심을 덜 갖는 반면에, 어떤 학교들은 그 반대이다. 양과 질이 서로 다른 특성이기 때문에 생산성이라는 것은 측정하기가 어렵다. 예를 들면, 어떤 대학교들은 학생들의 질적인 수준은 고려하지 않은 채 많은 수의 학생을 배출하는 '학위 제조소(degree mills)'의 기능을 하는 반면에, 어떤 대학교들은 학생들의 질적인 수준 향상에 더 많은 관심을 갖는다. 성과로서 질이 아닌 양을 더욱 강조할수록, 조직은 더욱 생산성을 띠게 된다.

- **효율성**: 비용(cost)이라고도 한다. 효율성은 인적 자원과 낭비되는 자원의 양뿐만 아니라 재정적인 것과도 관련된다. 예를 들면, 1명의 교사가 가르치는 학급당 학생 수가 10명의 비율일 때보다 30명의 비율일 때 더욱 효율적이다. 하나의 생산품에 들어가는 비용이 적을수록, 조직은 더욱 효율성을 띠게 된다.

- **직무만족**: 사기(morale)라고도 한다. 직무만족은 학교의 인적 자원이 학교에 머무를 수 있도록 하는 학교 중요성의 양과 관련된다. 직무만족의 측정은 복지, 결근 또는 결석, 이직 또는 전학 등으로 이루어진다. 사기가 높을수록 그리고 결근과 이직이 낮을수록, 조직은 더욱 직무만족을 띠게 된다.

4) 공식조직과 비공식조직

조직은 크게 공식조직과 비공식조직으로 분류할 수 있다. 공식조직은 일반적으로 공식적인 조직표나 기구표상에 나타난 조직으로서, 공통된 목표를 위해 인위적·구조적으로 구성되며, 그 특성이 외부에서 가시적으로 쉽게

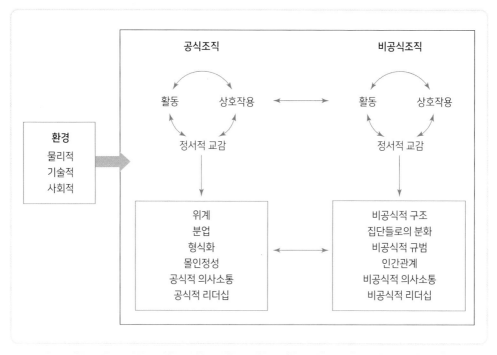

[그림 4-1] 공식조직과 비공식조직의 요소

* 출처: Hoy, W. K., & Miskel, C. G. (2008). *Educational administration*, p. 100.

파악될 수 있는 특징을 갖는다. 이에 비해 비공식조직은 일반적으로 공식조
직 내에 존재하면서 주로 심리적 요인에 의해 소규모로 결성되고 유동적인
특성을 가지며, 조직 내에서 일정 기간 동안 함께할 때 비로소 파악될 수 있
는 특징을 갖는다. 비공식조직의 대표적인 예는 공식조직 내에서 마음이 맞
는 사람들끼리 친하게 지내는 사람들의 집단이다. 공식조직과 비공식조직의
요소를 중심으로 비교하면 [그림 4-1]과 같다.

  [그림 4-1]에서 알 수 있듯이, 공식조직과 비공식조직 모두 활동(activities),
상호작용(interactions), 정서적 교감(sentiments)이라는 세 가지 과정을 갖는 것
이 공통점이다. 그러나 공식조직과 비공식조직의 구성요소는 차이가 있다.
즉, 공식조직은 위계(hierarchy), 분업(division of labor), 형식화(formalization),

몰인정성(impersonality), 공식적 의사소통(formal communication), 공식적 리더십(formal leadership)의 요소를 갖는다. 반면에, 비공식조직은 비공식적 구조(informal structure), 집단들로의 분화(division into cliques), 비공식적 규범(informal norms), 인간관계(personal relations), 비공식적 의사소통(informal communication), 비공식적 리더십(informal leadership)의 요소를 갖는다.

이러한 비공식조직은 공식조직에 긍정적 혹은 부정적 영향을 미칠 수도 있다. 즉, 공식조직 내의 어떤 비공식조직과 다른 비공식조직 간의 관계가 원만하고 수용적일 때는 그 구성원들이 공식조직에 의해 충족되지 못하는 여러 가지 긍정적인 심리 기능을 수행할 수 있어 결과적으로 공식조직의 목표 달성에 시너지 효과를 가져올 수 있다. 그러나 비공식조직들 간의 관계가 불편하고 배타적일 때는 비공식적인 갈등이 나타나게 되고, 그로 인해 공식조직의 목표 달성에 부정적 영향을 미칠 수도 있다.

그리고 공식조직과 비공식조직은 공존한다. 그래서 공식조직과 비공식조직은 하나의 조직이다. 그러나 공식조직과 비공식조직을 구분하는 것은 조직의 역동적인 본질에 관심을 갖고 이해하도록 하는 데 유용하다. 이러한 유용함은 학교조직을 파악하고 이해하는 데에도 적용될 수 있다. 즉, 학교를 공식조직으로만 파악하는 것을 넘어, 학교 내부의 다양한 비공식조직의 역동적인 특성을 파악하고 이해할 수 있도록 하는 기초를 제공해 준다.

2. 조직의 변화와 저항

1) 조직의 변화

조직이 계속 발전하기 위해서는 조직 외부의 환경과 상호작용하여 조직의 생존과 발전에 필요하거나 요구되는 변화를 줄 수 있어야 한다. 그러나 조직의 변화가 항상 순조롭게 진행되는 것은 아니다. 조직의 변화는 반대에 직면하기도 하고 갈등을 유발하기도 한다.

조직의 변화 및 조직의 변화에 대한 저항을 보다 잘 이해하기 위해 Lewin (1951)은 '힘의 장 분석(force-field analysis)'이라는 개념을 개발하였다. 그는 조직 내에서 벌어지는 행동의 수준이 고정되어 있는 것이 아니라 다양한 힘이 역동적으로 작용하여 나타나는 것으로 보았다. 그리고 변화의 상황은 현재의 조건을 변화시키려는 변화 추진력(driving forces) 또는 요인(factors)과 변화를 저지시키려는 변화 억제력(resisting forces) 또는 요인의 맥락에서 생각해야 함을 강조하였다. 변화가 일어난다는 것은 변화의 추진력과 억제력이 불균형을 이룬다는 의미이고, 변화가 일어나지 않는다는 것은 변화의 추진력과 억제력이 같다는 의미를 갖는다. 이러한 변화 추진력 또는 억제력은 조직의 내부 또는 외부 환경에서 비롯될 수도 있고, 변화 추진자의 행동에서 비롯될 수도 있다.

변화는 시간을 두고 발생하는 조직적 과정의 계열성을 포함한다. Lewin (1997)은 이러한 과정에 ① 유연화(unfreezing), ② 이동(moving), ③ 견고화(refreezing)의 세 가지 단계가 전형적으로 요구된다고 제안하였다. 유연화는 조직의 현재 상태를 유지하려는 힘을 감소시키는 단계를 의미한다. 달리 말하면, 변화의 시작을 의미한다. 유연화는 조직의 현재 상태가 바람직하지 않다는 새로운 정보를 알려 주는 것에서 비롯될 수도 있고, 또는 조직에 작용하는 현재의 가치, 태도, 행동의 견고함을 감소시키는 것에서 비롯될 수도 있다. 이동은 내면화, 동일시 또는 구조의 변화를 통해 새로운 가치, 태도, 행동의 발전을 유도하는 단계를 의미한다. 이동은 사소한 변화일 수도 있고 중대한 변화일 수도 있다. 견고화는 이전 단계인 이동을 통해 나타나는 변화를 안정화하고 정착시키는 단계를 의미한다. 조직문화, 조직규범, 조직정책, 조직구조 등의 변화에는 이러한 견고화 단계가 특히 요구된다.

변화의 억제력보다 추진력이 강하여 유연화, 이동, 견고화 단계를 거쳐 조직의 변화를 가져올 수 있다. 하지만 그러한 조직의 변화가 항상 발전하는 것을 보장하지는 않는다. [그림 4-2]에서 보듯이, 조직의 변화로 때로는 발

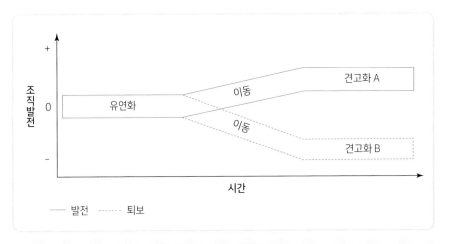

[그림 4-2] **조직의 변화**

전하지만 때로는 퇴보한다. 즉, 변화 A는 변화하기 전인 기존의 상태를 제로 (0)라고 하였을 때 플러스(+) 상태로 발전하였지만, 변화 B는 마이너스(-) 상태로 퇴보하였다. 변화의 결과로 발전이 나타나는가 아니면 퇴보가 나타나는가는 투입 요인(조직의 변화를 위해 투입된 인적·물적 조건의 질과 양)과 과정 요인(투입된 여러 조건의 결합, 조정, 사용, 처리 방식) 등 많은 요인에 의해 결정될 수도 있지만, 변화의 방향 및 변화로 추구하는 대안이 영향을 미칠 수도 있다. 따라서 변화를 시행하기 전에, 추진하려는 변화가 진정한 발전을 향하는 것인지 그리고 변화로 추구하려는 대안이 진정한 발전의 결과를 가져올 수 있는지에 대해 신중한 검토와 검증을 해 보는 것이 중요하다.

학교조직도 발전하기 위해서는 사회라고 하는 환경과 상호작용하여 필요한 변화를 추구해야 한다. 학교는 사회의 외딴 섬이 아니라 사회와 상호작용한다. 학교가 발전하기 위해서는 기술의 변화, 지식의 변화, 가치관의 변화, 기대의 변화 등으로 나타나는 사회 변화와 상호작용하여 필요한 변화를 받아들일 수 있어야 한다. 다만, 학교가 갖는 사회적 중요성과 특수성의 특징을 고려할 때, 불필요하거나 무분별한 학교 변화는 오히려 문제가 될 수 있음을 지각해야 한다.

학교조직의 변화를 촉진시키는 요인을 ① 학교교육의 문제, ② 환경의 변화, ③ 새로운 아이디어의 출현으로 분류하여 살펴보면 다음과 같다(박병량, 2006).

- **학교교육의 문제**: 교육과정, 학교행정, 교육제도에 대한 불만은 학교교육의 변화를 촉진한다. 예를 들면, 교육내용, 교육방법, 교육평가 등 '교육과정 운영에 대한 불만', 교장의 지도성, 교사의 책무성, 학교의 지배구조, 회계의 투명성 등 '교육행정·재정에 대한 불만', 입시제도, 사교육비 등 '교육정책에 대한 불만' 등은 학교교육의 변화를 유발하는 동인으로 작용한다.

- **환경의 변화**: 학교는 또한 정치, 경제, 사회·문화, 기술, 인구학적 환경, 자연적·물리적 환경의 변화에 영향을 받는다. 과거와 다른 정치, 경제, 사회·문화 환경의 변화는 학교교육의 변화를 촉진한다. 예를 들면, 민주화, 인권신장, 시민단체 등 '정치 환경의 변화', 직업세계의 변화, 고용불안, 세계화, 개방과 자유경쟁, 지식산업 등 '경제 환경의 변화', 개인화, 가정의 변화, 가치관의 변화 등 '사회 환경의 변화', 문화가치의 증대, 다문화, 가상공간의 의사소통 등 '문화 환경의 변화' 등은 학교교육을 변화시키는 요인들이다. 또한 출산율 저하, 노령화와 같은 '인구학적 환경의 변화', 환경오염, 기후변화, 자원의 고갈과 같은 '자연적·물리적 환경의 변화', 정보화, 유비쿼터스, 생명과학의 발달, 교통·통신의 발달과 같은 '기술의 변화' 등은 학교교육에 직접적으로 영향을 준다.

- **새로운 아이디어의 출현**: 새로운 교육이론, 교육사상, 패러다임, 교육개혁 전략의 등장은 학교의 변화를 촉진한다.

2) 변화에 대한 저항의 원인

개인과 조직은 변화에 대해 저항을 보이는 것이 일반적인 현상이다. 개인과 조직이 변화에 대한 커다란 저항을 보이는 주요 이유로는 다음과 같은 것들이 있다(Connor, 1995).

신뢰의 결여   변화에 대해 저항을 보이는 근본적인 이유는 변화를 제안한 사람에 대한 불신이 있기 때문이다. 변화를 제안한 사람에 대한 불신이 있으면, 변화를 통한 뚜렷한 위협이 없더라도 나중에 밝혀질 뭔가 숨겨진 의도나 위협이 있을 것으로 생각하게 된다. 이렇게 되면, 변화를 제안하는 사람과 수용하는 사람 간에 상호 불신이 형성되고, 조직의 리더는 변화에 대해 비밀로 하게 되고 결과직으로 더 큰 의심과 지항을 불러일으키게 된다.

변화는 불필요하다는 신념   사람들이 변화에 대해 불필요하다고 생각하게 되는 것도 변화에 대한 저항을 불러일으키는 하나의 요인이 된다. 특히 그동안 별문제 없이 성공적으로 잘해 왔다든지 혹은 특별한 문제가 있다는 명확한 증거가 없을 때에 변화가 불필요하다고 생각하기 쉽게 된다. 하지만 대부분의 경우에, 문제의 초기 단계에서는 문제가 불확실하게 되고 사람들은 그것을 무시하는 것이 쉽다. 또한 결국에 문제가 발견되더라도 그동안에 해 왔던 전략으로 문제를 해결하려고 할 뿐이고, 좀 더 다른 전략으로 대처하기가 어렵게 된다.

변화는 불가능하다는 신념   비록 문제를 알아차렸다고 하더라도, 변화가 성공할 수 없을 것이라는 생각 때문에 변화에 저항을 하게 된다. 특히 변화를 시행한 선행 프로그램이 실패하였을 경우에는 변화를 위한 새로운 프로그램의 도입과 시행에 대해 냉소를 보이게 되고, 변화의 성공에 대해 의구심을 갖게 된다.

경제적 두려움   비록 변화를 하는 것이 조직에 도움이 된다는 것을 알더라도, 변화로 인해 수입, 혜택, 또는 일자리의 안정성을 잃을 수 있는 사람들이 저항하기 쉽다. 예를 들어, 변화의 결과로 기술(공학)을 도입함으로써 사람의 일자리를 대신하게 될 때 변화에 대한 저항이 일어나게 된다. 특히 조직의 인원감축과 일시해고는 조직 구성원들에게 불안을 불러일으키고, 조직의 어떠한 위협이 있더라도 새로운 변화에 대해 저항을 갖도록 하게 된다.

상대적으로 높은 희생   명백한 혜택을 가져오는 것이더라도 항상 변화에는 일정한 희생이 요구된다. 또한 변화로 인해 그동안 익숙했던 방식들이 변해야 하고, 이 때문에 불편함과 더 많은 노력이 요구된다. 그리고 변화에는 자원이 필요한데, 이러한 자원들도 변화를 위해 전통적인 방식으로 투자하게 되면 잃게 될 수 있고, 변화에 필요한 비용을 정확하게 계산하기가 어려울 때에는 변화의 혜택을 위해 소요되는 비용에 대해 우려가 발생하게 된다.

개인적 실패의 두려움   변화는 그동안 전문가였던 사람을 불필요한 사람으로 만들기도 하고, 새로운 방식으로 업무를 수행하기를 요구한다. 이럴 때에 자신감이 부족한 사람은 새로운 업무 방식을 숙달하는 데 어려움을 겪게 되고 새로운 방식을 접하는 데 있어 주저하게 된다.

지위와 권력의 상실   조직에서의 큰 변화는 반드시 조직 구성원과 하위 부서의 지위와 권력에 일정한 변화를 가져오게 된다. 변화를 통한 새로운 전략들로 인해 새로운 전문가들이 요구되는데, 이 과정에서 지위와 권력의 상실 위험에 처한 개인과 하위 부서는 변화에 더욱 반대하게 된다.

가치와 이상의 위협   개인 또는 조직 구성원들 간에 공유하는 강력한 가치 및 이상과 불일치하는 변화는 조직 구성원들로부터 저항을 받게 된다. 특히 개인 또는 조직 구성원들 간에 공유된 가치가 조직문화로 자리매김되었다면, 변화에 대한 저항은 더욱 거세지게 된다.

간섭에 대한 분개　　일반적으로 사람들은 다른 사람들로부터 통제받는 것을 원치 않기 때문에 변화에 저항한다. 변화를 통해 타인이 자신을 간섭하거나 변화를 강요하면 분개와 적대감이 유발된다. 만약 개인이 변화의 필요성에 대해 깨닫지 못하고 어떻게 변화할 것인가에 대해 결정할 수 있는 선택권이 있다고 인식하지 못하면, 변화에 저항하게 된다.

사람이 변화에 대해 거부하고 저항하는 것은 무지하거나 고지식해서가 아니라, 자신의 이익과 자발적 결정권을 보호하기 바라는 자연스러운 반응이다. 따라서 변화에 대한 저항을 변화의 방해물로 간주하기보다는 변화를 향상시키기 위해 방향을 새롭게 설정해야 하는 에너지로 보는 것이 더욱 도움이 될 뿐만 아니라 현실적인 대처 방안이다(Maurer, 1996). 그리고 조직의 리더는 조직의 변화를 위해 독단적인 결정으로 조직 구성원들에게 변화를 강요하거나 억압해서는 안 되고, 변화의 필요성에 대해 조직 구성원들이 이해하고 동참할 수 있도록 최대한 노력해야 한다. 특히 개인에게 있어 직장은 생존권과 직결되는 중대한 문제이다. 따라서 조직의 안정적이고도 발전적인 변화를 추구하기 위해서는 조직이 변화를 수반하더라도 조직 구성원 개인에게 특별한 불이익이나 신분의 위협은 없다는 점을 분명히 하고 실천하는 것이 요구된다.

3) 변화에 대한 저항의 감소 방법

변화에 대한 압박과 변화에 대한 저항은 학교현장에서도 나타나기 마련이다. Lunenburg와 Ornstein(2000)은 학교행정가가 변화에 대한 구성원들의 저항을 감소시키는 데 사용할 수 있는 구체적인 방법을 다음과 같이 제시하였다.

참여(participation)　　변화에 대한 저항을 감소시키는 최선의 방법 중 하나는 변화를 계획하고, 설계하고, 실행하는 데 구성원들을 참여시키는 것이다. 참여의 효과는 적어도 다음과 같은 세 가지가 있다. ① 구성원들이 변화의 계획, 설계, 실행에 영향을 미침에 따라, 새로운 아이디어와 정보가 만들어질 수 있다. 이렇게 만들어져서 증가된 정보는 더욱 효과적으로 변화되는 결과를 가져올 수 있다. ② 구성원들이 변화에 대한 관심을 갖도록 해 주고, 변화가 성공적으로 실행될 수 있도록 공헌하게 해 준다. ③ 변화의 본질과 결과에 관한 정보를 구성원들에게 알려 줄 수 있기 때문에 변화의 내용을 모르는 데에서 비롯되는 불안감을 감소시켜 주고, 잘못된 루머를 차단해 준다(Argyris, 1993a).

의사소통(communication)　　변화에 대한 저항을 감소시키는 또 다른 방법은 변화의 본질과 필요성에 대해 구성원들과 의사소통하고 설명하는 것이다. 변화의 필요성을 설명할 때에는 변화를 통해 조직 및 구성원들이 얻게 될 효과를 설명해 주는 것이 중요하다. 이를 통해 구성원들은 변화를 통해 무엇을 얻을 수 있는가를 모르는 데에서 비롯되는 두려움을 감소시킬 수 있고, 변화에 대한 새로운 아이디어에 좀 더 지원적일 수 있다(Cherrington, 1994).

지원(support)　　변화의 효과적인 실행을 위해서는 조직의 상부에서 지원을 해 주는 것이 필요하다. 특히 변화가 실행될 때 지원적이고도 사려 깊은 리더십을 명확하게 발휘하는 것이 중요하다. 구체적으로 구성원들과 친근해지려고 하고, 구성원들의 아이디어를 경청하고, 우수한 아이디어를 현장에 적용시켜 주는 리더십을 발휘하는 것이 중요하다. 이러한 지원적인 리더십은 직장의 환경을 더욱 즐겁고 유쾌하게 만들어 준다. 예를 들면, 새로운 기술을 습득해야 하는 어려운 변화 같은 경우에 그러한 기술을 시간적, 경제적, 심리적으로 편하게 습득할 수 있도록 지원해 주는 것이 필요하다

(Schmuck & Runkel, 1994).

보상(rewards)　변화가 임박하면, 구성원들은 그러한 변화의 결과로 자신들에게 어떤 직접적인 혜택이 제공되는가를 생각해 보게 된다. 이때 자신들에게 직접적인 혜택이 제공될 것으로 예상되는 변화에는 저항을 덜 하게 된다(Conger, Lawler, & Spreitzer, 1998). 이러한 직접적인 혜택에는 보수의 증가, 보너스, 승진, 상징적인 지위, 능력에 대한 인정 및 칭찬 등의 보상들이 포함된다.

계획(planning)　성공적인 변화를 위해서는 미리 계획이 제대로 마련되어 있어야 한다. 변화라는 것은 구성원들에게 새로운 것에 임해야 한다는 불안함과 모르는 것에 임해야 한다는 두려움을 가져다준다. 그리고 변화는 구성원들에게 새로운 수행 수준(performance levels)을 요구할 수도 있다. 따라서 변화를 계획할 때 구성원들에게 요구되는 수행 수준을 신중하게 고려할 필요가 있다. 구성원의 수행 수준을 너무 낮게 책정하면 수행에 부정적인 영향을 미치게 되고, 구성원의 수행 수준을 너무 높게 책정하면 좌절과 낮은 수행을 가져오는 결과를 초래하게 된다(Bryson, 1995).

강요(coercion)　변화에 대한 저항을 감소시키는 여러 방법이 효과가 없을 때, 변화의 강요를 최후의 방법으로 사용할 수 있다. 즉각적인 실행이 요구되는 변화이고 조직의 리더가 막강한 권력을 가지고 있는 경우라면, 강요를 통해 변화에 대한 순응을 얻을 수도 있다. 그러나 강요는 구성원들의 좌절, 두려움, 복수심, 소외감 등의 부정적인 결과를 초래할 수도 있고, 그 결과로 구성원들의 낮은 직무 수행, 직무불만족, 직장 이동을 초래할 수도 있다(Woodman & Pasmore, 1988).

3. 학교조직의 특성

학교는 사회화 및 지식전달과 같은 목표 달성을 위해 많은 학생과 교원들이 인위적으로 결합되고 상호 의사소통을 하며 각자에게 주어진 역할을 수행하는 하나의 조직의 성격을 지닌다. 그리고 일반적으로 학교조직은 다음과 같은 다양한 특성을 갖는다.

1) 전문적 관료제

일반적으로 전문성과 관료제는 상반된 특성을 지닌다. 하지만 학교는 전문성의 특성과 관료제의 특성을 모두 갖고 있다. 즉, 학교는 구조적으로는 관료제적인 특성을 갖는다고 할 수 있지만, 교사가 자신이 맡은 교육 부문에 대한 전문가이고 수업과 관련된 실제적 운영 면에 있어서 자율성이 보장된다는 점에서 전문성의 특성도 갖는다. 이러한 학교의 전문적 관료제의 특성을 구별하여 나타내면 다음과 같다.

- 교사의 자질을 나타내는 지표로서 교사자격증의 요구(전문성)
- 교사의 수업방법에 대한 직접적인 간섭 배제(전문성)
- 표준화된 교육과정과 교과서 사용(관료제)
- 정해진 코스를 따르고 있는지를 알기 위한 학교 학습평가(관료제)

2) 조직화된 무질서

학교는 외부에서 파악할 때 아주 견고하게 조직되어 운영되는 것 같지만, 실제로는 견고하지 않고 무질서하면서도 질서 있는 패턴으로 운영되는 측면도 존재한다. 이러한 특성은 Cohen, March, Olsen(1972)이 제안한 조직화된

무질서(organized anarchy)라는 개념으로 설명될 수 있다. 조직화된 무질서는
다음과 같은 세 가지로 구성된다.

불분명한 목표　　교육조직의 목표는 수시로 변하고, 그 목표를 반드시 달
성하려고 노력하지 않으며, 대립적인 목표들이 상존하며, 구성원들에 따라
다르게 규정하기도 한다. 예를 들면, 학교마다 목표(교훈)가 있지만 그 덕목
들을 반드시 추구하려고 하지 않고, 그 목표가 달라지기도 하며, 대립적인
목표들(전인교육을 표방하면서도 성적 향상만을 최우선으로 함)이 있기도 하다.

불확실한 기술　　교육조직의 기술은 불명확하고 구성원들에게 잘 알려져
있지 않다. 즉, 이론적으로는 효과적인 수업방법이 있을 수 있지만 학교현장
의 실제에서는 효과적인 수업방법이 무엇인지에 대한 합의된 견해가 없고,
같은 교과서의 내용을 수업할 때에도 교사들마다 사용하는 수업방법이 다
르다.

유동적 참여　　학교는 그 자리에서 역사성을 띠며 계속 운영되지만, 그 운
영의 주체라 할 수 있는 학생들과 교사들은 고정적으로 학교조직에 머무는
것이 아니라 일정한 기간이 지나면 떠난다. 즉, 학생들은 매년 신입생이 입
학하고 고학년이 졸업하며, 교사들도 매년 전보 발령을 받고 다른 학교로 떠
나기도 하고 새로운 교사가 오기도 한다.

3) 이완조직

학교는 연결된 각 사건이 서로 대응되는 동시에 각각 자체의 정체성을 보
존하면서 물리적 · 논리적 독립성을 갖는다(윤정일 외, 2007). 즉, 학교조직은
견고하고 엄격한 통제에 의해 운영되는 것만이 아니라 어느 정도는 상호 통
제에서 벗어나 자율성을 확보할 수 있도록 운영된다. 예를 들면, 장소로는

상담실 및 교사휴게실 등이 해당되며, 상황으로는 교사가 타인의 간섭을 받지 않고 자유롭게 진행하는 수업이 포함된다.

4) 이중조직

학교는 이완조직의 특성인 느슨하게 결합된 측면도 있지만, 엄격한 관료제적 특성도 함께 지닌다. 즉, 수업시간 운영, 학습집단 구성, 인적 · 물적 자원의 활용, 인사관리, 재무관리에 대한 것은 교사 개인이 자유롭게 다룰 수 있는 것이 아니고 대체로 엄격한 통제를 받게 되는 관료제적 특성을 지닌다. 그러나 수업 등과 관련한 특정 측면에서는 교사의 자율성과 불간섭이 보장되므로 느슨한 이완적 특성을 지닌다.

4. 학교조직 분석의 네 가지 프레임

조직을 쉽게 이해하기 위해서 조직을 분석할 수 있는 프레임(frame)이 있으면 매우 유용하다. Bolman과 Deal(2003)은 조직을 분석하는 데 유용한 네 가지 프레임으로서, ① 구조적 프레임, ② 인적 자원적 프레임, ③ 정치적 프레임, ④ 상징적 프레임을 제시하였다. 이러한 조직 분석의 네 가지 프레임은 학교조직을 분석하고 이해하는 데에도 유용하게 사용될 수 있다. 이에 대해 간단히 살펴보면 다음과 같다.

1) 구조적 프레임

구조적 프레임(structural frame)은 ① 조직의 목적 및 목표, ② 조직의 전문화 및 명확한 분업체계, ③ 조직의 적합한 조정 및 통제, ④ 조직의 합리성, ⑤ 조직의 적합한 목적, 기술, 구성원, 환경의 설계, ⑥ 조직의 문제점에 대한 분석 및 조직 재설계 등을 중요한 요인으로 간주한다. 따라서 학교조직을 이러한 구조적 프레임으로서 분석한다고 하면, 학교가 어떤 목적 또는 목표를 설정하고 있는지, 학교가 설정한 목적 및 목표를 달성하기 위해서 학교 구성원들의 역할을 어떻게 명확히 구분하고 할당하고 있는지, 학교 구성원들이 어떤 기술로 목표 달성을 하려고 하며 환경과는 어떤 패턴의 상호관계를 맺고 있는지, 학교를 개선하기 위해서 어떻게 재설계하는 것이 적합한지 등의 관점으로 분석한다.

그리고 구조적 프레임에서는 조직의 조정을 두 가지 관점, 즉 수직적 조정과 수평적 조정으로 분류한다. 수직적 조정(vertical coordination)으로 ① 상사의 권한(authority), ② 규정 및 방침(rules & policies), ③ 기획 및 통제 체제(planning & control systems)를 사용하고, 수평적 조정(lateral coordination)으로 ① 회합(meetings), ② 위원회(task forces), ③ 조정 역(coordinating roles), ④ 매트릭스 구조(matrix structures), ⑤ 네트워크(networks)를 사용한다. 따라서 학교조직을 구조적 프레임으로 분석한다고 하면, 학교조직의 조정이 이러한 수직적 조정과 수평적 조정이 잘 갖추어져 있고, 또한 적합하게 잘 조정되고 있는가를 분석한다.

2) 인적 자원적 프레임

인적 자원적 프레임(human resource frame)은 ① 조직이 조직 구성원의 욕구를 충족시키는지 여부, ② 조직이 조직 구성원에게 제공해 주는 경력, 보수, 일의 기회, ③ 조직이 조직 구성원을 착취하는지 또는 조직 구성원이 조직을 이기적인 목적으로 이용하는지 여부, ④ 조직과 조직 구성원의 관계가 적합한지 등을 중요한 요인으로 간주한다. 따라서 학교조직을 이러한 인적 자원적 프레임으로 분석한다고 하면, 학교조직이 학교 구성원의 욕구를 충족시키기 위해 어떤 노력을 하는지, 교원들의 경력 및 보수가 적정하게 제공되고 교원들이 자신의 적성과 능력에 따라 적재적소에 배치되었는지, 교원의 전문성을 강화시키기 위한 지원을 해 주는지, 학교 구성원의 자율성을 존중하고 참여를 촉진하는지, 학교조직과 학교 구성원의 관계가 상보적이며 만족스러운지 등의 관점으로 분석한다.

3) 정치적 프레임

정치적 프레임(political frame)은 ① 다양한 개인과 이익집단의 연합(coalition)으로서의 조직, ② 조직 구성원들의 가치관, 신념, 정보, 관심사, 현실인식 등에 대한 이해대립, ③ 희소자원의 배분에 대한 의사결정과 갈등, ④ 희소자원과 이해대립으로 인한 갈등과 권력, ⑤ 경쟁하는 이해관계자들 간의 협상, 교섭, 경쟁 등을 중요한 요인으로 간주한다. 따라서 학교조직을 이러한 정치적 프레임으로 분석한다고 하면, 학교 구성원들이 어떤 연합 또는 단체(예: 교원단체)를 결성하고 있는지, 학교 구성원들이 중요하게 인식하고 있는 가치관·신념·정보는 무엇인지, 학교의 희소자원(예: 승진)이 어떻게 결정되고 또한 그것을 쟁취하기 위해 어떠한 갈등이 일어나고 권력을 사용하는지, 학교 구성원들이 이해대립의 상황에 놓였을 때 어떤 협상·교섭·경쟁을 통해 해결하는지 등의 관점으로 분석한다.

4) 상징적 프레임

상징적 프레임(symbolic frame)은 ① 조직 구성원이 중요하게 부여하는 의미(meaning), 믿음(belief), 신념(faith), ② 조직의 신화(myths), 비전(vision), 가치(values), ③ 조직의 영웅(heroes & heroines), ④ 조직의 일화와 우화(stories & fairy tales), ⑤ 조직의 의례(ritual), 의식(ceremony), ⑥ 은유(metaphor), 은어(specialized language), 유머(humor), 놀이(play) 등을 중요한 요인으로 간주한다. 따라서 학교조직을 이러한 상징적 프레임으로 분석한다고 하면, 학교 구성원들이 중요하게 의미 부여를 하고 믿고 있는 것은 무엇인지, 학교 구성원들에게 귀감이 되고 집착하게 만드는 학교조직 내에 존재하는 신화나 비전 그리고 가치는 무엇인지, 학교조직에서 어떤 사람이 위대한/훌륭한/우수한 사람으로 인정받는지, 학교에서 중요하거나 가치 있는 것으로 전해져 내려오는 이야기들은 무엇인지, 학교에서 행해지는 통과의례 또는 의식들은 무엇인지, 학교 구성원들 사이에 행해지고 있는 은유·은어·유머·놀이는 무엇이 있으며 그것이 어떤 의미로 작용하고 있는지 등의 관점으로 분석한다.

5. 조직의 문화, 풍토, 건강

1) 조직문화

조직문화(organizational culture)는 일반적으로 조직을 하나로 묶어 주고 조직의 고유한 정체성을 제공해 주는 하나의 공유된 체제를 의미한다. 조직문화에는 공유된 규범(shared norms), 공유된 신념과 가치, 암묵적 가정(tacit assumptions) 등이 중요한 요소로 포함된다. 이러한 조직문화는 조직 구성원에게 은근하고도 지배적인 영향력을 미치게 되어, 조직 구성원들을 조직문화에 동화시키며, 조직이 계속 유지되도록 한다.

조직문화는 조직 구성원들의 신념과 가치 등이 공유되도록 해 주어 조직의 안정성을 도모할 수 있게 해 주고, 조직 구성원들 간의 강한 연대의식을 갖도록 해 주어 조직의 정체성과 단결심을 갖도록 해 주는 기능을 갖는다. 하지만 조직문화는 이러한 긍정적인 기능만을 발휘하는 것은 아니다. 조직문화는 일반적으로 단기간에 형성되는 것이 아니라 장기간에 걸쳐 서서히 견고하게 형성되는 것이다. 따라서 만약 부정적인 조직문화일 경우에는 쉽게 변화시키기가 매우 어렵고, 조직 구성원들로 하여금 부정적인 조직문화에 동화되도록 압박을 가하여 올바른 가치관과 소신을 가진 조직 구성원들이 스트레스와 직무불만족을 갖도록 하며, 전체적으로는 조직 발전에 불이익을 가져오게 하는 역기능을 갖는다.

2) 조직풍토

조직풍토(organizational climate)는 어떤 조직을 다른 조직과 구분해 주고, 조직 구성원들의 행동 및 인식에 영향을 미치는 조직의 내부적인 특성을 의미한다. 이러한 조직풍토의 개념은 조직문화의 개념과 유사한 측면도 있지만, 일반적으로 조직문화의 하위 개념으로 볼 수 있다. 이러한 조직풍토는 조직분위기(organizational atmosphere)와 비슷한 의미를 갖는다.

학교풍토(school climate)는 상대적으로 지속적인 학교환경의 질을 의미하는 것으로서, 학교 구성원들이 경험하게 되고, 학교 구성원들의 행동에 영향을 미치며, 학교 내에서의 행동에 대한 집단적인 인식에 근거한다. 그리고 이러한 학교풍토에는 학교의 공식조직, 비공식조직, 학교 구성원들의 인성 및 교장의 리더십 등도 영향을 미친다. 학교분위기는 학교조직의 행동에 커다란 영향을 미치고, 또한 학교행정가들은 학교풍토의 개선에 커다란 영향을 미칠 수 있기 때문에 학교풍토를 분석하고 살펴보는 것은 중요한 일이다 (Hoy & Miskel, 2008).

학교풍토에 관한 대표적인 연구로는 Halpin과 Croft(1963)의 연구, Hoy와 Tarter(1997)의 연구를 들 수 있다. 이들은 학교풍토를 측정하기 위해 조직풍토묘사질문지(OCDQ, OCDQ-RE)를 사용하여, 교사들로 하여금 교장과의 상호작용 및 동료교사와의 상호작용의 중요한 측면을 나타내도록 하였다. 조직풍토묘사질문지의 차원은 〈표 4-1〉과 같다.

이들의 연구에 의하면, 대조적이면서도 가장 두드러진 특징을 가지는 학교풍토는 개방풍토(open climate)와 폐쇄풍토(closed climate)이다. 개방풍토의 학교는 교장을 포함한 교직원들 간에 서로 협동과 존중이 나타난다는 것이 특징이다. 구체적으로 교장은 교사의 제안에 경청하고 개방적이고, 진정

⟨표 4-1⟩ OCDQ-RE의 차원들

지원적인 교장 행동	교사들을 위한 기본적인 관심을 반영한다. 교장은 교사들의 제안에 경청하고 개방적이다. 진정한 칭찬을 자주 하고, 비판은 건설적으로 한다.
지시적인 교장 행동	엄격하고 면밀한 감독을 요구한다. 교장은 모든 교사와 아주 사소한 학교활동에까지 면밀하고도 지속적인 통제를 계속한다.
제한적인 교장 행동	교사의 직무를 원활하게 해 주기보다는 방해한다. 교장은 교사들에게 문서업무, 회의 참석, 일상적인 직무, 학습활동 등의 부담을 준다.
동료적인 교사 행동	교사들 간의 개방적이고 전문적인 상호작용을 지원한다. 교사들은 동료교사들에게 열성적이고, 수용적이고, 동료교사의 전문적 능력을 존중한다.
친밀한 교사 행동	동료교사들 간에 강하고도 결속력 있는 사회적 지원의 네트워크를 반영한다. 교사들은 서로에 대해 잘 알고 있고, 친구처럼 지내며, 정기적으로 함께 활동한다.
일탈적인 교사 행동	전문적 활동에 대한 의미부여 및 집중력의 부족과 관련된다. 교사들은 단지 시간을 보내기만 한다. 이들의 행동은 동료교사들에게 부정적이고 비판적이다.

한 칭찬을 자주 하고, 교직원들의 전문적 능력을 존중한다(높은 지원성). 또한 교장은 엄밀한 감독 없이 교사들이 자유롭게 일을 수행할 수 있도록 하고(낮은 지시성), 관료주의적인 간섭을 하지 않고 촉진하는 리더십을 발휘한다(낮은 제한성). 한편, 교사들은 동료들 간에 개방적이고 전문적인 상호작용을 지원하고(높은 동료적 관계), 교사들 상호 간에 잘 알고 있으며 친하게 지낸다(높은 친밀성). 교사들은 협동적이고 자신들의 일에 헌신한다(낮은 일탈성). 즉, 교장과 교원 모두의 행동이 개방적이고 신뢰할 수 있다. 반면에, 폐쇄풍토의 학교는 이와 반대의 특징이 나타난다(Hoy & Miskel, 2008).

개방풍토 학교와 폐쇄풍토 학교의 프로필을 OCDQ-RE의 차원들로 나타내면 [그림 4-3]과 같다.

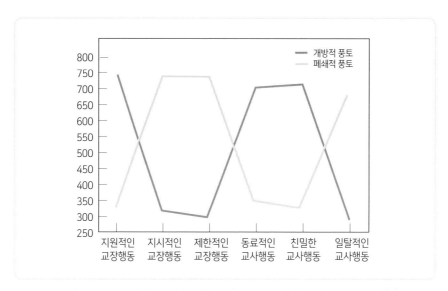

[그림 4-3] **개방풍토 학교와 폐쇄풍토 학교의 프로필**

* 출처: Hoy, W. K., & Miskel, C. G. (2008). *Educational administration*, p. 201.

3) 조직건강

Hoy와 Tarter(1997)는 조직건강의 차원에서 '학교건강(school healthy)'이라는 개념을 사용하여, 학교를 '건강한 학교(healthy school)'와 '쇠약한 학교(sick school)'로 구분하고 그 특징을 제시하였다. 건강한 학교에서는 ① 높은 교사 협력(high teacher affiliation), ② 높은 학업 강조(high academic emphasis), ③ 높은 동료 리더십(high collegial leadership), ④ 많은 자원의 지원(high resource support), ⑤ 높은 교장 영향력(high principal influence), ⑥ 높은 제도적 보호(high institutional integrity)의 특징이 나타난다. 반면에, 쇠약한 학교에서는 그 반대의 특징이 나타난다. 구체적으로 살펴보면 다음과 같다.

건강한 학교   건강한 학교는 학생, 교사, 교장의 행동이 서로 조화되고 성공적인 수업을 위해 서로 노력한다. 교사들은 동료교사와 학생들을 좋아하고 자신들이 재직하는 학교와 교직에 만족한다(높은 교사 협력). 그리고 교사들은 학문적 우수성을 위해 노력하고 열심히 가르치면 학생들의 학업성취도가 향상될 것이라고 믿는다. 학습 환경은 엄숙하고 질서정연하고, 학생들은 열심히 공부하며, 공부 잘하는 학생을 존중한다(높은 학업 강조). 교장은 우호적·개방적·평등적·지원적 행동을 하고, 교사들에게 최선을 다해 줄 것을 기대한다(높은 동료 리더십). 교장은 교사들이 가르치고 일하는 데 필요한 자원들을 충분히 지원해 주고(많은 자원의 지원), 또한 선임교사들에게 영향을 미침으로써 그것이 신임교사들에게까지 영향이 미치도록 한다(높은 교장 영향력). 그리고 건강한 학교는 불합리하고 적대적인 외부 세력들로부터 교사들을 보호해 주는 장치를 갖는다(높은 제도적 보호).

쇠약한 학교　쇠약한 학교는 외부 세력의 간섭과 강압에 쉽게 붕괴된다. 교사들과 행정가들은 학부모의 불합리한 요구에 굴복하고, 학교는 대중의 변덕에 농락당한다(낮은 제도적 보호). 교장은 학교경영의 방향이나 조직체계를 제대로 설정하지 못하고, 교사들에게 격려를 거의 하지 못하며(낮은 동료 리더십), 선임교사들에게 거의 영향을 미치지 못한다(낮은 교장 영향력). 교사들은 동료교사들이나 자신의 직업에 대해 그다지 좋아하지도 않고, 무관심하고 의심스러워하며 방어적인 행동을 한다(낮은 교사 협력). 또한 수업 자료, 수업 자료의 보급 및 보충 자료들이 필요할 때 사용할 수 없다(낮은 자원의 지원). 그리고 쇠약한 학교는 학생들의 학업성취도를 향상시키려는 열성이 낮아서, 교사들뿐만 아니라 학생들도 열심히 하지 않는다(낮은 학업 강조).

6. 조직의 참여적 관리 모형

조직의 참여적 관리는 조직 구성원들에게 동기를 부여하는 것이 중요하고 그러한 목적을 위한 조직을 건설하는 것이 중요함을 강조한다. 즉, 조직 구성원들의 욕구가 만족될 수 있는 구조를 갖추는 조직이 결과적으로 더 높은 생산성을 추구할 수 있다는 믿음을 갖는다. 이러한 조직의 참여적 관리 모형을 살펴보면 다음과 같다(Lunenburg & Ornstein, 2000).

1) X이론과 Y이론

McGregor(1960)는 조직의 관리자가 구성원들을 지배하는 것이 당연하다는 생각에 반대하였고, 관리자가 구성원들을 어떻게 보는가에 따라 조직의 구조뿐만 아니라 조직의 운영이 다르게 됨을 강조하였다. McGregor는 조직 구성원들을 바라보는 관리자의 관점을 대조적인 가정으로 설명하였는데, 그것을 X이론과 Y이론으로 설명하였다. X이론의 가정을 갖는 관리자는 사람을 다음과 같은 관점으로 바라본다.

- 보통의 사람은 일하는 것을 싫어하고 일하는 것을 가능한 한 회피하려고 한다.
- 사람은 일하는 것을 싫어하기 때문에 이들에게 강요하고, 통제하고, 지시하고, 위협을 가해야 한다.
- 보통의 사람은 권위를 가진 사람으로부터 지시받고 통제받는 것을 더 좋아한다.

Y이론의 가정을 갖는 관리자는 사람을 다음과 같은 관점으로 바라본다.

- 일하는 것은 놀거나 휴식을 취하는 것처럼 자연스러운 것이다.
- 목표에 헌신하는 것은 성취를 위한 보상의 기능으로 이루어진다.
- 적합한 조건하에서, 사람은 책임감을 갖게 되고 책임감을 추구하게 된다.

McGregor는 X이론이 일에 대한 사람의 욕구를 충족시켜 주지 못하기 때문에 민주적인 조직 또는 참여적인 조직을 만들 수 없는 것으로 보았다. 그리고 현대 조직에서의 사람의 행동은 Y이론에 더욱 적합하기 때문에 인간 및 조직을 Y이론에 따라 대하는 것이 바람직한 것이라고 보았다. Y이론을 통해, ① 직무 풍요화(job enrichment)는 전문화된 직무와 부서로 대체되고, ② 구성원들의 욕구를 충족시키고 자유를 보장해 주기 위해 통솔 한계(span of control)는 좁아지는 것이 아니라 넓어지며, ③ 위계보다는 의사결정의 분권화가 강조되고, ④ 형식적인 권위는 구성원들에게 권한 이양되는 것으로의 변화가 가능하다고 보았다.

2) 미성숙-성숙 이론

학교행정가의 역할은 학교조직의 효과성이 증가되도록 하는 것이고, 이러한 목적에 학교 구성원들이 호응하도록 지원해 주는 노력이 중요하다. 학교상황에서는 학생들과 상호작용하는 교원들의 역할도 중요하다. Argyris (1993b)는 관료제적 관점에서 나타나는 엄격하고 몰인정적인 조직은 조직 구성원들이 자신들의 잠재력을 충분히 발휘하지 못하게 한다고 지적하였다. 그러면서 조직의 구조가 인간의 욕구를 충족시키기에 적합하지 않은 것이 많음을 지적하고, 조직은 구성원의 인간성 성장 및 자아실현을 가능하도록 되어야 함을 강조하였다.

Argyris는 사람의 인간성(personality)을 갓난아이로서의 미성숙에서부터 어른의 성숙에 이르는 미성숙-성숙의 연속체(immaturity-maturity continuum)로 설명하였다. 이러한 연속체는 인간의 생리적인 진보가 아니라 심리적인 진보를 의미한다. 즉, 어떤 연령에서라도 사람은 〈표 4-2〉와 같은 일곱 가지 차원에 따라 구성되는 성장 또는 발달의 정도를 갖게 된다.

〈표 4-2〉 미성숙-성숙 연속체

미성숙의 특성	성숙의 특성
• 수동성	• 능동성
• 의존성	• 독립성
• 한정된 방식의 행동	• 다양한 방식의 행동
• 낮은 관심	• 높은 관심
• 단기적 관점	• 장기적 관점
• 낮은 지위	• 높은 지위
• 자기 깨달음의 결핍	• 자기 깨달음과 통제

* 출처: Argyris, C. (1993b). *The individual and the organization: Some problems of mutual adjustment.*

이러한 연속체에 의하면, 개인은 성장할수록 능동적으로 활동하려는 욕구, 상대적으로 독립하려는 욕구, 다양한 방식으로 행동하려는 욕구, 심도 있는 관심을 가지려는 욕구, 장기적인 관점을 가지려는 욕구, 높은 지위를 차지하려는 욕구, 자신에 대해 더욱 깨닫고 통제하려는 욕구가 증가한다. 그리고 Argyris는 교사들은 자신들이 성숙한 사람으로 대우받기를 원하지만 현대의 관료제 조직은 사람을 미성숙한 존재로 간주하고 대한다고 강조하였다. 교사들은 자신들을 미성숙하게 대하는지 아니면 성숙하게 대우하는지에 따라 수동적 또는 능동적 존재로 반응하게 되며, 이러한 과정들이 시간이 지날수록 연쇄작용을 일으키게 된다. 따라서 학교행정가들이 교사들을 더욱 제한하고 강요할수록, 그 학교조직은 비효과적인 결과를 가져오게 된다.

7. 조직구조론

1) Mintzberg의 조직구조론

Mintzberg(1993)는 조직의 구조를 검토하기 위한 틀을 제시하였다. 즉, Mintzberg는 조직의 구조를 파악하기 위해서는 조직의 두 가지 틀, 즉 그 조직의 조정 장치와 핵심(기본) 부분을 분석해야 한다고 강조하였고, 이러한 두 가지 틀에 의해 그 조직의 형태가 결정된다고 보았다.

먼저, Mintzberg는 조직이 작업을 감시하고 통제하는 데 사용하는 중요한 방법인 조정 장치로서 ① 상호적응[상호조절(adjustment), 간단한 비공식적인 의사소통 과정을 통해 이루어지는 조정], ② 직접 감독(direct supervision, 개인 명령을 통해 이루어지는 조정), ③ 작업과정의 표준화(standardization of work process, 작업 내용을 명확하게 하거나 프로그램화함으로써 이루어지는 조정), ④ 산출의 표준화(standardization of output, 작업의 결과를 명확하게 함으로써 이루어지는 조정), ⑤ 기술의 표준화(standardization of worker skill, 작업을 간접적으로 통제함으로써 이루어지는 조정)를 제시하였다.

또한 Mintzberg는 [그림 4-4]와 같이 조직의 다섯 가지 핵심(기본) 부분, 즉 ① 운영 핵심층(operating core, 기본적인 업무, 즉 제품 및 서비스 생산과 직접 관련된 활동을 수행하는 사람들로 구성), ② 중간 관리층(middle line, 공식적 권위 구조를 통해 운영 핵심층과 전략적 고위층을 연결하는 행정가들로 구성), ③ 전략적 고위층(strategic apex, 조직이 그 사명을 효과적으로 수행하는 데 책임을 지는 최고 행정가들로 구성), ④ 기술 구조층(technostructure, 다른 사람들의 업무를 표준화하고 자신들의 분석 기술을 통해 조직이 환경에 적응할 수 있도록 도와주는 분석가들로 구성), ⑤ 지원 부서층(support staff, 작업과 운영계통 외부에서 조직을 지원하기 위해 존재하는 특수 단위부서들로 구성)으로 분류하였다. 이러한 다섯 가지 핵심(기본) 부분을 학교조직과 연관 지어 살펴보면, 운영 핵심층에

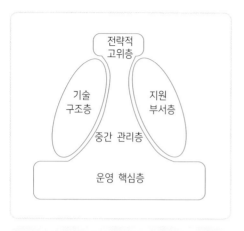

[그림 4-4] 조직의 핵심 부분들

* 출처: Mintzberg, H. (1979). *The structuring of organization*, p. 20.

는 교사가 해당되고, 중간 관리층에는 교장이 해당되며, 전략적 고위층에는 교육감 및 보좌관들이 해당된다. 그리고 기술 구조층에는 교육과정 조정자 또는 장학사가 해당되며, 지원 부서층에는 서무과, 경리과 또는 식당이 해당된다.

Mintzberg(1992)는 이상의 다섯 가지 조정 장치와 다섯 가지 핵심(기본) 부분으로 구성되는 다섯 가지 조직 형태로서 ① 단순 구조(simple structure, 전략적 고위층이 기본 부분이며, 직접 감독이 중심적인 조정 장치), ② 기계적 관료제(machine bureaucracy, 기술 구조층이 기본 부분이며, 작업과정의 표준화가 중심적인 조정 장치), ③ 전문적 관료제(professional bureaucracy, 운영 핵심층이 기본 부분이며, 기술이 표준화가 중심적인 조정 장치), ④ 분업화된 형태(divisionalized form, 중간 관리층이 기본 부분이며, 산출의 표준화가 중심적인 조정 장치), ⑤ 임시조직(adhocracy, 지원 부서층이 기본 부분이며, 상호적응이 중심적인 조정 장치)을 각각 제시하였다. 이러한 내용을 종합적으로 정리하면 〈표 4-3〉과 같다.

〈표 4-3〉 Mintzberg의 다섯 가지 조직구조

조직 형태	핵심(기본 부분)	조정 장치	분권화의 유형
단순 구조	전략적 고위층	직접 감독	수직적 및 수평적 중앙집권화
기계적 관료제	기술 구조층	작업과정의 표준화	제한된 수평적 분권화
전문적 관료제	운영 핵심층	기술의 표준화	수직적 및 수평적 분권화
분업화된 형태	중간 관리층	산출의 표준화	제한된 수직적 분권화
임시조직 (특별위원회)	지원 부서층	상호적응	선택적 분권화

2) Hall의 관료적 구조론

Hall(1962)은 조직의 관료화 정도를 측정하기 위해, 관료적 구조의 여섯 가지 핵심 특징을 ① 권위의 위계, ② 전문화, ③ 구성원들에 대한 규칙, ④ 절차의 구체화, ⑤ 몰인정성, ⑥ 기술적 역량으로 제시하였다. 그리고 이러한 여섯 가지 특징을 바탕으로 조직의 관료화 정도를 측정하였다. Hall의 연구 결과에 의하면, 학교에는 완전히 통합된 하나의 관료제가 존재하는 것이 아니라 독특하게 구별되는 두 가지 패턴의 합리적 조직이 함께 존재한다는 것이 밝혀졌다. 즉, 권위의 위계, 구성원들에 대한 규칙, 절차의 구체화, 몰인정성은 '관료적 패턴'을 띠고, 전문화와 기술적 역량은 '전문성 패턴'을 띠는 것으로 나타났다. 이러한 내용을 정리하면 〈표 4-4〉와 같다(Hoy & Miskel, 2008).

〈표 4-4〉 **학교상황에서의 두 가지 합리적 조직 유형**

조직 패턴	조직 특징
관료적	• 권위의 위계(hierarchy of authority) • 구성원들에 대한 규칙(rules for incumbents) • 절차의 구체화(procedual specifications) • 몰인정성(impersonality)
전문적	• 전문화(specialization) • 기술적 역량(technical competence)

그리고 이러한 관료적 패턴과 전문적 패턴의 상호 결합의 관계를 바탕으로 네 가지 학교조직 구조의 유형화를 [그림 4-5]와 같이 제시하였다(Hoy & Miskel, 2008).

- Weber형 구조(Weberian structure): 전문적 패턴도 높고 관료적 패턴도 모두 높으며, 상호보완적인 관계에 있는 구조이다. 이러한 패턴은 Weber가 기술한 이상적 관료제 형태와 비슷하다.

		전문적 패턴	
		높음	낮음
관료적 패턴	높음	Weber형	권위주의형
	낮음	전문형	무질서형

[그림 4-5] 학교조직 구조의 유형화

* 출처: Hoy, W. K., & Miskel, C. G. (2008). *Educational administration*, p. 105.

- **권위주의형 구조**(authoritarian structure): 전문적 패턴은 낮고 관료적 패턴은 높다. 따라서 관료적 권위를 강조하고, 권위는 직위와 위계에 토대를 두고 있다. 또한 규칙, 규제, 명령에 대한 복종이 조직운영의 기본 원리가 된다.
- **전문형 구조**(professional structure): 전문적 패턴은 높고 관료적 패턴은 낮다. 따라서 실질적인 의사결정이 전문직 구성원들에게 위임되어 있는 구조이다. 구성원들은 조직의 중요한 의사결정을 할 수 있는 전문지식과 능력을 갖춘 전문가로 간주된다.
- **무질서형 구조**(chaotic structure): 전문적 패턴도 낮고 관료적 패턴도 낮다. 따라서 혼란과 갈등이 일상의 조직운영에서 나타나며, 모순, 반목, 비효과성이 조직 전반에 나타난다.

이와 관련한 주요 연구 결과들(Isherwood & Hoy, 1973; Moeller & Charters, 1966)에 의하면, 전문적 패턴의 학교구조에서보다는 관료적 패턴의 학교구조에서 학생들과 교사들의 무기력감이 유의하게 높다는 것이 발견되었다. 그리고 관료적 패턴이 약한 조직보다 관료화 정도가 강한 조직에서 근무하는 교사들이 보다 많은 권력 의식을 가지고 있는 것으로 나타났다. 또 다른 연구결과들(MacKay, 1964; MacKinnon & Brown, 1994)에 의하면, 관료적 패턴의 학교조직은 학생들의 학업성취도 및 혁신에 부정적인 영향을 주는 것으로 밝혀졌다.

　학생들을 가르치는 직업이 더욱 전문화되어 감에 따라, 학교구조도 Weber형 구조에서 전문형 구조로 진화해 나가야 한다(Hoy & Miskel, 2008; [그림 4-6] 참조). 즉, 학교구조가 전문형 구조가 되도록 노력해야 한다. 전문형 구조는 이완적이고, 자율적이며, 비공식적인 특징을 갖고, 교사는 의사결정을 통제하며 권력의 핵심 근원이 된다. 전문형 구조에서의 학교행정가들은 교사들에게 봉사하고 교수-학습 과정이 촉진되도록 지원해 주는 역할을 하게 된다. 전문형 구조는 고도의 전문성을 갖춘 교직원들로 구성되고, 다양한 목적을 설정하며, 교사의 자율성이 높고, 수직적 관계보다는 수평적 관계가 강조된다. 궁극적으로, 전문형 구조의 효과성은 교사들의 전문성, 공헌, 봉사에 달려 있다. 그리고 전문형 조직은 구성원들이 전문성에 자신감을 가질 수 있도록 해 주는 안정적이고도 복합적인 환경에서 높은 효과성을 성취할 수 있는 잠재력을 갖게 된다.

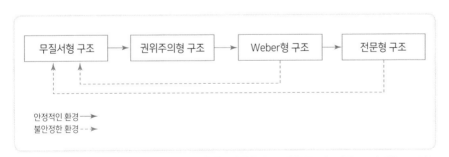

[그림 4-6] 학교구조의 진화적 변화

* 출처: Hoy, W. K., & Miskel, C. G. (2008). *Educational administration*, p. 108.

제 5 장

교육정책

1. 정책의 의의

교육정책을 제대로 이해하기 위해서는 먼저 정책에 관한 기본적인 내용을 알아야 한다. 즉, 정책이 왜 중요하고 정책의 근원은 무엇인가 등에 관해 알아 둘 필요가 있다. Rich(1974)는 정책의 중요성에 대해 다음과 같이 강조하였다.

첫째, 우리가 정책을 알아야 하는 가장 간단하면서도 기본적인 이유는 정책이 모든 사람의 삶에 중요한 영향을 미치기 때문이다. 각 개인은 사적인 삶과 공적인 삶을 모두 살아가게 되고, 정책은 특히 인간의 공적인 삶에 영향을 미치게 된다. 정책은 기관적·조직적 구조에 스며들기 때문에 모든 사람은 더 좋든 더 나쁘든 그러한 구조와 정책으로부터 완전히 벗어날 수 없고 영향을 받게 된다. 모든 조직과 체제는 정책에 의해 규정되고, 교육체제도 예외가 아니다. 정책은 체제의 내부적 작용을 규정할 뿐만 아니라 관계도 규정하며, 체제들 간의 기능도 한정짓는다.

둘째, 정책은 교육 쟁점의 영역에서도 중요하다. 정책은 그 본질상, 한정된 상황에 적합한 일련의 한정된 조치를 취하는 것으로 나타나기 때문에 논쟁을 불러일으킬 수 있다. 정책은 또한 교육 목적의 관계 측면에서도 중요하다. 학교가 체제로서 그 목적을 달성하기 위해서는 특정한 규정의 메커니즘이 요구된다. 모든 체제는 특정한 수단을 가짐으로써 체제를 유지하고 발전시킬 수 있기 때문에 규정이 없다면 학교는 체제로서 기능하기 어렵다. 정책의 네트워크를 통해 안정적이고 예측 가능한 관계가 형성되고, 체제 내부의 작용은 설명과 명시의 기능을 하는 정책과 관련을 맺을 수 있게 된다.

셋째, 정책은 또한 학교체제의 환경에도 영향을 미친다. 학교정책에 대한 학생들 및 교육 관계자들의 태도가 항상 쉽게 정의 내릴 수 있는 것은 아닐지라도 통찰력 있는 관찰자에 의해 감지될 수 있는 분위기를 만든다. 이러한 분위기는 진화하는 관계를 조건화하고 강화하게 되고, 학교경험의 결과로 갖게 되는 만족을 좌우하게 된다. 그리고 정책은 효과적인 학습분위기를 조성할 수도 있고 방해할 수도 있으며, 학생들과 교원들 간의 사기를 좋게 진작시킬 수도 있고 불만족과 싫증을 야기할 수도 있다. 교사-학습 과정은 학교정책에 의해 직접적 그리고 간접적으로 모두 영향을 받게 된다. 그리고 교육과정과 같은 학교정책에 의해 교사들과 학생들의 활동이 직접적으로 영향을 받아 규정되고, 학교를 둘러싼 환경에는 간접적으로 영향을 미치지만 결과적으로 학급분위기와 학생들의 학습태도 그리고 학교교육의 경험에 민감한 영향을 미치게 된다.

2. 정책의 근원

정책결정자가 직면하는 가장 기본적인 문제들 중의 하나는 정책을 이끌 수 있는 근원을 아는 것이다. 정책의 시행과 파급을 이끄는 행위를 떠나, 정책결정자의 합리성은 정책의 발전을 위한 실질적인 근본을 가짐으로써 향상될 수 있다. 정책의 가능한 근원은 많지만, 대표적인 것에는 철학, 이론, 과학, 가치체제 등이 포함된다. 이에 대해 간단히 살펴보면 다음과 같다(Rich, 1974).

철학(philosophy)　고대 그리스인들은 철학을 합리적 사고와 동일시하였고, 어떤 것에 대한 합리적인 설명으로 생각하였다. 이후에 철학은 인간의 본질적 지식의 가장 중요한 원리의 학문으로 간주되었다. 근대의 과학과 새로운 학문의 등장으로, 철학은 언어와 개념을 분석하는 것에 한정되는 것으로 제한되었다. 정책은 하나의 분리된 영역으로 보아서는 안 되고, 더 큰 영역 또는 더욱 체제적인 전체의 한 부분으로 간주해야 한다. 철학은 정책에 체제적인 틀을 제공해 준다. 정책은 근본적인 이유가 필요하고, 정책의 목적과 방향 또한 필요한데, 철학이 이러한 필요성을 충족시켜 줄 수 있다. 따라서 철학은 일반적으로 정책의 가장 중요한 근원으로 간주된다.

하지만 Brubacher(1965)는 여기에 두 가지 난점이 있음을 지적하였다. 즉, 첫째는 철학과 정책 간에 일대일의 대응관계가 형성되지 않는다는 점이다. 그 이유는 철학이 기하학 같은 연역적 체제가 아니기 때문이다. 따라서 교육정책이나 교육의 실제에 맞는 것을 일반적인 철학으로부터 연역해 내는 것은 불가능하다. 둘째는 어떤 정책을 지지하는 데에 많은 철학이 중첩될 수 있다는 점이다. 예를 들면, 관념론자, 실재론자, 실용주의자들은 일반적으로 민주적 정책을 지지한다. 반면에 같은 철학적 견해 간에서도 정책문제에 차이를 보이는 경우도 있다. 결론적으로, 비록 철학이 정책을 직접적으로 견인하도록 하지는 못할지라도 정책결정자에게 중요하게 영향을 미칠 수 있다.

이론(theory)　이론과 실제 간의 가능한 관계에 관해 많은 교육자가 연구해 왔다. Dewey는 이론과 원리를 완전히 이해할 때 교사는 단순히 규칙을 따르는 사람이 아니라 행동의 이해를 기반으로 활동하게 된다고 보았다. 즉, 이론의 가치는 실제 상황에서의 안목과 판단에 적용할 수 있으며, 그러한 능

력을 계발하고 안내해 준다. Dewey는 이론의 중요한 기능을 교사들로 하여
금 규칙을 맹종하는 것에서 벗어나도록 해 줌으로써 안목과 이해를 넓혀 주
고 경험을 확대해 주는 것으로 보았다.

어떤 교육학자들은 이론과 실제 간의 논리적 연계성이 존재한다는 것을
믿지 않고, 또 어떤 교육자들은 이론과 실제 간에 엄격한 논리적 관계가 없
다는 것을 인정하면서도 그러한 관계의 명확한 본질에 관해서는 의견이 다
르다. 정책에 있어서, 비록 이론과 정책, 이론과 실제 간의 엄격한 논리적 연
계성이 없을지라도, 정책 과정에 있어서 중요한 기능을 수행한다. (규범적인
이론과 대조되는) 기술적인 이론은 정책 과정의 작용을 설명하는 틀로 사용될
수 있다. 따라서 비록 이론과 정책 간의 관계가 논리적으로 존재하지는 않는
다고 할지라도 이론적 체제는 정책입안 과정의 역동성과 관계성을 밝히는
데 도움을 줄 수 있다.

과학(science)   과학이 갖는 지위와 지식을 확증하는 힘 때문에, 과학은
정책의 발전을 위한 중요한 근원들 중의 하나로 고려되어 왔다. 정책결정에
활용될 수 있는 과학의 종류는 다양하고, 과학적인 접근도 다양하다. 과학
적인 조사는 현재의 정책에 대한 평가를 가능하게 해 주며, 평가에 있어서도
무엇이 어떻게 영향을 미쳤는가를 알 수 있도록 해 준다. 사람의 동기, 인센
티브, 태도는 조직의 작용에 중요한 요소들이고, 정책결정자는 이러한 요소
들을 바탕으로 하여 기존의 정책을 수정할 것인지 아니면 새로운 정책을 개
발할 것인지를 결정할 수도 있다.

과학적인 방법은 정책 작용을 조사하고 평가하는 데 사용될 수 있다. 그럼
에도 불구하고, 정책의 근원으로서 과학적인 발견 또는 과학 사용을 위한 근
본은 덜 명확하다. 하지만 과학적인 발견과 다양한 규범적인 진술은 정책의
근원으로서 잘 사용될 수 있다. 예를 들면, 인간주의적인 교육목적으로 회귀
하고자 할 때, 일련의 정책들은 인간 또는 '인간의 본성'에 관한 권위 있는 발
견을 토대로 해야 한다. 인간의 특성, 문화적 일치성과 다양성, 인간의 잠재

력, 다양한 학습 환경의 효과, 유사한 문제들에 관한 지식이 요구되고, 그러한 내용들이 토대로 되어야 한다. 정책결정자들은 그러한 발견들을 검토하고, 인간에 대한 특성을 발견할 수 있으며, 어떤 구체적인 사항에 대해 선택할 수도 있다. 이러한 경우, 과학은 정책결정자에게 신뢰할 만한 지식이 된다. 어쨌든, 과학은 조직의 특성을 평가하고 성과를 평가하는 데뿐만 아니라 정책결정자에게 신뢰할 만한 발견을 제공해 줄 수 있다는 점에서 정책 과정에 중요한 영향을 미칠 수 있다는 것은 분명하다.

　　가치 체제(value systems)　　정책은 그 특성상 본질적으로 규범적이기 때문에, 가치 체제가 정책 발전을 위한 중요한 근원을 형성할 때 비로소 논리적일 수 있다. 가치의 연구는 도덕적 가치(moral values), 심미적 가치(aesthetic values), 실용적 가치(utility values)로 분류될 수 있다.

　　첫째, 도덕적 가치의 연구는 세 가지로 분류되는데, 구체적으로 경험적 연구(empirical studies), 규범적 윤리(normative ethics), 메타윤리(metaethics)로 분류된다. ① 경험적 연구는 모집단의 도덕적 신념, 공공연한 신념과 실질적인 실천 간의 모순, 도덕적 가치 내의 문화들 간 차이, 특정한 사회의 법과 관습의 도덕적 관계, 어린이의 도덕적 개념 발달을 결정하는 것을 수행한다. ② 규범적 윤리는 옳은 행동과 관련된다. 이것은 사람이 금욕주의, 쾌락주의, 칸트 윤리, 공리주의 등으로 살아야 하는 윤리의 체제를 제공한다. ③ 메타윤리는 윤리 용어의 의미를 다루고, 이러한 용어들이 일상적 이야기 속에서 어떻게 사용되는가를 다룬다. 또한 메타윤리는 비도덕적 용어와 도덕적 용어를 구분하려고 노력하며, 윤리적 판단이 어떻게 정당화될 수 있는지를 결정하려고 노력하며, 도덕적 추론의 논리를 연구하려고 노력한다.

　　둘째, 심미적 가치는 예술, 예술의 대상, 아름다움의 기준과 관계있다. 심미적 가치는 예술의 판단과 기호의 기준과 관련되며, 이러한 것들에 관한 이론을 개발한다. 또한 심미성은 경험하는 예술의 과정과 관련되며, 심미적 경험의 특성 및 질과 관련된다. 이러한 심미성은 철학의 영역과 대조적으로,

규범적인 이론뿐만 아니라 경험적인 연구도 구체적으로 포함한다.

셋째, 실용적 가치는 특정한 사회적 맥락 내에서의 상대적인 가치, 과정의 유용성, 생산(결과)과 관련된다. 가정, 사업 또는 산업을 위해 경쟁하는 생산품의 가치에 대한 평가는 이러한 영역의 한 유형이 된다.

공식적인 가치 체제가 적용되든 안 되든, 가치에 대한 가정은 교육 프로그램에 분명히 나타난다. 이러한 가치가 교육 프로그램의 구조와 방향을 결정하는 경향이 있다. 정책 또한 이러한 가치에 영향을 받아서 교육 프로그램을 규정하고 지침을 제공하게 된다. 따라서 정책은 가치에 영향을 받는다고 볼 수 있다. 일반적으로 정책은 실용적 가치의 범주 내에서 결정되는 경향이 있다. 그러나 정책은 실용적 가치에 의해서만 결정되는 것이 아니고, 실용적 가치, 도덕적 가치, 심미적 가치의 목적과 방향에 영향을 받는다. 또한 정책 작용이 도덕적 결과를 가져올 수도 있고, 정책결정이 심미적 가치에 영향을 미칠 수도 있다. 따라서 정책과 이러한 세 가지 유형의 가치들 간에는 많은 상호연결이 형성된다.

3. 교육정책의 개념

교육정책의 정의에 대한 주요 학자들의 견해를 정리하면 다음과 같다.

- 교육정책이란 사회적·공공적·조직적 활동으로서 교육활동을 위하여 국가와 공공단체가 국민 또는 관련 주민의 동의를 바탕으로 하여 공적으로 제시하며, 공권력을 배경으로 강제성을 가지는 기본 방침 또는 지침을 의미한다(김종철, 1989).
- 교육정책이란 사회적·공공적·조직적 활동으로서 교육을 대상으로 하여, 국민의 동의를 바탕으로 하면서 국가의 공권력을 배경으로 강행되는 국가의 기본 방침을 의미한다(김윤태, 1994).

- 교육정책이란 국가의 이념, 정치권력의 작용, 정책결정 과정 등의 중요성이 포함되는 교육목표 달성을 위한 국가의 교육활동에 관한 기본 방침을 의미한다(정태범, 1994).
- 교육정책이란 국가의 교육목표를 달성하기 위해 공권력을 바탕으로 강제성을 갖고 추진되는 국가의 기본 방침 내지 기본 지침을 의미한다(권기욱, 1995).
- 교육정책이란 교육목적의 달성을 위해 정부가 공익과 국민의 동의를 바탕으로 강제하는 체계적인 활동으로 구성된 교육에 관한 지침 혹은 의사결정을 의미한다(윤정일 외, 2008).

이상에서 살펴본 교육정책의 정의들을 종합해 보면, 교육정책이란 '사회적 · 공공적 · 조직적 활동으로서 교육목적 달성을 위하여 국가가 국민의 동의를 바탕으로 강제하는 교육에 관한 기본 지침'이라고 정리할 수 있다.

4. 교육정책의 원리

교육정책의 원리란, '교육정책을 계획하고 실행하며 평가할 때 반영하고 실천해야 하는 보편적 진리 혹은 근거나 덕목'을 뜻한다. 그리고 교육정책의 원리는 만약 그것이 교육정책을 실행할 때 반영된다면, 보다 성공적이며 효율적이고 효과적인 교육정책이 보장될 수 있다는 것을 뜻한다. 이러한 교육정책의 원리에는 민주성, 합리성, 평등성, 안정성, 발전성 등 다양한 원리가 포함될 수 있다.

1) 민주성의 원리

민주성의 원리란 소수의 관련자들에 의해 교육정책을 결정하고 시행해서는 안 되고, 국민 대다수의 의사를 존중하고 전문가들의 견해를 바탕으로 해야 한다는 것을 뜻한다. 이러한 민주성의 원리가 성립되기 위해서는 무엇보다 다양한 참여를 권장하고 그 결과를 반영할 수 있어야 한다. 예를 들면, 어떤 새로운 교육정책을 수립하고 시행하기 위해서는 그 이전에 교육에 관련한 다양한 집단의 견해를 알아보는 자리(예: 공청회)를 여러 차례 마련하여 새롭게 추진하려는 교육정책에 관한 다양한 의견과 문제점 및 대안들을 수렴해야 한다.

2) 합리성의 원리

합리성의 원리란 시행하려는 교육정책이 효율적이며 효과적이라는 합리적인 근거에 의해 이루어져야 한다는 것을 뜻한다. 이때의 합리적인 근거라는 것은 해당 교육정책이 객관성, 타당성, 신뢰성, 논리성, 실증성 등에 있어 설득력을 지녀야 한다는 것을 의미한다. 이러한 합리성의 원리는 기존의 교육정책과 성격이 다른 교육정책을 시행하고자 할 때에 특히 요구되는 원리라고 할 수 있다. 예를 들면, 고교평준화제도를 폐지하는 교육정책을 시행하고자 한다면, 고교평준화제도를 유지하는 것보다 폐지하는 것이 더 낫다고 하는 합리적인 근거들을 제시할 수 있어야 한다. 그리고 미국과 일본 등 선진국에서 시행되고 있는 교육정책을 받아들여 시행하기 전에 우리나라의 교육현실과 문화적 맥락에서 그러한 교육정책이 적합하고 효과가 있을 것인지 등에 관해서 검토할 것을 강조하는 것이 합리성의 원리라고 할 수 있다.

3) 평등성의 원리

평등성의 원리란 특정한 사람들에게만 유리하도록 하는 교육정책을 시행해서는 안 되고, 능력과 계층 또는 인종 면에서 다양한 사람에게 가급적이면 공평하게 그 혜택이 분배될 수 있도록 교육정책을 시행해야 한다는 것을 뜻한다. 이러한 평등성의 원리는 특히 사회적 약자의 위치에 있는 사람들을 배려하는 교육정책을 강조하는 원리이다. 예를 들면, 가정환경이 어려운 학생들 또는 학업능력이 부진한 학생들에게 더욱 불리해지는 교육정책을 시행해서는 안 되고, 이들에게도 혜택이 될 수 있는 교육정책을 수립해야 한다. 이렇게 볼 때, 평등성의 원리는 '사회정의의 원리' '기회균등의 원리'와 밀접한 관련성을 갖는 개념이라고 할 수 있다.

4) 안정성의 원리

안정성의 원리란 단기간에 잦은 변동을 겪는 교육정책을 추진해서는 안 되고, 장기간 동안 안정적으로 시행될 수 있도록 해야 한다는 것을 뜻한다. 교육정책의 잦은 변동은 사회적 혼란을 가져올 수 있고, 인적·재정적 낭비를 가져올 수 있으며, 사회와 교육정책에 대한 불신을 가져올 수 있다. 예를 들면, 대학입학 정책 또는 임용시험 정책을 자주 바꾸게 되면, 그 시험에 관련한 대다수의 사람들에게 어려움을 경험하게 하고, 사회적·정치적으로도 혼란을 가져올 수 있다. 따라서 교육정책을 처음 시행할 때에 해당 교육정책의 타당성, 신뢰성, 실증성 등을 규명하는 데에 상당한 노력을 기울이고 그것이 규명된 다음에 시행해야 한다.

5) 발전성의 원리

발전성의 원리란 이전의 교육정책보다 더욱 발전되는 방향으로 추진해야 한다는 것을 뜻한다. 이때의 발전이라는 개념은 단순히 양적인 것만 뜻하는 것이 아니라 질적인 것을 포함하는 개념이다. 또한 발전 방향의 무게중심이 한쪽으로만 치우치는 것이 아니라 균형을 유지해야 한다는 것도 포함하는 개념이다. 예를 들면, 의무교육제도는 학생 또는 학부모가 부담해야 하는 등록금이 거의 없으므로, 가정환경이 어려운 학생도 쉽게 교육을 받을 수 있도록 해 줌으로써 교육의 기회균등 실현을 제도적으로 뒷받침해 준다. 따라서 우리나라는 현재 중학교까지 의무교육을 시행하고 있는데, 이것을 고등학교 및 대학교까지 시행하는 쪽으로 발전하는 교육정책을 추진해야 한다.

5. 교육정책의 기본 모형

교육정책은 의사결정을 통해 수립된다. 따라서 의사결정의 기본 모형을 파악하는 것은 교육정책이 수립되는 차원의 기본 모형으로 이해하는 데 도움이 되기도 한다. 이에 대해 간단히 살펴보면 다음과 같다.

1) 고전적 모형(최적화 전략)

고전적 모형은 의사결정이 전적으로 합리적이어야 한다고 가정한다. 이는 목표와 목적 달성도를 최적화하기 위해 가능한 최선의 대안을 추구하는 최적화 전략을 사용한다. 고전적 모형에 따르면, 의사결정은 ① 문제 확인 → ② 목표 및 목적 설정 → ③ 가능한 모든 대안 수립 → ④ 각 대안의 결과 확인 → ⑤ 목표와 목적을 기준으로 하여 모든 대안에 대한 평가 → ⑥ 목표와 목적을 최대화하는 최상의 대안 선택 → ⑦ 결정된 사항의 실행 및 평가와 같은 일련의 단계를 통해 이루어진다(Hoy & Miskel, 2005).

이러한 단계를 통해 이루어지는 고전적 모형은 의사결정이 비합리적으로 이루어지기도 하는 현실적인 부분을 외면하기 때문에 이상적인 모형이라고 평가된다. 왜냐하면 의사결정자들은 의사결정의 모든 사안에 대해 합리적으로 판단하는 이성과 지성을 지닌다고 볼 수도 없고, 또한 그러한 판단에 필요한 모든 객관적이고 실증적인 정보를 확보할 수도 없기 때문이다.

2) 행정적 모형(만족화 전략)

여러 가지 복잡한 문제와 인간의 한정된 능력으로 인해 간단한 문제를 제외하고는 고전적 모형(최적화 전략)을 사용한다는 것은 사실상 거의 불가능하다. 따라서 최상의 방법이 아닌 만족할 만한 해결책을 찾는 것이 요구된다. 이러한 관점이 행정적 모형이다. 행정적 모형은 다음과 같은 기본적인 가정들을 내포한다(Hoy & Miskel, 2005).

① 행정적 의사결정은 여러 가지 조직의 문제를 해결할 뿐만 아니라 이 과정에서 다른 문제들도 야기하는 역동적인 과정이다.
② 완벽하게 합리적인 의사결정은 불가능하다. 따라서 의사결정 과정을 최적화할 수 있는 능력 또는 인지적 능력을 가지고 있지 못하기 때문에 행정가들은 제한된 합리성(bounded rationality)의 만족을 추구한다.
③ 의사결정은 조직의 모든 주요 과업 및 기능을 합리적으로 실행할 때 나타나는 일반적인 행동 패턴이다.
④ 가치는 의사결정의 필수불가결한 부분이다.

그리고 행정적 모형에 따르면, 의사결정은 ① 문제 또는 쟁점의 인식 및 정의 → ② 현재 상황에서의 문제 분석 → ③ 만족스러운 해결을 위한 기준 설정 → ④ 행동 계획 또는 전략 개발 → ⑤ 행동 계획의 실행과 같은 일련의 단계를 통해 이루어진다(Hoy & Miskel, 2005).

이 같은 행정적 모형(만족화 전략)은 고전적 모형(최적화 전략)의 비현실적인 한계점을 어느 정도 극복한 모형이라는 점에서 의의를 지닌다.

3) 점진적 모형(계속된 제한적 비교의 전략)

점진적 모형은 조금씩 나타나는 변화가 전혀 기대하지 못했던 부정적인 결과를 초래하지 않을 것이라는 기본 가정에 바탕을 두고 있다. 따라서 점진적 모형은 기존의 틀을 계속 유지하되, 거기에서 비롯되는 문제점들에 대한 제한적인 대안들을 계속적으로 비교하여 조금씩 수정 및 보완해 나가는 특성을 갖는다. 또한 문제점이 나타날 때에만 그것에 대한 해결책을 강구할 뿐이고, 좀 더 나은 개선책을 미리 찾으려는 특성을 갖지는 않는다. 이러한 특성 때문에 점진적 모형은 사항이 복잡하고, 불확실하며, 민감하며, 갈등을 불러일으키기 쉬운 상황일 때 사용하기 가장 알맞은 모형이라는 평가를 받는다(Hoy & Miskel, 2005). 예를 들면, 고교평준화제도의 정책을 시행하고 있으면서, 고교평준화제도로 인한 부족한 부분이 발생하면 그 부족한 부분에 대한 보완책 또는 대안을 점진적으로 추진해 나가는 방식이 해당된다.

따라서 점진적 모형은 의사결정의 현실적인 부분을 잘 반영한 모형이라는 평가를 받음과 동시에, 능동적이기보다는 수동적이며, 보수적인 모형이라는 평가도 받는다.

4) 혼합 모형(적응적 전략)

혼합 모형은 행정적 모형과 점진적 모형을 종합한 모형으로서, 모든 정보를 살펴보거나 아무런 정보 없이 맹목적으로 의사결정 과정을 진행하는 것이 아니라 만족스러운 의사결정을 위해 부분적인 정보를 활용하는 모형이다. 예를 들면, 혼합 모형은 다음과 같은 관점을 취한다(Hoy & Miskel, 2005).

혼합 모형은 의학에 그 기원을 두고 있다. 이는 의사들이 효과적으로 결정을 할 때 사용하는 방법이다. 즉, 점진주의자들과는 달리, 의사들은 자신이 달성하고자 하는 목표와 신체의 어느 부위에 초점을 둘 것인가 하는 것을 알고 있다. 또한 최적화를 추구하는 의사결정자와는 달리, 의사들은 환자 개인의 모든 역사와 과학적 자료를 수집할 때까지 치료를 하지 않거나 또는 초기의 진단을 토대로 하여 자신들의 모든 자원을 끌어들이지도 않는다. 의사들은 환자의 증상을 살피고 분석하여 이에 따라 임시적인 치료를 가하며, 이것이 실패할 경우 다른 방법을 시도한다(Etzioni, 1989).

이러한 혼합 모형은 나름대로 현실적인 부분을 반영하는 모형이라는 평가를 받지만, 의사결정의 구체적인 상황을 설명하기에는 부족한 모형이라는 평가를 받기도 한다.

5) 쓰레기통 모형(비합리적인 의사결정)

쓰레기통 모형은 의사결정이 합리적인 절차나 과정을 거쳐서 시작하고 끝나는 것이 아니라 의도하지 않은 우연한 기회에 결정되는 것을 의미한다. 쓰레기통 모형에서는 조직의 의사결정 형태가 무작위적인 특징을 띠게 된다. 즉, 의사결정자들은 문제가 자신들이 이미 예전에 경험했던 것과 어느 정도 유사해질 때까지 의사결정을 필요로 하는 무엇인가가 일어나고 있다는 것을 인식하지 못한다(Hall, 1987). 문제, 해결책, 참여자가 한 지점에서 우연히 연결될 때, 의사결정은 이루어지고 문제가 해결될 수도 있다(Hoy & Miskel, 2005). 예를 들면, 같은 조직의 A라는 사람이 특정한 문제에 대해 고민하고 해결책이 필요하다고 생각하고 있었는데, 이러한 모습을 우연히 본 B라는 사람이 그 이유를 물어서 알게 되고, B라는 사람이 그 문제에 대한 해결책의 아이디어를 제안할 수도 있고, 그것이 의사결정의 형태를 취할 수도 있다.

이러한 쓰레기통 모형은 의사결정이 비합리적인 과정을 통해 우연히 결정될 수도 있다는 점을 제기해 준다. 특히 비공식적인 모임에서 중요한 의사결정이 비합리적으로 결정될 수도 있다는 점을 알려 준다.

6. 교육정책의 과정

교육정책이 형성되는 과정에 관한 대표적인 학자들의 견해를 살펴보면 다음과 같다.

1) Campbell의 교육정책 결정과정

Campbell(1971)은 교육정책 결정과정을 ① 기본적 힘의 작용 단계, ② 선행운동 단계, ③ 정치적 활동 단계, ④ 입법 단계로 구분되는 4단계의 흐름으로 모형화하였다(김윤태, 2000에서 재인용).

첫째는 기본적 힘(basic forces)의 작용 단계로서, 교육정책 결정은 전국적 또는 세계적 범위에서 발생하는 중요한 정치적 · 경제적 · 사회적 · 기술공학적 힘의 작용으로 출발한다.

둘째는 존경받는 개인 또는 전문가 집단이 주도하는 교육개혁에 대한 건의와 같이 기본적 힘에 대한 일종의 반응으로 나타나는 선행운동(antecedent movement) 단계이다. 예컨대, 보통 국가 수준에서 행해지는 조사연구 보고서 등에 의하여 선도되는 운동을 말한다. 따라서 기본적 힘의 작용 단계와 선행운동 단계는 교육개선에 대한 필요성과 관심을 불러일으키는 단계이다.

셋째는 정치적 활동(political action) 단계로서, 정책결정에 선행되는 공공 토의나 논쟁을 의미한다. 전국적으로 또는 지역단위로 교직단체 · 정당 · 매스컴 등이 앞장서서 전개함으로써 정책결정 분위기를 조성하는 단계이다.

넷째는 입법(formal enactment) 단계로서, 이는 행정부나 입법부에 의한 정책 형성의 최종 단계이다.

이러한 Campbell의 모형은 교육정책 형성과정의 흐름을 개념화함으로써 교육정책 형성과정을 분석 또는 연구하는 데 유용한 틀로 이용할 수 있다. 그러나 정책 형성과정의 흐름을 구체적으로 어떠한 요인에 의하여 어떻게 이루어지는지를 밝히지 못한다는 한계점을 갖는다.

2) Rein의 교육정책 결정과정

Rein(1983)은 교육정책 결정과정을 ① 문제(또는 쟁점)의 선정 단계, ② 정부의 정교한 조치 단계, ③ 정착의 달성 단계로 구분되는 3단계의 절차로 다음과 같이 강조하였다.

첫째는 문제(또는 쟁점)의 선정(problem or issue setting) 단계로서, 정부 차원에서 다루어야 할 필요성이 있는 문제(또는 쟁점)가 무엇인지를 결정하는 단계이다.

둘째는 정부의 정교한 조치(the mobilization of the fine structure of government action) 단계로서, 앞선 단계에서 선정된 문제 또는 쟁점을 정부 차원에서 정교하게 구조적으로 다루는 단계이다.

셋째는 정착의 달성[the achievement of settlements (compromises which establish a framework for policy and practice) in the face of dilemmas and trade-offs among values] 단계로서, 비록 정부 차원에서 교육정책으로 다루는 문제 또는 쟁점이 다양한 집단 간의 가치에 직면하는 딜레마에도 불구하고 하나의 교육정책으로 정착시키는 것을 달성하는 단계이다.

3) Jennings의 교육정책 결정과정

Jennings(1977)는 교육정책 결정과정을 ① 착수 단계, ② 견해의 재공식화 단계, ③ 대안의 발생 단계, ④ 토론과 논쟁 단계, ⑤ 합법화 단계, ⑥ 시행 단계로 구분되는 6단계의 절차로 다음과 같이 제시하였다.

첫째는 착수(initiation) 단계로서, 교육에 관한 문제가 되는 증거가 나타나는 단계이다.

둘째는 견해의 재공식화(reformulation of opinion) 단계로서, 여러 견해를 취합하고 특정한 선택들에 대해 구체화하는 단계이다. 이 단계에서 교육정책의 리더가 개입한다.

셋째는 대안의 발생(emergence of alternatives) 단계로서, 특정한 정책에 대한 선택이 공식적으로 나타나는 단계이다.

넷째는 토론과 논쟁(discussion and debate) 단계로서, 대안들이 정책의제로 구체화되는 단계이다. 이 단계에서 구체화된 정책의제가 점점 지지를 받게 되는 현상이 나타난다.

다섯째는 합법화(legitimization) 단계로서, 정책결정자들이 핵심 정책을 확인하고 결정하는 단계이다. 이 단계에서 결정된 정책은 더욱 지지를 받게 되는 현상이 나타난다.

여섯째는 시행(implementation) 단계로서, 합법화된 정책이 운영되도록 하는 데 필요한 구체적인 행정적 절차가 개발되는 단계이다.

4) 김종철 등의 교육정책 결정과정

김종철 등(1996a)은 교육정책 결정과정을 ① 교육문제의 제기 단계, ② 정책의제의 형성 단계, ③ 정책목표의 정립 단계, ④ 정책대안의 탐색과 설정 단계, ⑤ 정책의 심의 · 결정 및 합법화 단계로 구분되는 5단계의 절차로 다음과 같이 제시하였다.

첫째는 교육문제의 제기 단계로서, 교육에 관한 사회적 불만족 혹은 문제의식이 표출되는 것을 말한다. 이것은 교육정책 형성의 시발점이 된다.

둘째는 정책의제의 형성 단계로서, 정책결정 담당자가 사회에서 제기되고 있는 문제를 심각히 받아들여 그 문제를 해결하기 위한 대책(정책)을 국가 또는 지방자치단체 차원에서 공식적으로 강구하여야겠다는 결심을 하는 것을 의미한다.

셋째는 정책목표의 정립 단계로서, 교육정책의 목표가 정해지고 나면, 그러한 목표를 달성할 가능성이 있다고 판단되는 방안들로서 정책대안들이 모색되어 설정되는 것을 의미한다.

넷째는 정책대안의 탐색과 설정 단계로서, 정책목표로 정립된 정책대안들을 평가·분석하고, 어떤 대안이 정책목표를 달성하는 데 가장 적합한지를 비교·판단하는 과정을 의미한다.

다섯째는 정책의 심의·결정 및 합법화 단계로서, 최종적으로 선택된 대안이 소정의 정책결정 혹은 입법화의 절차를 거쳐 공표됨으로써 하나의 정책으로 합법화되는 과정을 의미한다.

7. 교육정책 형성의 제약 요인

교육정책의 형성에 있어 가장 핵심적인 사항은 합리직인 교육정책을 이떻게 수립하느냐 하는 것이다. 하지만 교육조직은 다른 조직에 비해 의사결정에 많은 요소가 개입할 여지가 많기 때문에 교육정책의 형성에서 합리적인 선택을 할 가능성이 비교적 낮다. 교육정책 형성의 제약 요인을 살펴보면 다음과 같다(김창걸, 1986; 윤정일 외, 2008).

1) 인적 요인

인적 요인 차원에서 교육정책 형성의 제약 요인을 살펴보면 다음과 같다.

- 정책결정자나 참여자들의 인성이나 사회경제적 배경 등의 차이가 갈등을 야기하고 비합리적 결정과 편협한 정책 수립을 야기할 수 있다.
- 정책결정자나 참여자들의 정책결정에 관한 전문적 지식, 기술, 경험 등의 부족이 좋지 않은 교육정책을 수립하는 결과를 초래할 수 있다.
- 정책결정자들의 권위주의적인 태도가 권위주의적인 행정풍토를 형성하여 과학적이고 합리적인 정책결정을 저해할 수 있다.

2) 조직적 요인

조직적 요인 차원에서 교육정책 형성의 제약 요인을 살펴보면 다음과 같다.

- 교육정책의 결정이 교육부 장관을 위시한 제한된 참여자에 한정되고, 통제 위주의 행정에 의하여 이루어지는 경우가 많다.
- 교육정책 업무만을 담당하는 기구가 존재하지 않는다. 기획관리실이 그러한 업무를 담당하고 있지만, 주 업무가 조정 업무이기 때문에 효율적이지 못하다.
- 하향적 의사소통에 비해 상향적 · 횡적 의사소통 체제가 원활하지 못하다.
- 정책결정에는 많은 인적 · 물적 자원이 필요하나 각 부분에 걸쳐 자원이 적당히 배정되어야 하므로 자원의 제약이 뒤따르게 된다.
- 정책결정에는 정확하고 신속한 정보가 필요하지만 그러한 정보의 수집, 분석, 처리, 보관을 위한 체제가 제대로 갖추어 있지 못하다.
- 정책결정에는 과정상 적당한 시간이 필요하지만 긴급사태 등 많은 경우에는 시간의 제약을 받게 되므로 교육정책의 질이 저하될 수 있다.
- 기존의 교육정책을 무시하기가 어렵다.

3) 환경적 요인

환경적 요인 차원에서 교육정책 형성의 제약 요인을 살펴보면 다음과 같다.

- 교육정책의 결정과정에서 정치풍토, 사회관습, 법률적 · 문화적 요인 등이 교육 이외의 비합리적인 요인으로 작용할 수 있다.

- 교육정책의 결정에 대해 여론, 언론, 전문가 집단, 이익단체, 정당, 국회 등이 너무 민감하게 반응함으로써 합리적인 결정을 저해한다.
- 정책결정자들의 재임 기간이 짧기 때문에 단기적인 활동에 치중하고, 책임을 모면하려는 보신주의적 관료풍토가 교육정책의 질을 저하시킨다.

8. 교육정책 평가의 준거

　교육정책 평가의 준거란 앞으로 시행되거나 이미 시행된 교육정책이 바람직한/성공적인 것인지 혹은 부당한/실패한 것인지를 판단해 줄 수 있는 틀을 뜻한다. 그러므로 교육정책을 입안할 때나 교육정책을 시행하기 전에 교육정책 평가의 준거를 가능한 한 모두 충족시켜야 하며, 교육정책 평가의 준거를 모두 충족시킨다는 확신이 수반된 다음에야 교육정책이 시행되어야 한다는 점을 알 수 있다. 그리고 이것이 바로 교육정책 평가 준거의 의의에 해당한다.

　교육정책 평가의 준거로는 다양한 요소가 포함될 수 있다. 일반적으로 교육정책 평가의 주요 준거로는 교육정책의 실용성, 실행 가능성, 수용성, 평등성, 합법성, 효율성, 효과성, 안정성, 사회공헌성의 요소를 고려할 수 있다. 이에 대해 정리하면 다음과 같다.

　실용성　　교육정책의 실용성이란 교육정책이 실제로 사용될 수 있고 도움을 주는 것이어야 함을 뜻한다. 즉, 교육정책의 실용성은 교육정책이 탁상공론에 머물거나 교육정책 보고서의 완성 수준에 머무는 것이 아니라 실제로 학교현장이나 교육적 상황에 도움을 줄 수 있도록 적용될 수 있거나 파급효과를 불러일으킬 수 있을 때 성공적인 교육정책이라는 점을 강조하는 특성을 지닌다.

실행 가능성　　교육정책의 실행 가능성이란 교육정책이 현실적인 여러 조건과 상황을 고려했을 때 실행 가능한 것이어야 함을 뜻한다. 즉, 교육정책의 실행 가능성은 교육정책을 입안할 때나 실행할 때 요구되는 시간적, 재정적, 인력적 조건이 너무 어렵거나 불가능해서 도중에 포기하는 일이 발생해서는 안 되고, 실행하는 데 무리가 없을 때 성공적인 교육정책이라는 점을 강조하는 특성을 지닌다.

수용성　　교육정책의 수용성이란 교육정책이 사회 구성원들로부터 필요하다고 인식될 수 있는 것이어야 함을 뜻한다. 즉, 교육정책의 수용성은 대다수의 사회 구성원이 필요하다거나 중대하다고 인식하고 관련 있는 교육정책을 시행할 때 바람직한 교육정책이라는 점을 강조하는 특성을 지닌다.

평등성　　교육정책의 평등성이란 교육정책이 특정한 계층의 사람들에게 유리하거나 불리해서는 안 되고, 되도록 모든 계층의 사람들에게 평등한 교육정책이 되어야 한다는 것을 뜻한다. 즉, 교육정책이 편향된 효과가 아니라 평등한 효과를 도모할 수 있을 때 바람직한 교육정책이라는 점을 강조하는 특성을 지닌다.

합법성　　교육정책의 합법성이란 교육정책이 우리나라의 제반 법령들을 준수하면서 입안되고 시행되어야 한다는 것을 뜻한다. 즉, 교육정책의 합법성은 법적 근거를 바탕으로 마련되고 시행될 때 바람직한 교육정책이라는 점을 강조하는 특성을 지닌다.

효율성　　교육정책의 효율성이란 교육정책의 시행을 위해 투입된 시간적·재정적·정신적 노력에 비해 더 많은 교육정책의 성과를 거두어야 한다는 것을 뜻한다. 즉, 교육정책의 효율성은 투입된 여러 요소가 시행되는 과정에서 최적의 결합을 이루어 기대한 것보다 더 많은 성과를 거둘 수 있을 때 성공적인 교육정책이라는 점을 강조하는 특성을 지닌다.

효과성　　교육정책의 효과성이란 처음에 의도했던 교육정책의 목표가 최종적으로 달성되어야 한다는 것을 뜻한다. 즉, 교육정책의 효과성은 과정도 중요하지만 결과적으로도 처음에 의도했던 목표를 달성할 수 있을 때 성공적인 교육정책이라는 점을 강조하는 특성을 지닌다.

안정성　　교육정책의 안정성이란 교육정책이 한 번 시행되면 어느 정도 기간까지 안정적으로 계속 시행되어야 한다는 것을 뜻한다. 즉, 교육정책의 안정성은 주로 국가 차원에서 시행되는 것이기 때문에 교육정책의 잦은 변동으로 인해 사회적 혼란과 불신을 초래하지 않을 때 성공적인 교육정책이라는 점을 강조하는 특성을 지닌다.

사회공헌성　　교육정책의 사회공헌성이란 교육정책이 사회가 더 발전된 (개선된) 방향으로 효과가 나타나야 한다는 것을 뜻한다. 즉, 교육정책의 사회공헌성은 그것이 시행되기 전과 후를 비교했을 때 시행된 후에 사회 발전, 사회 개선, 사회 정의 구현 등의 방향으로 진보할 때 바람직한 교육정책이라는 점을 강조하는 특성을 지닌다.[1]

9. 교육정책의 쟁점 I: 고교평준화제도[1]

교육정책은 한 나라의 교육에 대한 가장 큰 방향의 지침이고, 그것에 따라 교육 주체인 학생, 교사, 학부모의 교육에 대한 관심과 노력의 방향이 결정된다. 또한 어떤 교육정책을 수립하고 어떻게 시행하는가에 따라 교육 주체들

[1] 이 부분은 저자의 논문인 「고교평준화제도 정당화의 재조명」(2003)의 일부분을 발췌한 것이다.

의 교육에 대한 기회, 헌신, 신뢰가 좌우될 뿐만 아니라 크게는 국가발전의 성패가 좌우되기 때문에 교육정책의 제반 활동은 매우 신중을 기해야 한다.

고교평준화제도는 우리나라에서 유래가 드물 정도로 지속적으로 명맥을 유지해 온 교육정책이다. 비록 고교평준화제도가 학생과 학부모의 학교선택권 침해, 생활지도 및 진로지도의 어려움, 사학의 독자성과 자율성 위축 등의 부작용을 가져온다(서정화, 2001)는 비판을 받기도 하지만, 중학교 교육과정 운영의 정상화, 고등학교의 교육 격차 해소, 지방교육의 발전 실현, 대도시 인구 집중 억제 등의 성과(윤정일, 송기창, 조동섭, 김병주, 2002b)를 가져온 것이 사실이다.

그러나 고교평준화제도 폐지를 주장하는 사람들은 고교평준화제도 때문에 학생들의 학력 하향평준화 현상이 나타나고, 학부모와 학생의 학교선택권 및 사학의 자율성이 침해받는다고 하면서 고교평준화제도 폐지를 요구한다. 하지만 많은 연구 결과에 의하면 고교평준화제도와 그러한 문제는 아무런 상관이 없음을 알 수 있다. 이에 대해 살펴보면 다음과 같다.

1) 고교평준화제도 때문에 학생들의 학력이 하향평준화되었는가

고교평준화제도와 학생들의 학력 하향평준화는 직접적인 관련이 없다는 주요 실증적인 연구들을 살펴보면 다음과 같다.

먼저, 김윤태(1978, 1979)는 고교평준화 정책과 학력의 하향평준화와 관련된 주제를 주요 분석의 내용으로 삼고 있는 연구를 하였다. 먼저 1차년도 보고서(김윤태, 1978)에서는 대학입학 예비고사 성적과 서울대학교 본고사 성적을 지역별로, 그리고 연도별로 비교·분석하였다. 평준화 정책 실시 전후의 비교조건을 통제하여 산출한 1977학년도의 서울·부산지역 예비고사 평균점수는 평준화가 적용되지 않았던 1976학년도 졸업생에 비해 1.4점밖에 떨어지지 않아 오히려 기타 지역의 3.0점보다 덜 떨어진 것으로 나타났다. 아울러 서울대학교 본고사 평균점수를 서울·부산지역 출신자와 기타 지역

출신자로 구분하여 비교하여 보아도 뚜렷한 차이가 나타나지 않은 것으로 조사되어, 결국 평준화를 통한 학력의 하향화 현상이 나타나지 않았다는 결론을 내리고 있다.

2차년도 보고서(김윤태, 1979)에서도 이와 유사한 방식으로 서울, 부산, 인천, 광주, 대구 지역의 고등학교 졸업자들의 학력을 측정하기 위해 전국 4개 국립대학교의 본고사 결과를 비교하였다. 4개 국립대학교의 합격자와 응시자의 입시성적을 분석하고 출신지역별 합격자 수와 전체 합격자에 대한 구성비를 분석해 본 결과, 평준화 지역이 비평준화 지역보다 해마다 높은 점수를 보였고, 평준화 시책 실시 후의 변화도 두 지역 공히 비슷하였으며, 지역별 합격자 수와 전체 합격자에 대한 그 구성비를 비교한 경우에도 평준화 정책 적용 전후 사이에 별다른 변화를 보이지 않았다. 이를 토대로 일반적인 문제점으로 논의되었던 평준화 시책 실시 이후 평준화 지역의 학력 저하현상을 찾아볼 수 없다는 결론을 내리고 있다(성기선, 강태중, 2001).

김영철, 김주훈, 이인효, 최돈민(1995)은 고등학교별 입학성적과 고등학교 3학년 당시의 학업성취도 평균점수의 변화를 비교하였다. 연구 결과에 의하면, 고등학교 입학 연합고사 성적은 평준화 지역이 비평준화 지역보다 더 높게 나타나고 있다. 그리고 고등학교 3학년 성적과 고등학교 입학 당시의 성적 분포를 표준점수로 환산하여 비교한 결과에 의하면, 지역을 막론하고 전반적으로 큰 변화가 없는 것으로 나타났다. 특히 평준화 지역과 비평준화 지역의 변화를 비교하면 비평준화 지역이 약간 더 올라가기는 하지만 의미 있는 차이는 아니었다.

성기선과 강태중(2001)은 고교평준화 실시에 따른 학생들의 학업성취도 변화를 보다 구체적으로 분석하기 위해 고교평준화 실시 여부별로 학생들의 학업성취도 변화과정에 대해 1학년부터 3학년까지 종단적인 연구를 하였다. 연구 결과에 의하면, 첫째, 평준화 고등학교의 학업성취도 수준은 1, 3학년 모두 비평준화 고등학교보다 높은 편이었다. 1학년의 경우 평준화 지역의 고등학교가 약 13점 높으며 동일 학생의 3학년 성취도 수준은 약 15점 정도 비평준화 지역의 고등학교보다 높았다. 둘째, 고등학교 1학년 때의 학업성취도 변인의 영향력을 통제하였을 경우에도 3학년 때의 학업성취도 수준은 여전히 평준화 지역의 고등학교들이 높은 편이었다. 평준화 지역의 고등학교에 다닐 경우, 다른 조건이 동일하다면 비평준화 고등학교에 다닐 경우보다 3학년 성적이 평균적으로 15.75점 높아졌다. 셋째, 고등학교 입학 당시의 학생들의 성적집단별로 구분하여 분석해 본 결과, 평준화 고등학교의 경우 비평준화 고등학교와 비교할 때, 최상위권 학생들의 성적은 다소 떨어졌으며 중하위권 학생들의 성적은 상대적으로 많이 상승하였다. 즉, 평준화 고등학교는 비평준화 고등학교와 비교해 볼 때, 성적 상위권 학생들에게는 상대적으로 다소 불리한 측면이 있는 반면, 중하위권 학생들에게는 매우 유리하다고 볼 수 있었다.

중앙교육진흥연구소(2001)는 고교평준화 지역과 비평준화 지역 학생들 간의 성적 집단별 학력이 어떻게 변화되는지를 추적하는 연구를 하였다. 전국의 평준화 고등학교 123개 학교와 비평준화 고등학교 121개 학교를 대상으로, 고등학교 입학 당시에 비해 동일 학교 학생들의 성취도 수준이 3년 후 어떻게 변화되었는지를 알아보기 위해, 1998년 3월 당시 고등학교 1학년을 대상(105,958명)으로 실시한 모의 수능시험 점수와 2000년 10월에 동일 학생들인 3학년을 대상(101,715명)으로 실시한 모의 수능시험 점수를 비교·분석하였다. 연구 결과에 의하면, 300점 이상 점수를 받은 집단의 평균점수는 평준화 고등학교가 26.6점, 비평준화 고등학교가 30.8점 상승하였다. 260점 이상 300점 미만의 점수를 받은 집단의 평균점수는 평준화 고등학교가 42.0점, 비평준화 고등학교가 33.5점 상승하였다. 220점 이상 260점 미만의 점수를 받은 집단의 평균점수는 평준화 고등학교가 43.2점, 비평준화 고등학교가 36.1점 상승하였다. 180점 이상 220점 미만의 점수를 받은 집단의 평균점수는 평준화 고등학교가 42.8점, 비평준화 고등학교가 38.5점 상승하였다. 180점 미만의 점수를 받은 집단의 평균점수는 평준화 고등학교가 21.4점, 비평준화 고등학교가 25.5점 상승하였다. 그리고 전체 집단의 평균점수를 비교해 보면, 평준화 고등학교는 42.3점, 비평준화 고등학교는 35.6점 상승하였다.

이상에서 살펴보았듯이, 학생들의 학력 하향평준화 현상은 고교평준화제도 때문이 아니다. 학생들의 과외, 학원, 사교육비 등에서 학부모들과 학생들이 과거보다 더 교육에 열중함에도 불구하고 학생들의 학력이 낮아지는 것은 사회현상의 연장선상에서 파악해 볼 수 있다. 과거와 비교해 볼 때, 정치와 경제 그리고 일반 사회문화 등에서 '과정의 민주화와 자유'가 이루어지고 있는 것이 사실이다. 교육에도 이러한 사회현상이 접목되어 과거와 달리, 학교에서는 학생들에게 공부를 강요할 수 없게 되고 학생들도 자유로운 사회적인 풍토와 환경에 매료되어 공부를 재미없더라도 해야 하는 것으로 예전만큼 인식하지 않게 되는 요인이 큰 것이다. 그리고 고등학교 졸업생 정원보다 대학의 신입생 모집 정원이 더 크게 된 교육현실도 전체적으로 보았을 때 학생들의 학업열중에 대한 마음을 이완시킨 것으로 보아야 한다. 따라서 동일한 시점에서의 평준화 고등학교 학생들과 비평준화 고등학교 학생들과의 학력변화를 비교하지 않고, 과거의 학생과 현재의 학생의 학력을 비교하면서 고교평준화제도가 학력을 낮춘다는 논리는 모순이 있다.

2) 고교평준화제도 때문에 학교선택권이 침해되었는가

고교평준화제도의 폐지를 주장하는 사람들이 학교선택권 보장을 내세우는 주요한 이론적 근거로는 다음과 같은 것이 있다(주철안, 1999).

첫째, 자유를 근거로 하는 입장으로서, 사회적 자원의 재분배를 통한 정의보다는 개인의 소유권 보장이 우선적이라는 논리를 펴고 있다(Nozick, 1974). 즉, 어떠한 분배적 정의의 정형이라도 자유를 우선시하는 소유권리론에 비해 논리적으로 완벽하지 않다는 것이다.

둘째, 평등을 근거로 하는 입장으로서, 교육기회의 평등이 학교선택권 보장의 주요 근거가 된다(Hallinan, 1996). 이러한 교육기회의 평등은 그동안 엘리트들에게 접근 가능하였던 기회를 모든 사람에게 선택 가능하게 함으로써 평등을 촉진할 수 있다는 입장이다. 즉, 사회에서 여러 가지로 불이익을 받는 집단에게 학교선택을 할 수 있도록 함으로써 최고의 학교에 다닐 수 있는 기회를 공정하게 줄 수 있다는 것이다.

셋째, 교육을 경제의 개념으로 보는 입장으로서, 교육을 경제분야에서 서비스로 취급할 때 소비자의 상품 선택은 소비자의 주권과 관련되기 때문에 학부모의 학교선택 그 자체가 권리가 됨을 강조한다(Gorard, 1999). 또한 이 입장은 선택의 결정이 경쟁을 유발하여 제품의 질을 높일 수 있기 때문에 교육에서 학부모의 선택 보장은 교육의 질과 밀접하게 관련된다고 여긴다. 이러한 경제의 개념으로 교육을 보는 입장은 기본적으로 시장중심적 선택을 전제하고 있다(Powers & Cookson, 1999). 시장중심적 선택은 개인적 수준이나 기관적 수준에서 일련의 긍정적 변화를 일으켜서(Chubb & Moe, 1990), 학교를 본질적으로 개선할 수 있다는 입장이다.

그러나 학교선택권을 자유와 평등 그리고 경제의 개념으로 보는 이러한 입장에는 매우 명확한 오류와 모순이 내재되어 있다.

첫째, 학교선택권을 자유로 보는 입장은 자유의 개념을 기회의 개념과 혼동하고 있다. 그리고 고교평준화제도가 폐지되어 학교선택권이 부여되면, 자신이 가고 싶은 학교를 자유롭게 선택할 수 있는 것이 아니라 실제로는 성적 순서대로 등급화되어 있는 학교를 자신의 성적에 따라 선택할 수밖에 없게 되기 때문에, 거기에는 자유가 존재하는 것이 아니라 기회의 개념 중에서도 명목적인 기회만 있게 된다. Whitty, Power, Halpin(1998)이 학교선택권 자체만으로는 이를 의미 있게 만드는 교육과정, 교수방법, 학교조직 등의 다양성을 조장해 주지 않으며 오히려 전통적인 교육방법이나 교육과정을 더 선호하는 경우가 있다고 지적하듯이, 학교선택권이 진정한 의미를 가지려면 먼저 교육과정 및 교육내용이 학교마다 특성이 있어야 하고 그런 학교를 성적 순서대로 정해지게 되는 교육문화가 바뀌는 것이 선행되어야 한다.

둘째, 학교선택권을 평등으로 보는 입장은 명목적인 기회 제공 보장을 평등으로 오인하고 있다. 학교선택권 보장은 공동체로서의 평등과는 거리가 멀어지게 된다. 학교선택권으로 인해 오히려 인종, 사회계층, 문화적 배경이 다른 학생들을 분리시킬 가능성이 높아진다(Fuller, Elmore, & Orfield, 1996). 김신일(1993)이 지적하였듯이, 우리는 교육기회의 허용적 평등에서 교육기회의 보장적 평등으로 나아가야 하고, 다시 교육조건의 평등에서 궁극적으로는 교육결과의 평등으로 진보해야 한다. 부모의 사회·경제적 배경이 학생의 학업성취도에 결정적인 영향을 미친다(Coleman, 1968)는 점을 생각할 때, 사회·경제적 배경 및 성적에 불리한 입장에 있는 학생들에게 오히려 교육조건을 역차별적으로 제공하는 것이 교육에 있어서 진정한 평등이 아닐까? 우리는 현재의 교육이 어느 정도의 평등 수준에 도달해 있는지 자문해야 하고, 학교선택권 부여가 실제로 의미하는 것은 국가의 책임이 기껏해야 교육의 허용적 평등까지라는 점을 분명히 인식해야 한다.

셋째, 학교선택권을 경제의 개념으로 보는 입장은 경제의 논리가 갖는 순기능만을 교육에 그대로 적용할 수 있다는 안일한 안목을 갖고 있을 뿐, 교육을 시장경제의 논리에 맡길 경우 발생하는 문제점은 간과하고 있다. 즉, 성적이 우수한 학생들로 동질집단이 형성된 학교에서는 학생들이 중요한 '투자'의 대상이 되고 교사들은 그들에게 높은 기대를 나타내지만, 성적이 평균 이하의 학생들로 동질집단이 형성된 학교에서는 학생들을 중요한 '투자'의 대상으로 보지 않게 되고 교사들도 학생들에게 높은 기대를 나타내기도 현실적으로 어려워진다. Persell(1977)이 밝히고 있듯이, 학생의 사회·경제적 배경과 우열반 소속이 교사의 기대치 형성의 원천이 되고, 이러한 교사의 기대치는 의식적·무의식적으로 학생에게 전달된다. 또한 학급에서 학생과 교사의 상호작용 및 교사의 수업행동, 즉 수업계획, 자료준비 또는 자료 제시방법, 수업에 임하는 시간, 평가방식 등에 반영되어 결과적으로 학생집단 간의 학업성취도 격차를 초래하기 때문에(김천기, 1995), 교육과 경제의 빈익빈 부익부 현상이 체제화될 것이다.

이상에서 살펴보았듯이, 고교평준화제도의 폐지는 학생들에게 실질적인 학교선택권이 아닌 명목적인 학교선택권을 제공할 뿐만 아니라 인격 침해를 제도화하게 된다. 그리고 학교선택권이 내세우는 자유, 평등, 경제 측면의 외형상의 논리는 그 타당성이 결여되어 있고, 그 이면에는 특정한 계층의 이데올로기가 작용하고 있음을 알 수 있다.

3) 고교평준화제도 때문에 사학의 자율성이 침해받았는가

고교평준화제도의 폐지를 주장하는 사람들은 그 명분의 하나로서 사학의 자율성 침해를 지적한다. 즉, 사립학교라면 본래 건학이념에 부합하는 학생들을 선발하여, 특성 있는 교육과정을 운영해야 그 존립 의의를 지니게 되지만, 고교평준화제도에서는 사립학교 역시 추첨에 의해 학생을 배정받게 됨으로써 학생선발 권한을 발휘하지 못하고, 나아가 사학 고유의 교육과정을 운영하기 어렵게 될 뿐만 아니라, 학교법인이 자체적으로 등록금을 책정할 수 없어 사립고의 재정난이 가중되고 결국 사립고등학교의 교육이 위축되고 있다고 주장한다. 하지만 이러한 문제점들이 과연 고교평준화제도 때문인지에 대해서 규명해 보면 다음과 같다.

첫째, 고교평준화제도 때문에 사학 고유의 교육과정이 운영되지 못하는 것인가? 사학 고유의 교육과정이란 사학의 설립 목적에 맞는 독특한 교육과정으로서 국·공립학교의 교육과정과는 다른 것이라고 할 수 있다. 그렇다면 사학 고유의 교육과정 운영과 관련하여 두 가지 의문이 생기게 된다. 하나는, 우리나라의 사립학교들 중에서 국·공립학교와 다른 독특한 교육과정을 운영해야만 사학의 설립 취지가 살아나는 사학은 얼마나 될까 하는 것이고, 다른 하나는, 고교평준화제도만 폐지된다면 현재의 교육과정과는 다른 교육과정, 즉 대학입학 시험과 무관한 또는 학부모의 요구와 무관한 사학 고유의 교육과정을 현실적으로 운영할 수 있겠는가 하는 점이다. 이러한 두 가지 의문에 대해 자유로운 사학은 많지 않을 것이다. 따라서 교육과정 운영의 획일성과 경직성의 문제는 고교평준화제도 때문이라기보다는 우리나라의 교육열 및 대학입학 시험 체제와 관련된다고 볼 수 있다.

둘째, 고교평준화제도 때문에 학교법인이 자체적으로 등록금을 책정할 수 없어 재정난이 가중되고 결국 사립고등학교의 교육이 위축되는 것인가? 이러한 논리가 사실이라면, 1974년에 고교평준화제도가 시행되기 전에는 그러한 문제들이 발생하지 않았어야 하지만 그렇지 못했다. 그리고 이러한 논리에 반대하는 입장에서는 실제 일부 극소수의 사학재단을 제외한 대부분의 사립학교가 학교에 실질적인 투자를 하지 못하는 실정이었으나 정부가 평준화제도 도입과 함께 다양하게 사학을 지원하였기 때문에 이들 사학의 교육여건이 어느 정도 개선된 것이라고 주장한다. 따라서 사학의 재정난과 관련된 문제는 비단 고교평준화제도 때문에 비롯된 것이라고 보기는 어렵고 사학 재정상의 구조적인 문제로 볼 수 있다. 그리고 우리는 사학의 재정난을 꼭 학생의 등록금 인상으로 해결해야만 사학의 자율성을 보장하는 것인지, 등록금을 많이 인상할수록 더욱 양질의 교육이 되는 것인지, 등록금에 대한 사학의 자유로운 책정이 사회 전반에 어떤 영향을 미치는지를 생각해 보아야 한다.

셋째, 고교평준화제도 때문에 사학이 학생선발 권한을 발휘하지 못하는가? 사학의 건학이념에 부합하는 학생을 자체적인 기준으로 선발할 수 있는 권한을 갖지 못하는 이유가 고교평준화제도에 있다는 논리는 제도의 형식상으로는 사실이다. 그러나 이 논리가 본질적으로 사실이기 위해서는 학생선발 시 성적순이 아닌, 사학의 건학이념에 부합하는 학생을 선발하기 위한 기준이 각 사학마다 다양할 정도로 우리나라의 사학들의 독특성이 있어야 한다. 그렇지 않으면 앞에서 설명한 학교선택권 논리에서 보았듯이, 사학의 건학이념에 따른 학생선발이 안 되고 일류 고등학교와 삼류 고등학교의 성적점수 서열에 의한 학생선발이 될 뿐이다. 우리나라 사학들이 독특성을 띠고 있는지 생각해 볼 문제이다.

우리가 고려해야 할 또 다른 점은 사학에 대해서는 공공성을 요구할 수 없는가 하는 것이다. 교육의 기능은 개인적인 차원에서만 머무는 것이 아니라 사회적인 차원으로까지 확대되기 때문에, 교육의 공공성을 완전히 배제한 사학의 자율성은 불가능할지도 모른다. 「교육기본법」 제9조 제2항에서는 "학교는 공공성을 가지며, 학생의 교육 외에 학술 및 문화적 전통의 유지·발전과 주민의 평생교육을 위하여 노력하여야 한다."라고 하여 학교의 공공성을 규정하고 있다. 이 점에서 사학은 단순히 영리를 목적으로 하는 교습시설과는 구별되어야 한다고 할 수 있다.

그리고 우리나라의 전체 고등학교 중 사립고등학교 수의 비율이 47.8%, 사립고등학교에 다니는 학생 수의 비율이 55.7%(교육부, 한국교육개발원, 1999)로 높은 우리나라 교육현실의 특수성도 감안할 필요가 있다. 사립고등학교의 자율성을 보장하고 있는 미국, 영국, 독일, 프랑스 등 선진 외국들은 고등학교까지 무상의무교육을 제공하고 있어 사립고등학교의 비율이 매우 적고(평균 3~9% 정도), 국민보통교육 단계에서의 극히 일부 학생들만 사립에 재학하고 있어 그 자율성을 보장해도 전체 공교육에 큰 영향을 주지 않는다. 그러나 우리나라는 일반계 고등학교 단계에서의 사립 비율이 세계적으로 그 유래를 찾아보기 어려울 정도로 높기 때문에 전체 사립의 자율성 허용은 곧 공교육의 자율 허용이라는 기이한 현상으로 이어질 가능성이 높다.

그렇지만 고교평준화제도 폐지 쟁점과는 상관없이, 개인뿐만 아니라 모든 사회 구성원(조직)은 자율성을 최대한 누려야 한다. 그러나 자율은 자신이 정한 규율에 따라 자신이 정한 문제를 처리한다는 의미에서 자기구속성과 책임을 포함하며, 자기정화적인 기능을 통한 내부 통제의 정상적인 기능을 전제로 한다. 따라서 사학의 자율성이 충실히 이루어지기 위해서는 사학의 내적인 노력이 선행되어 사학 외부의 간섭 또는 불신이 자연스럽게 발생하지 않도록 해야 한다.

10. 교육정책의 쟁점 II : 학교선택제[2]

우리나라는 과도한 사교육비의 지출, 극심한 경쟁으로 인한 학생들의 전인교육 훼손, 학부모들의 지나친 교육열 등의 문제점들을 완화하고자 1974년에 고교평준화제도가 시행되었다. 그리고 그동안 고교평준화제도에 대한 존속 및 폐지의 크고 작은 쟁점 속에서도 그 장점을 인정받아 고교평준화제도는 현재까지 유지되어 왔다. 고교평준화제도 폐지를 주장하는 사람들은 학생 및 학부모의 학교선택에 관한 자유를 보장해 주는 것이 민주주의 사회 이념에 부합할 뿐만 아니라 학교선택제를 시행함으로써 학생들 및 학교들 간 경쟁을 유도하여 학력신장을 도모할 수 있다는 논리를 내세운다. 이에 비해, 고교평준화제도 존속을 주장하는 사람들은 학교선택제를 시행하게 되면 사교육비의 증가와 지나친 경쟁 유발, 학교서열화가 극명하게 나타나게 되고, 그결과로 사회양극화 현상이 심각한 사회문제로 나타나게 된다는 논리를 내세운다. 그러나 후자의 우려에도 불구하고, 고교평준화제도의 가장 큰 문제점으로 지목되고 있는 '학생 및 학부모의 학교선택권 침해'에 대한 비판의 목소리가 세력을 얻어 학교선택제를 시행하려는 움직임이 나타나고 있다. 학교선택제는 옳은 것일까?

1) 학교선택제의 개념

학교선택(school choice)은 '학생이 상급학교로 진학할 때 학생의 거주지와 가까운 학교들 중에서 무작위 추첨 방법으로 학생을 배정하는 것이 아니라, 학생 또는 학부모가 선호하는 학교를 자유롭게 선택하여 진학할 수 있도록 하는 권한과 제도'를 의미하는 것이다. 우리나라에서는 중학교에서 고등학

---

2) 이 부분은 저자의 논문인 「학교선택제의 시행에 대한 비판적 접근」(2010)의 일부분을 수정·보완한 것이다.

교로 진학할 때, 외국어고등학교와 과학고등학교 등 특수목적 고등학교 그리고 자율형 사립고등학교를 선택하여 진학하는 것이 학교선택제의 예에 해당된다. 이러한 학교선택제의 개념은 학교평준화제의 개념과 반대되면서도 밀접한 관련성을 갖는 특성을 갖는다. 예를 들면, 중학교에서 고등학교로 진학할 때 모든 학교가 학교선택제로 진학하는 것이 된다면 학생의 거주지를 중심으로 학교를 배정하는 고교평준화제도는 유명무실해지거나 실질적으로는 폐지되는 것이다.

2) 학교선택제의 논쟁

학교선택제는 이 시대의 가장 논쟁이 될 수 있는 교육정책 이슈이다. 학교선택제를 지지하는 사람들의 대부분은 학교교육이 공교육을 향상시키기 위해 필요한 경쟁을 유도해 주기 때문에 바람직하다는 견해를 갖는 정치적 보수주의자들이다. 반면에, 학교선택제를 반대하는 사람들의 대부분은 학교선택이 사회적 계층 간 차이를 더욱 유발하게 하고 그 결과로 불리한 계층의 사람들이 더욱 불리하게 되는 공교육 체제가 되도록 하기 때문에 바람직하지 않다는 견해를 갖는 정치적 진보주의자들이다. 지난 20여 년 동안 미국과 그 밖의 국가들에서 시행되었던 학교선택제에 대한 연구들이 계속 수행되어 왔고, 학교선택의 찬반에 대한 논쟁도 뜨겁게 계속되어 왔다(Fowler, 2002). 학교선택제의 찬반에 대한 논쟁을 간략히 정리하면 다음과 같다.

(1) 찬성론자의 주장
학교선택제를 찬성하는 입장에서는 다음과 같이 주장한다.

- 그동안 학교선택제와 같은 교육정책을 시행하지 않았기 때문에 특히 공립학교 체계에서의 획일성과 학생들의 학력 하향평준화를 초래하였고, 학부모가 자기 자녀의 학교를 선택할 수 있도록 보장하는 바우처

(voucher) 제도를 시행하는 것이 학교교육을 향상시킬 수 있다(Chubb & Moe, 1990).

- 유사시장(quasi-market) 정책이 교육서비스 제공의 다양성을 늘리고, 좀 더 효율적인 학교경영과 전문성 강화를 가능하게 하고, 효과적인 학교를 만들 수 있고, 학교선택제의 교육개혁이 관료적 행정지원체제 아래서 혜택을 받지 못하던 빈민지역의 자녀들에게도 특별한 혜택을 가져온다(Pollard, 1995).

- 학교선택제의 계획을 적합하게 설계한다면 평등한 교육기회를 신장시킬 수 있고 모든 학생에게 자율성의 교육을 제공해 줄 수 있는 자유주의적 사회정의를 실현할 수 있다(Brighouse, 2000).

- 학교선택제는 부모의 참여의 영향에 따른 사회적 자본을 생산하게 하고 학생들 간의 차이를 유발하게끔 하는 작용을 하며, 학교활동에 있어 부모의 참여를 높여 주는 기능을 한다(Cox & Witko, 2008).

(2) 반대론자의 주장

학교선택제를 반대하는 입장에서는 다음과 같이 주장한다.

- 학교선택제가 저소득층과 소수민족 학생들의 교육을 향상시킨다는 학교선택제 찬성론자들의 주장에도 불구하고, 아직까지 학교선택제 정책이 학생의 학업성취도와 평등성 문제에 긍정적인 영향을 미쳤다는 명백한 증거들은 없다(Plank, Schiller, Schneider, & Coleman, 1993).

- 학부모에게 학교선택권을 부여하더라도 학부모의 선호가 다양하지 않기 때문에 학교의 다양화를 초래하지 않는다(Glatter, Woods, & Bagley, 1997).

- 학교선택제가 학생들의 학업성취도 향상에 긍정적인 효과가 있음을 추정할 만한 뚜렷한 증거가 거의 없고, 그럼에도 불구하고 학교선택제를 강화하려는 최근의 많은 시도가 오히려 교육 평등성에 악영향을 미치

게 한다(Whitty et al., 1998).

· 학교선택이 학생들의 자율성과 교육의 평등성을 오히려 신장시킬 수 있다고 하는 주장은 학교선택에 의해 나타날 수밖에 없는 현실적인 문제점들을 도외시한 지나친 낙관론적 자만심에 지나지 않으며, 정치적 선전으로만 그럴듯한 감언이설에 불과하다. 또한 학교선택권의 보장은 부모의 사회·경제적 배경의 파워에 따라 사회계층 간의 차이를 더욱 견고하게 만든다(Foster, 2002).

· 학교의 다양성을 전제하지 않은 상태에서의 학교선택제는 의미가 없게 되고 오히려 학생 및 학부모를 호도할 수 있고, 학교선택제의 허용으로 학교 간의 격차가 심화될 수 있으며, 또한 교육에 시장경쟁원리를 적용할 때 교육이 경쟁 상품인가 공공서비스인가 하는 교육에 대한 근본적 의문이 제기될 수도 있다(박병량, 2006).

3) 학교선택제의 실제

학교선택제가 실제로 효과가 있는지 없는지 여부는 학교선택제와 관련한 연구 결과를 검토해 보거나 학교선택제를 시행하고 있는 국가들의 실태를 분석해 보면 파악할 수 있다. 결론적으로, 많은 연구에 의하면 학교선택제가 역효과 또는 문제점을 가질 수 있음을 알 수 있는데, 이러한 사실은 우리에게 주는 시사점이 매우 크다. 학교선택제와 관련한 주요 연구 결과 및 내용을 간단히 살펴보면 다음과 같다.

먼저, Carnoy(1993)는 학교선택 정책은 교육열이 높은 가정의 학생들에게는 학업 수행에 유리하게 해 줄 수 있을지 몰라도, 교육열이 낮은 가정의 학생들에게는 오히려 학업 수행에 더 불리하게 하였다고 밝힘으로써, 학교선택 정책이 학생들의 학업성취도를 전반적으로 향상시키는 데 도움이 되지도 않을 뿐만 아니라 계층 간의 교육적 격차를 더 벌리는 역효과를 가져온다는 사실을 알려 주었다.

Fuller(1996)는 학교선택이 이루어지는 지역의 프로그램들을 분석한 후, 학교선택 프로그램이 학교의 질을 더욱 불평등하게 할 수 있으며, 학생들 간의 차이를 더욱 강화할 수 있고, 학교선택이 학생들의 학업성취도를 높이지도 못한다고 밝혔다. 또한 학교선택은 자녀의 학교교육에 참여하는 학부모와 그렇지 못한 학부모 간의 간격도 더욱 깊게 한다고 하였다. 그리고 학교선택과 관련해서 얻을 수 있는 교훈으로 학력이 높은 학부모가 학교선택 프로그램의 학교현장에의 도입과 실천에 매우 높은 관심을 갖는다는 점을 강조하였다. 특히 Fuller(1996)는 대표적인 학교선택 프로그램인 차터 스쿨(charter school), 마그넷 스쿨(magnet school), 바우처(voucher) 제도 등이 학생들의 학업성취도를 향상시키는 데 더 효과적이라는 객관적인 근거는 없다고 밝혔다. 그리고 많은 연구에 의하면 학교선택은 학생들 간의 교우관계에 부정적인 문제를 안겨 줄 수 있다고 경고하였다.

Evans(1991)도 '부모의 학교선택권을 보장하게 되면 학교들 간에 살아남기 위한 경쟁을 유발할 수 있고, 그 결과로 학교교육의 개선을 도모할 수 있다.'는 가정은 잘못된 신화에 불과하다고 하였다. 왜냐하면 부모의 학교선택권 보장은 실질적으로는 학생의 성적순 또는 부모의 사회 · 경제적 지위에 따라 결정되기 때문에 그러한 두 가지 측면에서 우수한 자(superior)가 학교를 우선적으로 선택할 수 있을 뿐이고 그렇지 못한 사람들은 나머지 학교들 중에서 결정할 수밖에 없다고 보았다.

실제로, 학교선택을 시행한 주요국에서 나타나는 많은 연구 결과에서도 부정적인 견해가 나타나고 있다. Reay와 Lucey(2000)는 영국의 런던에 소재하고 있는 한 중등학교의 선택에 참여한 학생들의 경험을 연구하였다. 그리고 주요한 연구 결과로, 학생의 개인적 차이 및 가족의 차이에도 불구하고, 학교선택에는 계층과 관련된 강한 패턴이 작용한다는 점을 지적하였다. 특히 학교선택은 흑인과 노동계층에게 불리하게 작용한다고 밝혔다. 또한 Bartlett(1993)는 비록 개방된 학생입학에 의해 학부모의 학교선택이 증가되었다고 할지라도, 일단 한 학교가 만원이 되면 더욱 굳건히 폐쇄적이 되었고, 개방적 학생입학에 근거한 학교선택 정책은 교육에 있어서의 크림스키밍 현상(cream-skimming)[3]이 더욱 가속되도록 하고 불평등이 심화되도록 하는 효과를 가져오게 하였다고 지적하였다.

크림스키밍 현상의 위험은 Bowe와 그의 동료들의 중대한 연구를 통해 명확히 규명되었다. 즉, Bowe, Ball, Gold(1992)의 연구에 의하면, 학교에서의 차등 지향적인 크림스키밍 현상으로 인해, 학교들은 더 큰 문화자본을 가진 학생들을 진학시키기 위한 경쟁의 각축을 벌이고 그 대가를 바라는 현상이 나타나게 되었다고 밝혔다. 그 결과로 Gewirtz, Ball, Bowe(1995)는 학교들이 '유능한(able)' '천재적인(gifted)' '동기부여를 받고 헌신하는(motivated and committed)' 학생들, 그리고 시험성적을 향상시킬 수 있는 잠재력을 가진 것으로 보이는 중산층 학생들을 모집하려 한다는 점을 밝혔다. 반면에, 학교들은 특별한 가능성이 보이지 않으면 노동계층의 자녀들뿐만 아니라 '덜 유능한(less able)' 학생, 특수교육이 필요한 신체적·정신적 불편함을 겪는 학생들을 가장 꺼려 한다는 점도 밝혔다.

전반적으로, 학교선택에 관한 연구 결과의 증거들은 학교선택이라는 개혁이 혜택을 가져온다는 것은 매우 한정되어 있고, 특히 불우한 계층의 사람들에게는 매우 큰 희생을 강요하는 것으로 나타났으며, 학교선택을 옹호하는 사람들이 강조하는 학교선택의 폭넓고도 잠재적인 혜택은 현실적이지 못한 것으로 나타났다. 학교선택의 개혁을 통해 혜택을 보는 불우한 계층의 학생도 있을지 모르지만, 공교육 체제의 전반에 걸친 학교선택 개혁이 학생들과 교사들 전체에 긍정적인 효과를 가져온다는 것은 거짓말에 가깝다(Thrupp, 1999).

이상에서 살펴보았듯이, 실제로는 학교선택제가 학생들의 학업성취도를

---

3) 크림스키밍(cream-skimming)은 주로 통신 분야의 수요가 많은 지역에서의 영업 활동에 사용되는 용어로, 영업 이익을 위해 인구밀집 지역의 통신량이 많은 곳에 통신업체가 서비스를 집중적으로 제공하는 행위를 의미한다. 이 말의 어원은 원유 중에서 맛있는 크림만을 분리, 채집하는 데서 유래된 것이다. 따라서 이 용어는 공부 잘하는 학생 위주의 교육을 추구하기 위해 평등보다는 차등을 지향하는 바를 강조하는 것이다.

높여 준다는 일관된 연구 결과가 나오는 것이 아님을 알 수 있다. 오히려 많은 연구에 의하면 학교선택제의 시행이 계층 간의 차등과 양극화를 더욱 악화시키는 역할을 할 수도 있음을 알 수 있다. 또한 학교선택제가 이미 시행된 미국, 영국, 뉴질랜드 등의 국가들에서도 학교선택제의 다양한 부작용이 나타나고 있다. 따라서 학교선택제의 쟁점은 우리나라의 현실적인 맥락에서 그 효과성과 유익함이 나타날 것인가를 신중하게 검토해 볼 당위성이 제기된다고 하겠다.

11. 교육정책의 쟁점 Ⅲ: 능력별 집단편성[4]

학생집단편성은 그 기준을 무엇으로 하느냐에 따라 다양하게 이루어질 수 있다. 예를 들면, 성(남, 여), 나이, 흥미, 능력 등을 기준으로 학생들을 편성할 수 있다. 또한 학생집단편성을 하는 방법에는 비슷한 성질로 편성할 것인가(동질집단편성), 서로 다른 성질로 편성할 것인가(이질집단편성)로 크게 구분할 수 있다. 학생집단편성의 이러한 기준과 방법 중에서 가장 논란이 되는 것은 학생의 능력을 기준으로 집단편성할 때 동질집단편성을 하는 것이 바람직한가 아니면 이질집단편성을 하는 것이 바람직한가 하는 것이다. 즉, 능력별 집단편성이 핵심 쟁점이 된다. 이에 관해 살펴보면 다음과 같다.

1) 능력별 집단편성의 개념

'능력별 집단편성'이라는 것은 학교에서 학생들을 가르치기 위해 학생들을 집단으로 편성할 때 기준을 능력으로 하여, 능력이 비슷한 학생들끼리 집단편성을 할 것인지 아니면 능력이 서로 다른 학생들끼리 집단편성을 할 것인

---

4) 이 부분은 저자의 저서인 『능력별 집단편성의 비판적 이해』(2006b)의 일부분을 발췌한 것이다.

지를 뜻한다. 즉, 능력별 집단편성이라는 개념 자체에는 학생의 능력이 중요한 기준이 되되, '능력별 동질집단편성(능력이 비슷한 학생들끼리 집단편성하는 것)'을 선택했는지 아니면 '능력별 이질집단편성(능력이 서로 다른 학생들끼리 혼합하여 집단편성하는 것)'을 선택했는지가 미정인 상태의 속성이 내포되어 있다. 하지만 일반적으로 사용되는 '능력별 집단편성'이라는 개념에는 '능력별 동질집단편성'의 속성이 내재되어 있다. 즉, 일반적으로 '능력별 집단편성'이라고 할 때, 그것은 '능력별 동질집단편성(능력이 비슷한 학생들끼리 집단편성하는 것)'의 의미를 갖는다.

'능력별 집단편성'이라는 개념은 대체로 'ability grouping' 'tracking' 'streaming' 'curriculum differentiation'의 뜻으로 사용된다.[5] 일반적으로 미국에서는 tracking이라는 용어로 사용되며, 영국에서는 streaming이라는 용어로 사용된다. 처음에 'tracking'과 'ability grouping'은 조금 다른 특성을 갖는 개념이었다. 'tracking'은 고등학생들의 학업성취도와 능력을 측정하여 가장 적합한 교육적 계열, 즉 인문계열 혹은 실업계열 등으로 분류하기 위해 시행하는 능력별 동질집단편성의 개념이었다. 그리고 'ability grouping'은 특정한 교과의 수업을 위해 학생들을 소집단으로 분류하려고 시행하는 능력별 동질집단편성의 개념이었다(Loveless, 1999). 또한 이 개념들이 사용되는 부분을 더욱 세밀히 구분하자면, ability grouping은 주로 초등학교 수준과 관련되고, tracking은 중등학교 수준과 관련되는 개념이었다. 그러나 오늘날에는 일반적으로 이 두 개념이 서로 교환하여 사용할 수 있을 정도로 비슷한 의미로 사용되고 있다.

----

5) 능력별 집단편성은 교육과정과 연계되어 교육과정의 차별화(curriculum differentiation)에 따른 학습집단 편성 형태로 나타나게 된다. 교육과정의 차별화는 능력이 상이한 학생집단에 상이한 교육내용을 가르친다는 개념이다. 따라서 학생들의 교육적 필요와 능력에 따라 별도로 교육내용을 전달하는 교수-학습체제가 필요하게 된다. 이와 같이 능력별 집단편성은 교육과정의 차이와 연계되어 편성되기 때문에 교육과정의 차별화는 학생의 능력별 집단편성의 결정요인이 되고, 그래서 교육과정의 차별화와 능력별 집단편성은 동의어로 자주 사용된다(Oakes, Gamoran, & Page, 1992, p. 570).

2) 능력별 집단편성의 역사

미국에서 능력별 집단편성의 시작은 약 100년 전으로 거슬러 올라간다. 미국에서는 19세기 동안 많은 이민자가 들어왔는데, 이때 미국의 교육지도자들은 민족적, 종교적, 인종적으로 학생들 간에 근본적인 차이가 있는 것으로 간주하였다. 그래서 미국의 교육지도자들은 두 가지의 교육체제를 구상하기 시작하였고, 하나는 미국 본고장 출신의 학생들을 위한 교육체제였으며, 다른 하나는 이민자들을 위한 교육체제였다. 그리고 학교행정가들은 가난한 이민자들의 자녀들이 갖는 교육적 욕구와 잠재력이 중상류 계층의 자녀들이 갖는 교육적 욕구와 잠재력과 다른 것으로 보았다(Oakes, 1985).

먼저, 학생들은 경제적, 민족적, 인종적 차이를 근거로 하여 여러 계층으로 구별되었다. 그러나 이러한 계층에 의거한 집단의 분류는 개방적이고 차별 없는 사회를 주창했던 미국의 입장과 너무나도 반대되는 것이었기 때문에 곧 비판을 받게 되었다. 하지만 Binet가 만든 IQ 검사가 개발됨으로써, 많은 사람은 IQ 검사에 의해 나타나는 점수를 맹목적으로 신뢰하였고, 객관적으로 나타나는 이러한 점수 또는 능력을 기준으로 한 학생집단의 분류는 객관적이고 공정한 것으로 느끼게 되었다. 결국 IQ 검사를 근거로 학생들을 능력별로 구분하여 집단편성하는 것이 받아들여지게 되었다. 그리고 IQ 검사 결과, 이민자들의 자녀들은 중상위 계층의 자녀들보다 점수가 낮게 나왔고, 이러한 결과를 바탕으로 그 당시에 많은 사람이 믿고 있던 '사회적 그리고 인종적 차이가 능력(교육)의 차이로 나타난다.'는 신념이 견고하게 되었으며, 더 이상 이의를 달지 못하였다. 즉, IQ 검사는 효율적이고 공정한 것으로 받아들여지게 되었다.

1920년대까지 학생들은 앞으로 갖게 될 직업의 종류에 근거하여 학교 간 능력별 집단편성에 배치되었으며, 이 학교들의 교육과정은 학생들이 장차 갖게 될 직업과 직접적으로 관련된 것이었다. 이 당시 학교의 책임은 학생들에게 맞는 직업을 준비시키는 것으로 간주되었기 때문에, 그러한 책임을 다한다는 명목으로 시행된 능력별 집단편성이 정당화되었다. 학교들은 학생들을 소위 '자신의 직업에 맞는 능력별로' 분류하였다. 어떤 학생들은 대학 졸업(학사학위)을 필요로 하는 직업을 준비하기 위한 엄격한 학문적 집단(인문계열)에 분류되었고, 어떤 학생들은 수준 높은 기술을 필요로 하지 않는 직업을 준비하기 위한 실업계열에 분류되었다. 이 분류는 장차 학생들이 갖게 될 직업에 알맞은 능력, 동기, 포부 등을 기준으로 이루어졌기 때문에 능력별 집단편성이 공정하고 민주적인 것으로 여겨졌다(Mehan, Villanueva, Hubbard, & Lintz, 1996). 이 분류에 의해서 중상위 계층의 자녀들은 주로 대학진학을 목적으로 하는 학교에 가게 된 반면에, 하위 계층의 이민자들의 자녀들은 실업계열 학교에 가게 되었다(Oakes, 1985).

능력별 집단편성은 1935년에 이르기까지 계속 실시되었다. 그러나 능력별 집단편성에 관한 연구들에 의하면, 능력별 집단편성을 하는 것이 이롭다는 확신을 할 수 없었기 때문에 이 이후부터 약 20년 동안은 능력별 집단편성을 실시하는 학교 수가 감소되었다. 이러한 능력별 집단편성 쇠퇴의 또 다른 원인에는 당시 진보주의자들의 '능력별 집단편성은 능력이 낮은 학생들에게 부정적인 낙인을 찍게 되고, 능력이 우수한 학생들을 엘리트주의자로 만든다.'는 주장도 영향을 미쳤다. 비록 이 기간 동안에도 능력별 집단편성을 실시하는 학교가 많이 있었지만, 정작 능력별 집단편성이 학생들의 학업성취도에 어떤 영향을 미치는가에 관한 연구는 별로 이루어지지 못했다(Bryson & Bentley, 1980).

능력별 집단편성이 다시 부흥하여 나타난 시점은 1950∼1960년대였다. 능력별 집단편성의 부흥의 계기가 된 사건은 구소련이 1957년에 인공위성 스푸트니크호를 발사한 것이었다. 이 사건 이전까지만 해도 미국은 정치, 경제, 사회, 문화, 군사 등 모든 면에서 구소련에 앞선다고 생각하고 있었다. 따라서 당시 미국을 중심으로 한 자본주의 진영과 구소련을 중심으로 한 공산주의 진영 간 긴장감이 대단했던 냉전체제하에서 미국이 받은 충격은 엄청난 것이었다. 미국은 곧바로 반성하며 변화를 모색하였고, 그 초점이 교육에 맞추어졌다. 즉, 미국은 우수한 인재를 육성하는 교육을 원했었고, 특히 수학과 과학 분야에서 우수한 인재 육성과 발굴에 집중하였다. 그 결과, 능력이 우수한 소수 엘리트들에게 유리한 교육체제에 관심을 쏟게 되었고, 그 구체적 방안으로 능력별 집단편성 체제를 지지하게 되었으며, 이후부터 능력별 집단편성이 대부분의 학교에 광범위하게 적용되었다.

　이러한 흐름을 타고 능력별 집단편성의 주창자들은 학생들의 학업 잠재력(능력)을 바탕으로 집단편성하는 것이 학생들의 학업성취도를 증가시킨다고 주장하였다. 또한 1920년과 1935년 사이에 이루어진 능력별 집단편성에 관한 연구들은 능력별 집단편성이 학생들의 학업성취도에 있어 긍정적인 효과를 가져온다는 것이었다. 그러나 이러한 많은 연구는 그 연구에 있어서 결함을 가지고 있었고, 긍정적인 효과가 있는 것인지 결정을 내릴 수 없는 것들이었다(Bryson & Bentley, 1980). 이 기간 동안에 이루어진 능력별 집단편성의 연구들에 관한 Ekstrom(1961)의 메타분석 연구에 의하면, 능력별 동질집단편성의 효과성은 일관되게 나타나는 것이 아니었고, 그 결과도 연구실험의 설계가 어떠했는가에 따라 매우 다양하게 나타났다. 그리고 능력별 동질집단편성에서 효과가 있다고 나타난 연구도 능력이 낮았던 학생들이 능력이 높게 나타나는 효과가 아니라, 능력이 우수한 학생들과 능력이 낮은 학생들에게 서로 다른 수업방법과 수업자료를 사용하고 능력이 우수한 학생들에게 특별한 노력을 제공한 덕분이라고 하였다. 즉, 능력별 동질집단편성 그 자체만으로는 학생들의 학업성취도에 긍정적인 효과를 가져오지 못한다고 보았다.

　앞에서 살펴보았듯이, 1936년과 1955년 사이에 능력별 집단편성을 실시하는 학교 수는 줄어들었는데, 그 원인은 두 가지 측면에서 비롯되었다. 하나는 능력별 집단편성의 효과성에 대한 연구의 결함 및 연구 결과의 비일관성 때문이었고, 다른 하나는 그 당시 진보주의자들이 능력별 집단편성에 반대하였기 때문이었다. 그러나 그 이후 약 20년 동안 능력별 집단편성은 미국의 전 지역의 학교에 방대하게 확대되었고, 이와 함께 능력별 집단편성이 학생들의 학업성취도에 미치는 효과에 관한 연구가 많이 수행되었다. 이렇게 수행된 능력별 집단편성에 대한 연구들에 의하면, 능력별 집단편성을 하면 능력이 보통이거나 낮은 학생들의 학업성취도를 향상시키는 데 도움이 되지 않는 것으로 밝혀졌다(Bryson & Bentley, 1980).

능력별 집단편성의 수용적이고 확대적인 흐름은 1980년대 후반에 들어서서 변화를 맞게 되었다. Oakes는 1985년에 『능력별 집단편성(Keeping Track)』이라는 책을 출판하게 되는데, 이 책에서 합리적이고 타당한 근거[6]를 바탕으로 능력별 집단편성에 대한 교육적 문제점과 비판을 하였다. 특히 능력별 집단편성은 사회경제적으로 어려운 여건에 있는 학생들과 유색인종의 학생들에게 도움이 되지 못하고 결과적으로 상대적 불이익을 가져다줄 뿐임을 주장하였다. 이 영향으로, 미국의 여러 주(state)에서는 능력별 집단편성의 사용을 줄이기 시작하였다.

Oakes(1985)의 책 『능력별 집단편성』은 능력별 집단편성에 관해 문제를 제기하였다는 측면에서뿐만 아니라 능력별 집단편성에 관해 반대하는 다음과 같은 주장을 제공하였다는 측면에서도 매우 중요하다.

> 능력별 집단편성은 다양한 집단의 학생들에게 교육기회를 공평하게 제공하지 못한다. 그리고 능력별 집단편성은 모든 학생의 학습기회를 극대화할 수 없고 학교의 효율성도 높이지 못할 뿐만 아니라, 학생들을 정확한 능력별 동질집단편성으로 분류하지도 못한다. 능력별 집단편성은 학생 개인의 욕구를 충족시키지도 못하고, 더욱이 학생의 학업성취도도 향상시키지 못한다(Oakes, 1985, p. 40).

Oakes(1985)는 능력별 집단편성이 오히려 역효과를 가져온다고 주장하였다. 즉, 능력별 집단편성으로 인해 능력이 중간이거나 낮은 집단에 편성된 학생들은 학업성취도에 있어서 지체를 보이고, 자아존중감이 낮아지고, 학

---

6) 1970년대 후반기 동안에 이루어진 25개 고등학교의 능력별 집단편성에 관한 연구 결과를 보고하였다.

교에서의 문제행동이 증가되고, 학교에서 탈락률이 높아지며, 포부가 낮아지는 경향이 있었다. Oakes(1985)가 분석한 가장 중요한 점은, 능력별 집단편성을 하면 결과적으로 학생들의 사회경제적 수준에 의해 집단이 편성됨을 밝혔다는 것이다. 즉, 사회경제적 배경이 높은 학생들은 결과적으로 가난하거나 유색인종 학생들과는 구분되어 집단편성되기 쉽고, 가난한 학생이거나 유색인종 학생들은 결과적으로 학교교육에서 더욱 부정적인 결과를 경험하기 쉽다는 점을 밝혔다.

3) 능력별 집단편성의 찬반 논리

능력별 집단편성에 대한 대표적인 찬반 논리를 살펴보면 다음과 같다.

(1) 능력별 집단편성의 찬성 논리

능력별 집단편성에 관해 찬성하는 대표적인 논리들을 정리하면 다음과 같다.

- 능력별 동질집단편성은 학생들을 능력별로 공정하고 정확하게 집단편성할 수 있고, 이러한 능력별 집단편성하에서 교사들은 더욱 효율적이고 효과적인 수업을 할 수 있다(Kulik, 1991).
- 능력별 이질집단편성의 협동학습은 상위능력 학생들의 능력을 착취할 뿐만 아니라 이들의 학습시간을 줄여 동료 학생들을 도와주는 데에 시간을 보내도록 하기 때문에 피해가 된다(Burson, 1993).
- 능력별 이질집단편성에서 중위능력 학생들은 이질집단편성의 '가르치는 학습자와 가르침을 받는 학습자'의 관계에서 지위의 불안정과 그에 따른 설명 기회의 상실로 인해 학습 참여가 감소될 수 있기 때문에 능력별 이질집단편성보다 능력별 동질집단편성에서 더 효과적이다(Cohen, 1994).

- 능력별 동질집단편성은 교사로 하여금 같은 능력을 가진 학생들에게 수업 초점을 맞출 수 있도록 하기 때문에 교사들에게 도움을 주고, 학생들로 하여금 자신의 수준에 맞는 수업 진도와 수업을 받을 수 있도록 하기 때문에 학생들에게도 도움을 준다(Good & Marshall, 1984).

(2) 능력별 집단편성의 반대 논리

능력별 집단편성에 관해 반대하는 대표적인 논리들을 정리하면 다음과 같다.

- 능력별 이질집단편성의 협동학습을 통해 하위능력 학생들은 전통적인 수업에서 행해진 교사의 규제와 지원 대신에 소집단 내에서 동료들의 지원과 격려를 많이 받아 학습에 적극적으로 참여하게 되고, 학습능력이 높은 학습자의 학습전략을 관찰·모방하게 됨으로써 학업성취가 향상된다(Swing & Peterson, 1982).
- 능력별 동질집단편성을 하면, 하위능력 학생들이 상위능력 학생들에 비해 상대적으로 상호작용의 기회를 상실하여 학업성취가 보다 저하될 수 있다(Rosenholtz & Simpson, 1984).
- 능력별 이질집단편성은 학생들에게 풍부한 교육과정을 평등하게 접할 수 있게 하고, 학생들의 수행 때문에 낙인찍는 것을 없애 주며, 학생의 능력보다 노력을 강조한다(Wheelock, 1992).
- 능력별 동질집단편성은 학생의 학업성취도에 손해를 가져온다(Oakes, 1993).
- 능력별 동질집단편성은 여러 학생 간의 존중, 이해, 우정이 발달하지 못하도록 한다(Slavin & Braddock, 1993).
- 초등학교 수준에서 상위능력 학생들은 능력별 동질집단편성이든 이질집단편성이든 간에 협동학습을 이용할 때 긍정적인 효과가 나타나며, 적어도 부정적인 효과는 나타나지 않는다(Kenny, 1995; Stout, 1993).

- 능력별 동질집단편성은 그 어떤 학생들에게도 도움을 주지 못할 뿐만 아니라 가난한 학생들과 소수민족 학생들이 낮은 능력의 집단편성에 계속 머물도록 하고 질 낮은 교육을 계속 받도록 조장한다(Loveless, 1999).
- 능력별 이질집단편성의 협동학습은 일반적으로 학습능력에 관계없이 능력별 동질집단편성보다 효과적이다(Johnson, 1999).

제**6**장
교육법

1. 교육법의 개념

교육법이란 교육에 관한 법인 동시에 교육에 관계되는 내용을 가진 법을 말한다. 또한 교육이라 함은 교육과 법의 두 개념이 결합된 복합어로서, 교육은 인간형성을 위한 인간의 활동인 반면, 법은 사회규범으로서 인간의 활동을 통제하고 조정하는 수단이다. 그러므로 서로 성격을 달리하는 두 개의 개념으로 구성된 복합어로서의 교육법은 이 두 개념이 교차하는 곳에 그 의미를 지니고 있다고 할 수 있다(강인수 외, 1995).

교육법이란 넓은 의미에서는 교육 관련 법령을 말하는바, 헌법에 보장된 교육에 관한 기본 원리를 구체화한 교육 관련 법령, 교육을 받을 권리를 구현시키기 위한 교육당사자들의 권리 · 의무에 관한 교육 관련 법령, 교육제도 및 운영에 관한 교육 관련 법령으로 구성된다. 이러한 광범위한 교육 관련 법령 중에서 학교교육에 초점을 둔 「교육기본법」「초 · 중등교육법」「고등교육법」을 좁은 의미의 교육법이라 할 수 있다(표시열, 2002). 또한 이러한 세 가지 법령을 '교육 3법'으로 분류한다.

그리고 교육법은 교육과 법의 두 개념이 합쳐진 복합적인 성격을 내포하고 있으며, 법이 사회적 · 공공적 · 조직적 생활관계를 규율하는 데 반하여, 교육법은 교육목적을 달성하기 위한 모든 교육활동을 규율하는 것이다. 그러므로 교육의 내적 사항인 교육의 목표와 교육과정 등에 관한 기준을 설정하며, 교육의 외적 사항인 교육재정, 시설설비, 교직원의 근무조건, 학교제도 등에 관한 사항을 규제의 대상으로 하고 있다. 이와 같이 교육법은 교육에 관계되는 여러 가지 기본적인 법률뿐만 아니라 교육에 관한, 교육을 위한 모든 교육활동에 관한 법을 말하는 것이다(허재욱, 2003).

2. 교육법의 성격

교육법은 교육에 관한 법규범으로서 「헌법」 제31조 제6항에 규정된 바와 같이 학교교육과 평생교육을 포함한 교육제도와 그 운영, 교육재정 및 교원의 지위에 관한 기본적인 사항을 규정한 교육에 관한 종합적인 법적 성격을 가지고 있다. 교육법의 성격을 나열하면 다음과 같다(허재욱, 2003).

공법적 성격　　교육이 고도의 공공성을 가지고 있으므로 교육법도 공공성을 내포하고 있다. 교육법이 공공적이라 함은 그것이 국가나 지방자치단체와 밀접한 관계가 있으며, 동시에 교육법이 국가 또는 지방공공단체의 행정작용에 대한 규율이기 때문이다. 따라서 교육법은 사법이 아닌 공법이라고 볼 수 있다.

국내법적 성격　　교육법은 국내에서만 그 법률적 효과가 발생하므로 국제법이 아닌 국내법이다. 그러나 우리나라 「헌법」 제6조의 규정에 의해 일반적으로 승인된 교육에 관한 국제법규는 국내법과 동일한 효력이 있다.

특별법적 성격　　법은 그 효력이 미치는 범위를 표준으로 하여 일반법과 특별법으로 나눌 수 있다. 사람·장소·사항 등에 대한 특별한 제한 없이 일반적으로 적용되는 법을 일반법이라 하고, 일정하게 한정된 사람·장소·사항 등에 관해서만 적용되는 법을 특별법이라고 한다. 교육법은 교육에 관해 한정된 규범이므로 일반법이 아닌 특별법이다.

강행법적 성격　　강행법이란 당사자의 의사와는 상관없이 적용이 강요되는 법이고, 임의법이란 당사자의 의사로 그 적용을 배제할 수 있는 법이다. 교육법은 인간의 성장발달을 위하여 지도·조언을 위주로 하는 봉사활동을 다루는 임의법적인 성격이 많지만, 위반자에 대하여 과료·벌금·징역 등의 제재를 가할 수 있는 강제법적인 성격을 가지고 있다.

조장적·봉사적 성격　　교육법은 교육의 자주성과 전문성을 보장하기 위하여 제반 교육활동을 규제하는 것보다는 그것을 지원하고 조장하며, 또한 적극적으로 사회 공공복리를 증진시킴을 목적으로 하고 있다. 동시에 교육에 관한 규제는 될 수 있는 대로 줄이는 방향으로 추진되어야 한다. 이와 같이 교육법은 비권력적 행정에 관한 법이므로 지도·조언을 주로 하는 조장법의 성질을 가지고 있다.

수단적·기술적 성격　　교육에 관한 중요한 사항은 교육법규로 정하지만, 법률이 모든 교육활동을 규제할 수 없기 때문에 '교육을 위한 법'으로서 그 수단적 성격을 띠지 않을 수 없다. 그 수단에는 능률성과 합리성이 요구되며, 기술성도 요청되는 것이다. 또한 성문법을 보완하는 관습법, 행정실례법, 조리법 등과 같은 불문법을 적용할 경우에는 능률성과 합리성 등이 요망된다고 할 것이다.

3. 교육법의 내용

교육법의 구조로서 「헌법」「교육기본법」「초·중등교육법」「초·중등교육법 시행령」「교원의 지위 향상 및 교육활동 보호를 위한 특별법」「교육공무원법」「지방교육자치에 관한 법률」에 대해 간단히 살펴보면 다음과 같다.

1) 헌법상의 교육규정

「헌법」상의 교육규정에 관한 주요 내용을 정리하면 다음과 같다.

교육을 받을 권리   "모든 국민은 능력에 따라 균등하게 교육을 받을 권리를 가진다."라고 규정하고 있다.

의무교육의 무상과 보호자의 의무   "모든 국민은 그기 보호하는 자녀에게 초등교육과 법률이 정하는 교육을 받게 할 의무를 진다." "의무교육은 무상으로 한다."라고 규정하고 있다.

교육의 자주성·전문성·정치적 중립성과 대학의 자율성   「헌법」제31조 제4항에서는 교육의 자주성, 전문성, 정치적 중립성과 대학의 자율성의 보장에 관한 내용을 규정하고 있다.

평생교육의 진흥   "국가는 평생교육을 진흥하여야 한다."라고 규정하고 있다.

교육제도의 법률주의   "학교교육 및 평생교육을 포함한 교육제도와 그 운영, 교육재정 및 교원의 지위에 관한 기본적인 사항은 법률로 정한다."라고 규정하고 있다.

2) 교육기본법

「교육기본법」의 주요 내용을 정리하면 다음과 같다.

학습권　　모든 국민은 평생에 걸쳐 학습하고, 능력과 적성에 따라 교육받을 권리를 가진다.

교육의 기회균등　　모든 국민은 성별, 종교, 신념, 인종, 사회적 신분, 경제적 지위 또는 신체적 조건 등을 이유로 교육에서 차별을 받지 아니한다. 그리고 국가와 지방자치단체는 학습자가 평등하게 교육을 받을 수 있도록 지역 간의 교원 수급 등 교육 여건 격차를 최소화하는 시책을 마련하여 시행하여야 한다.

교육의 자주성 등　　국가와 지방자치단체는 교육의 자주성과 전문성을 보장하여야 하며, 지역 실정에 맞는 교육을 실시하기 위한 시책을 수립·실시하여야 한다. 그리고 학교운영의 자율성은 존중되며, 교직원·학생·학부모 및 지역주민 등은 법령으로 정하는 바에 따라 학교운영에 참여할 수 있다.

교육의 중립성　　교육은 교육 본래의 목적에 따라 그 기능을 다하도록 운영되어야 하며, 정치적·파당적 또는 개인적 편견을 전파하기 위한 방편으로 이용되어서는 아니 된다. 그리고 국가와 지방자치단체가 설립한 학교에서는 특정한 종교를 위한 종교교육을 하여서는 아니 된다.

의무교육　　의무교육은 6년의 초등교육과 3년의 중등교육으로 한다. 그리고 모든 국민은 의무교육을 받을 권리를 가진다.

3) 초 · 중등교육법

「초 · 중등교육법」의 주요 내용을 정리하면 다음과 같다.

지도 · 감독   국립학교는 교육부장관의 지도 · 감독을 받으며, 공립 · 사립 학교는 교육감의 지도 · 감독을 받는다.

학교시설 등의 이용   모든 국민은 학교교육에 지장을 주지 아니하는 범위에서 그 학교의 장의 결정에 따라 국립학교의 시설 등을 이용할 수 있고, 공립 · 사립 학교의 시설 등은 시 · 도의 교육규칙으로 정하는 바에 따라 이용할 수 있다.

의무교육   국가는 의무교육을 실시하여야 하며, 이를 위한 시설의 확보 등 필요한 조치를 강구하여야 한다. 지방자치단체는 그 관할구역 안의 의무교육대상자 전원을 취학시키는 데 필요한 초등학교, 중학교 및 초등학교 · 중학교의 과정을 교육하는 특수학교를 설립 · 경영하여야 한다. 또한 지방자치단체는 지방자치단체가 설립한 초등학교 · 중학교 및 특수학교에 그 관할구역 안의 의무교육대상자 전원을 취학시키는 것이 곤란한 경우에는 인접한 지방자치단체와 협의하여 합동으로 초등학교 · 중학교 또는 특수학교를 설립 · 경영하거나, 인접한 지방자치단체나 국립 또는 사립의 초등학교 · 중학교 또는 특수학교에 위탁하여 의무교육대상자의 일부에 대한 교육을 실시할 수 있다. 그리고 국 · 공립학교의 설립 · 경영자 및 규정에 의하여 의무교육대상자를 위탁받은 사립학교의 설립 · 경영자는 의무교육을 받는 자에 대하여 수업료를 받을 수 없다.

학생의 징계   학교의 장은 교육상 필요한 때에는 법령과 학칙이 정하는 바에 의하여 학생을 징계하거나 그 밖의 방법으로 지도할 수 있다. 다만, 의무교육과정에 있는 학생을 퇴학시킬 수 없다. 그리고 학교의 장은 학생을 징계하려면 해당 학생이나 학부모에게 의견진술의 기회를 부여하는 등 적정한 절차를 거쳐야 한다.

재심청구   징계처분 중 퇴학조치에 대하여 이의가 있는 학생 또는 그 보호자는 그 조치를 받은 날부터 15일 이내 또는 그 조치가 있음을 알게 된 날부터 10일 이내에 시·도학생징계조정위원회에 재심을 청구할 수 있다. 시·도학생징계조정위원회는 재심청구를 받으면 30일 이내에 이를 심사·결정하여 청구인에게 통보하여야 한다. 그리고 심사결정에 이의가 있는 청구인은 통보를 받은 날부터 60일 이내에 행정심판을 제기할 수 있다.

전문상담교사의 배치 등   학교에 전문상담교사를 두거나 시·도 교육행정기관에 전문상담순회교사를 둔다.

교직원의 임무   교장은 교무를 통할하고, 소속 교직원을 지도·감독하며, 학생을 교육한다. 교감은 교장을 보좌하여 교무를 관리하고 학생을 교육하며, 교장이 부득이한 사유로 직무를 수행할 수 없는 때에는 그 직무를 대행한다. 다만, 교감이 없는 학교에서는 교장이 미리 지명한 교사(수석교사 포함)가 교장의 직무를 대행한다. 그리고 교사는 법령이 정하는 바에 따라 학생을 교육하고, 행정직원 등 직원은 법령에서 정하는 바에 따라 학교의 행정사무와 그 밖의 사무를 담당한다.

수업 등   학교의 학년도는 3월 1일부터 시작하여 다음 해 2월 말일까지로 한다. 수업은 주간·전일제로 함을 원칙으로 한다. 다만, 법령 또는 학칙이 정하는 바에 의하여 야간수업·계절수업·시간제수업 또는 방송·통신수업 등을 할 수 있다. 학교의 학기·수업일수·학급편성 및 휴업일과 반의 편성·운영, 기타 수업에 관하여 필요한 사항은 대통령령으로 정한다.

　　정보시스템을 이용한 업무처리　　교육부장관과 교육감은 소관 업무의 전부 또는 일부를 정보시스템을 이용하여 처리하여야 한다. 그리고 학교의 장은 학교생활기록과 건강검사기록을 정보시스템을 이용하여 처리하여야 하며, 그 밖에 소관 업무의 전부 또는 일부를 정보시스템을 이용하여 처리하여야 한다.

　　학생 관련 자료제공의 제한　　학교의 장은 학교생활기록과 건강검사에 관한 자료를 해당 학생(학생이 미성년자인 경우에는 학생 및 학생의 부모 등 보호자)의 동의 없이 제3자에게 제공하여서는 아니 된다. 다만, 다음에 해당하는 사안일 경우에는 그러하지 않다.

　　① 학교에 대한 감독·감사의 권한을 가진 행정기관이 그 업무를 처리하기 위하여 필요한 경우
　　② 학교생활기록을 상급학교의 학생 선발에 이용하기 위하여 제공하는 경우
　　③ 통계작성 및 학술연구 등의 목적을 위한 경우로서 자료의 당사자가 누구인지 알아볼 수 없는 형태로 제공하는 경우
　　④ 범죄의 수사와 공소의 제기 및 유지에 필요한 경우
　　⑤ 법원의 재판업무수행을 위하여 필요한 경우
　　⑥ 그 밖에 관계 법률에 따라 제공하는 경우

4) 초·중등교육법 시행령

「초·중등교육법 시행령」의 주요 내용을 정리하면 다음과 같다.

　　학생의 징계 등　　학교의 장은 교육상 필요하다고 인정할 때에는 학생에 대하여 다음 중 어느 하나의 징계를 할 수 있다.

① 학교 내의 봉사
② 사회봉사
③ 특별교육이수
④ 1회 10일 이내, 연간 30일 이내의 출석정지
⑤ 퇴학처분

퇴학처분은 의무교육과정에 있는 학생 이외의 자로서 다음 중 어느 하나에 해당하는 자에 한하여 행하여야 한다.

① 품행이 불량하여 개전의 가망이 없다고 인정된 자
② 정당한 이유 없이 결석이 잦은 자
③ 기타 학칙에 위반한 자

학교의 장은 퇴학처분을 한 때에는 당해 학생 및 보호자와 진로상담을 하여야 하며, 지역사회와 협력하여 다른 학교 또는 직업교육훈련기관 등을 알선하는 데 노력하여야 한다.

수업일수　초등학교, 중학교, 고등학교, 고등기술학교 및 특수학교(유치부 제외)의 수업일수는 다음의 기준에 따라 학교의 장이 정한다.

1. 주 5일 수업을 실시하지 아니하는 경우: 매 학년 220일 이상
2. 주 5일 수업을 월 2회 실시하는 경우: 매 학년 205일 이상
3. 주 5일 수업을 전면 실시하는 경우: 매 학년 190일 이상

수업시각　수업이 시작되는 시각과 끝나는 시각은 학교의 장이 정한다.

특수목적 고등학교　교육감은 다음의 어느 하나에 해당하는 학교 중에서

특수 분야의 전문적인 교육을 목적으로 하는 고등학교를 지정·고시할 수 있다.

① 과학 인재 양성을 위한 과학계열의 고등학교(*)
② 외국어에 능숙한 인재 양성을 위한 외국어계열의 고등학교(*)
③ 국제 전문 인재 양성을 위한 국제계열의 고등학교(*)
④ 예술인 양성을 위한 예술계열의 고등학교
⑤ 체육인 양성을 위한 체육계열의 고등학교
⑥ 산업계의 수요에 직접 연계된 맞춤형 교육과정을 운영하는 고등학교
   (산업수요 맞춤형 고등학교)(*)

만약 교육감이 앞서 나온 고등학교 중 별표(*)에 해당하는 학교를 특수목적 고등학교로 지정·고시하고자 하는 경우에는 미리 교육부장관의 동의를 받아야 한다. 그리고 교육감은 특수목적 고등학교가 다음의 어느 하나에 해당하는 경우에는 그 지정을 취소할 수 있다.

① 거짓이나 그 밖의 부정한 방법으로 회계를 집행한 경우
② 부정한 방법으로 학생을 선발한 경우
③ 교육과정을 부당하게 운영하는 등 지정 목적을 위반한 중대한 사유가 발생한 경우
④ 지정 목적 달성이 불가능한 사유의 발생 등으로 인하여 학교의 신청이 있는 경우
⑤ 교육감이 5년마다 시·도 교육규칙으로 정하는 바에 따라 해당 학교 운영 성과 등을 평가하여 지정 목적의 달성이 불가능하다고 인정되는 경우

다만, 교육감이 앞서 나온 고등학교 중 별표(*)에 해당하는 특수목적 고등

학교의 지정을 취소하고자 하는 경우에도 미리 교육부장관의 동의를 받아야 한다.

특성화고등학교   교육감은 소질과 적성 및 능력이 유사한 학생을 대상으로 특정 분야의 인재 양성을 목적으로 하는 교육 또는 자연현장실습 등 체험 위주의 교육을 전문적으로 실시하는 고등학교를 지정·고시할 수 있다.

자율형 사립고등학교   교육감은 두 가지 요건(① 국가 또는 지방자치단체로부터 교직원 인건비 및 학교·교육과정 운영비를 지급받지 아니할 것, ② 교육부령으로 정하는 법인전입금기준 및 교육과정운영기준을 충족할 것)에 모두 해당하는 사립의 고등학교를 대상으로 학교 또는 교육과정을 자율적으로 운영할 수 있는 고등학교(즉, 자율형 사립고등학교)를 지정·고시할 수 있다. 자율형 사립고등학교를 운영하려는 법인 또는 학교의 장은 다음의 사항(① 건학이념 및 학교운영에 관한 계획, ② 교육과정 운영에 관한 계획, ③ 입학전형실시에 관한 계획, ④ 교원배치에 관한 계획, ⑤ 그 밖에 자율형 사립고등학교의 운영 등에 관하여 교육감이 정하여 고시하는 사항)이 포함된 신청서를 제출하여야 한다.

자율형 사립고등학교는 입학정원의 20퍼센트 이상을 다음에 해당하는 사람(① 「국민기초생활 보장법」에 따른 수급권자 또는 그 자녀, ② 「국민기초생활 보장법」에 따른 차상위계층으로서 교육감이 정하는 사람 또는 그 자녀, ③ 「국가보훈기본법」의 국가보훈대상자 또는 그 자녀, ④ 그 밖에 교육기회의 균등을 위하여 교육감이 특별히 필요하다고 인정하는 사람)을 대상으로 선발하여야 한다.

그리고 교육감은 자율형 사립고등학교가 다음의 어느 하나에 해당하는 경우에는 그 지정을 취소할 수 있다.

① 거짓이나 그 밖의 부정한 방법으로 회계를 집행한 경우
② 부정한 방법으로 학생을 선발한 경우
③ 교육과정을 부당하게 운영하는 등 지정 목적을 위반한 중대한 사유가

발생한 경우

④ 지정 목적 달성이 불가능한 사유의 발생 등으로 인하여 학교의 신청이
있는 경우

⑤ 교육감이 5년마다 시·도 교육규칙으로 정하는 바에 따라 해당 학교
운영 성과 등을 평가하여 지정 목적의 달성이 불가능하다고 인정되는
경우

다만, 교육감이 자율형 사립고등학교의 지정을 취소하고자 하는 경우에는
미리 교육부장관의 동의를 받아야 한다.

자율형 공립고등학교　　교육감은 공립의 고등학교를 대상으로 학교 또는
교육과정을 자율적으로 운영하는 고등학교(즉, 자율형 공립고등학교)를 교육
부장관이 정하는 절차를 거쳐 지정·고시할 수 있다. 자율형 공립고등학교
를 운영하려는 학교의 장은 다음의 사항(① 학교운영에 관한 계획, ② 교육과정
운영에 관한 계획, ③ 입학전형실시에 관한 계획, ④ 교원배치에 관한 계획, ⑤ 그
밖에 자율형 공립고등학교의 운영 등에 관하여 교육감이 정하여 고시하는 사항)이
포함된 신청서를 작성하여 교육감에게 제출하여야 한다. 그리고 자율형 공
립고등학교는 5년 이내로 지정·운영하되, 시·도 교육규칙으로 정하는 바
에 따라 5년의 범위에서 연장할 수 있다. 교육부장관 및 교육감은 자율형 공
립고등학교의 특성화된 교육과정 및 프로그램 개발, 교원 연수 등을 위하여
자율형 공립고등학교로 지정된 기간 동안 필요한 재정을 지원할 수 있다.

5) 교원의 지위 향상 및 교육활동 보호를 위한 특별법

「교원의 지위 향상 및 교육활동 보호를 위한 특별법」(약칭: 교원지위법)의
주요 내용을 정리하면 다음과 같다.

교원에 대한 예우   국가, 지방자치단체, 그 밖의 공공단체는 교원이 사회적으로 존경받고 높은 긍지와 사명감을 가지고 교육활동을 할 수 있는 여건을 조성하도록 노력하여야 한다. 또한 국가, 지방자치단체, 그 밖의 공공단체는 교원이 학생에 대한 교육과 지도를 할 때 그 권위를 존중받을 수 있도록 특별히 배려하여야 한다. 그리고 국가, 지방자치단체, 그 밖의 공공단체는 그가 주관하는 행사 등에서 교원을 우대하여야 한다.

교원보수의 우대   국가와 지방자치단체는 교원의 보수를 특별히 우대하여야 한다. 그리고 「사립학교법」에 따른 학교법인과 사립학교 경영자는 그가 설치・경영하는 학교 교원의 보수를 국공립학교 교원의 보수 수준으로 유지하여야 한다.

교원의 불체포특권   교원은 현행범인인 경우 외에는 소속 학교의 장의 동의 없이 학원 안에서 체포되지 아니한다.

학교 안전사고로부터의 보호   각급학교 교육시설의 설치・관리 및 교육활동 중에 발생하는 사고로부터 교원과 학생을 보호함으로써 교원이 그 직무를 안정되게 수행할 수 있도록 하기 위하여 학교안전공제회를 설립・운영한다. 학교안전공제회에 관하여는 따로 법률로 정한다.

교원의 신분보장 등   교원은 형의 선고, 징계처분 또는 법률로 정하는 사유에 의하지 아니하고는 그 의사에 반하여 휴직・강임 또는 면직을 당하지 아니한다. 또한 교원은 해당 학교의 운영과 관련하여 발생한 부패행위나 이에 준하는 행위 및 비리 사실 등을 관계 행정기관 또는 수사기관 등에 신고하거나 고발하는 행위로 인하여 정당한 사유 없이 징계조치 등 어떠한 신분상의 불이익이나 근무조건상의 차별을 받지 아니한다.

교원소청심사위원회의 설치　각급학교 교원의 징계처분과 그 밖에 그 의사에 반하는 불리한 처분에 대한 소청심사를 하기 위하여 교육부에 교원소청심사위원회를 둔다. 교원소청심사위원회는 위원장 1명을 포함하여 7명 이상 9명 이내의 위원으로 구성하되, 위원장과 대통령령으로 정하는 수의 위원은 상임으로 한다.

위원의 자격과 임명　교원소청심사위원회의 위원(위원장을 포함함)은 다음의 어느 하나에 해당하는 자 중에서 교육부장관의 제청으로 대통령이 임명한다.

① 판사, 검사 또는 변호사의 직에 5년 이상 재직 중이거나 재직한 자
② 교육 경력이 10년 이상인 교원 또는 교원이었던 자
③ 교육행정기관의 3급 이상 공무원 또는 고위공무원단에 속하는 일반직 공무원이거나, 3급 이상 공무원 또는 고위공무원단에 속하는 일반직 공무 원이었던 지
④ 사립학교를 설치·경영하는 법인의 임원이나 사립학교 경영자
⑤ 「교육기본법」에 따라 중앙에 조직된 교원단체에서 추천하는 자

그리고 교원소청심사위원회 위원의 임기는 3년으로 하되, 1차에 한하여 연임할 수 있다. 교원소청심사위원회의 위원장과 상임위원은 대통령령으로 정하는 다른 직무를 겸할 수 없다.

소청심사의 청구 등　교원이 징계처분과 그 밖에 그 의사에 반하는 불리한 처분에 대하여 불복할 때에는 그 처분이 있었던 것을 알게 된 날부터 30일 이내에 교원소청심사위원회에 소청심사를 청구할 수 있다. 이 경우에 심사청구인은 변호사를 대리인으로 선임할 수 있다. 그리고 본인의 의사에 반하여 파면·해임·면직처분을 하였을 때에는 그 처분에 대한 교원소청심사위

원회의 최종 결정이 있을 때까지 후임자를 보충 발령하지 못한다. 다만, 정해진 기간 내에 소청심사청구를 하지 아니한 경우에는 그 기간이 지난 후에 후임자를 보충 발령할 수 있다.

소청심사 결정　　교원소청심사위원회는 소청심사청구를 접수한 날부터 60일 이내에 이에 대한 결정을 하여야 한다. 다만, 교원소청심사위원회가 불가피하다고 인정하면 그 의결로 30일을 연장할 수 있다. 또한 교원소청심사위원회의 결정은 처분권자를 기속한다. 교원소청심사위원회의 결정에 대하여 교원, 「사립학교법」에 따른 학교법인 또는 사립학교 경영자 등 당사자는 그 결정서를 송달받은 날부터 90일 이내에 「행정소송법」이 정하는 바에 따라 소송을 제기할 수 있다.

6) 교육공무원법

「교육공무원법」의 주요 내용을 정리하면 다음과 같다.

채용의 제한　　교원(기간제 교원 포함) 또는 사립학교 교원으로 재직 중 다음의 어느 하나에 해당하는 사유로 파면·해임되거나 금고 이상의 형을 선고받은 사람은 유치원 및 고등학교 이하 각급학교의 교원으로 신규채용 또는 특별채용 할 수 없다.

① 금품수수 행위
② 시험문제 유출 및 성적조작 등 학생성적 관련 비위 행위
③ 학생에 대한 신체적 폭력 행위

다만, 교육공무원징계위원회에서 해당 교원의 반성 정도 등을 고려하여 교원으로서 직무를 수행할 수 있다고 의결한 경우에는 그러하지 아니다.

교육공무원징계위원회의 의결은 재적위원 3분의 2 이상의 출석과 출석위원 과반수의 찬성으로 한다.

교장 등의 임용   교장·원장은 교육부장관의 제청으로 대통령이 임용한 다. 교장·원장의 임기는 4년으로 한다. 교장·원장은 한 번만 중임할 수 있 다. 다만, 공모에 따른 교장·원장으로 재직하는 횟수는 이에 포함하지 아니 한다. 정년 전에 임기가 끝나는 교장·원장으로서 교사로 근무할 것을 희망 하는 사람(교사자격증을 가진 사람만 해당)은 수업 담당 능력과 건강 등을 고 려하여 교사로 임용할 수 있다.

공모에 따른 교장 임용 등   고등학교 이하 각급학교는 학교운영위원회의 심의를 거쳐 학교의 장을 공모를 통하여 선발할 수 있다. 공모로 임용되는 교장·원장의 임기는 4년으로 하되, 공모 교장·원장으로 재직하는 횟수를 제한하지 아니한다. 공모 교장·원장의 임기가 끝나는 경우 공모 교장·원 장으로 임용될 당시 교육공무원이었던 사람은 공모 교장·원장으로 임용되 기 직전의 직위로 복귀한다. 교육감은 공모 신청한 학교 중 50%(신청한 학교 가 1개인 경우에는 1개)의 범위에서 내부형 교장 공모에 참여할 수 있는 학교 를 정하여야 한다. 구체적인 사항은 〈표 6-1〉과 같다.

〈표 6-1〉 교장공모제의 유형과 자격

공모 유형(대상)	학교 유형	지원 자격
초빙형 (일반학교)	고등학교 이하 각급학교 및 유치원	• 교장: 교장자격증 소유자 • 원장: 원장자격증 소유자
개방형 (자율학교)	1. 학습부진아 등에 대한 교육을 실시하는 학교 2. 특성화 중학교 3. 특수목적 고등학교 및 특성화 고등학교 4. 일반고등학교 중 예·체능계 고등학교	• 해당 학교 교육과정에 관련된 교육기관, 교육행정기관, 교육연구기관, 국가기관, 지방자치단체, 공공단체, 국제기구, 외국기관, 산업체 등에서 3년 이상 종사한 경력이 있는 사람 • 교장자격증 소유자

내부형 (자율학교)	1. 개별 학생의 적성·능력 개발을 위한 다양하고 특성화된 교육과정을 운영하는 학교 2. 자율학교에 해당하는 초등학교, 중학교, 고등학교 3. 학생의 창의력 계발 또는 인성 함양 등을 목적으로 특별한 교육과정을 운영하는 학교 4. 농어촌 학교 5. 자율형 공립고등학교	• 학교에서 교원으로서 전임으로 근무한 경력(교육전문직원으로 근무한 경력 포함)이 15년 이상인 교육공무원이나 사립학교 교원 • 교장자격증 소유자 ※ 내부형으로 신청한 학교 중 50%의 범위에서 선정

기간제 교원　　고등학교 이하 각급학교 교원의 임용권자는 다음에 해당하는 경우에는 예산의 범위 안에서 기간을 정하여 교원의 자격증을 가진 사람을 교원으로 임용할 수 있다.

① 교원이 휴직의 사유로 휴직하게 되어 후임자의 보충이 불가피한 경우
② 교원이 파견·연수·정직·직위해제 등의 사유로 직무를 이탈하게 되어 후임자의 보충이 불가피한 경우
③ 특정 교과를 한시적으로 담당하도록 할 필요가 있는 경우
④ 교육공무원이었던 자의 지식이나 경험을 활용할 필요가 있는 경우

이 규정에 의하여 임용된 기간제 교원은 정규 교원으로 임용됨에 있어서 어떠한 우선권도 인정되지 않는다. 또한 '교육공무원이었던 자의 지식이나 경험을 활용할 필요가 있는 경우'의 규정에 의하여 임용된 사람을 제외하고는 책임이 무거운 감독 업무의 직위에 임용될 수 없다. 그리고 기간제 교원에 대하여는 임용기간이 끝나면 당연히 퇴직한다.

교권의 존중과 신분보장　　교권은 존중되어야 하며, 교원은 그 전문적 지위나 신분에 영향을 미치는 부당한 간섭을 받지 아니한다. 교육공무원은 형의

선고·징계처분 또는 이 법에서 정하는 사유에 의하지 아니하고는 본인의
의사에 반하여 강임·휴직 또는 면직을 당하지 아니한다. 그리고 교육공무
원은 권고에 의하여 사직을 당하지 아니한다.

7) 지방교육자치에 관한 법률

「지방교육자치에 관한 법률」의 주요 내용을 정리하면 다음과 같다.

교육감 권한　시·도의 교육·학예에 관한 사무의 집행기관으로 시·도
에 교육감을 둔다. 그리고 교육감은 교육·학예에 관한 소관 사무로 인한 소
송이나 재산의 등기 등에 대하여 당해 시·도를 대표한다.

교육감 관장사무　교육감은 교육·학예에 관한 다음의 사항에 관한 사무
를 관장한다.

① 조례안의 작성 및 제출에 관한 사항
② 예산안의 편성 및 제출에 관한 사항
③ 결산서의 작성 및 제출에 관한 사항
④ 교육규칙의 제정에 관한 사항
⑤ 학교, 그 밖의 교육기관의 설치·이전 및 폐지에 관한 사항
⑥ 교육과정의 운영에 관한 사항
⑦ 과학·기술교육의 진흥에 관한 사항
⑧ 평생교육, 그 밖의 교육·학예진흥에 관한 사항
⑨ 학교체육·보건 및 학교환경정화에 관한 사항
⑩ 학생통학구역에 관한 사항
⑪ 교육·학예의 시설·설비 및 교구에 관한 사항
⑫ 재산의 취득·처분에 관한 사항

⑬ 특별부과금·사용료·수수료·분담금 및 가입금에 관한 사항

⑭ 기채(起債)·차입금 또는 예산 외의 의무부담에 관한 사항

⑮ 기금의 설치·운용에 관한 사항

⑯ 소속 국가공무원 및 지방공무원의 인사관리에 관한 사항

⑰ 그 밖에 당해 시·도의 교육·학예에 관한 사항과 위임된 사항

교육감의 임기　　교육감의 임기는 4년으로 하며, 교육감의 계속 재임은 3기에 한한다.

교육감의 선출　　교육감은 주민의 보통·평등·직접·비밀선거에 따라 선출한다.

겸직의 제한　　교육감은 다음의 어느 하나에 해당하는 직을 겸할 수 없다.

① 국회의원·지방의회의원·교육의원

② 국가공무원과 지방공무원 및 사립학교의 교원

③ 사립학교경영자 또는 사립학교를 설치·경영하는 법인의 임·직원

교육감후보자의 자격　　교육감후보자가 되고자 하는 자는 당해 시·도지사의 피선거권이 있는 자로서 후보자등록신청개시일부터 과거 1년 동안 정당의 당원이 아닌 사람이어야 한다. 그리고 교육감후보자가 되고자 하는 자는 후보자등록신청개시일을 기준으로 교육 경력 또는 교육행정 경력이 3년 이상 있거나 양 경력을 합하여 3년 이상 있는 사람이어야 한다.

4. 학생 체벌과 교원의 법적 책임

체벌이란 학생의 신체에 고통을 가하는 행위로서 교원이 물리적 도구나 손·발 등의 신체 일부분을 이용하여 학생의 신체에 힘을 가하거나 외부로부터 힘을 가하지 않고 학생으로 하여금 상당 시간 유지하기 어려운 힘든 자세를 취하도록 하는 방법으로 나타난다. 이러한 체벌에 대한 구체적인 법적 근거 조항은 다음과 같다.

학생 체벌에 대한 법적 근거

「초·중등교육법」
제18조(학생의 징계) ① 학교의 장은 교육상 필요한 경우에는 법령과 학칙으로 정하는 바에 따라 학생을 징계하거나 그 밖의 방법으로 지도할 수 있다. 다만, 의무교육을 받고 있는 학생은 퇴학시킬 수 없다.

「초·중등교육법 시행령」
제31조(학생의 징계 등) ⑧ 학교의 장은 법 제18조 제1항 본문에 따라 지도를 할 때에는 학칙으로 정하는 바에 따라 훈육·훈계 등의 방법으로 하되, 도구, 신체 등을 이용하여 학생의 신체에 고통을 가하는 방법을 사용해서는 아니 된다.

앞의 학생 체벌에 대한 법적 근거에서 해석상의 논란이 가능한 것이 '교육상 필요한 경우에는'과 '그 밖의 방법으로'이다. 이러한 표현은 사람에 따라 달리 해석할 수 있기 때문에 체벌이 발생했을 경우에 문제가 될 수 있다.

교원에 의한 체벌이 상해나 폭행에 관한 죄에 해당하면 체벌을 가한 교원은 형사처벌을 받게 된다. 다만, 체벌이 위법성 조각사유(阻却事由) 중 하나로서 정당행위에 해당한다고 판단되면 처벌을 면할 수 있다. 「형법」 제20조는 "법령에 의한 행위 또는 업무로 인한 행위, 기타 사회상규에 위배되지 아니하는 행위는 벌하지 아니한다."라고 규정하고 있는데, 대법원은 일관되게 체벌이 '사회상규에 위배되지 아니한다면 정당행위로 보아 처벌할 수 없다.'고 판시하고 있다. 헌법재판소도 체벌이 「초·중등교육법」과 동법 시행령의 관계 규정에 따라 금지되어 있지 않다고 해석하면서, 다만 「형법」 제20조의 정당행위에 속하는지 여부에 따라 체벌이 징계권 행사의 허용 한계를 넘어섰는지를 판단하는 입장이다(조석훈, 2002). 실제로 이와 관련된 판례의 내용을 간략히 살펴보면 다음과 같다.

〈판례: 헌법재판소 2000. 1. 27. 99헌마481〉

서울 H중학교 교사들은 1999. 4. 26. 이 학교 학생으로부터 노량진경찰서 신길5파출소에 「폭력행위 등 처벌에 관한 법률」 위반죄로 신고당하였다. 서울지방검찰청 남부지청 검사는 신고사건을 수사하여 이들 교사들에 대한 범죄 혐의는 인정되나, 각 초범이고 사안이 경미할 뿐만 아니라 교육적 차원에서 체벌을 하는 과정에서 사건이 발생한 점을 참작하여 각 기소유예처분을 하였다. 이에 교사들은 혐의 없음을 주장하면서 헌법소원심판을 청구하였다.

「초·중등교육법」 제20조 제3항은 "교사는 법령이 정하는 바에 따라 학생 또는 원아를 교육한다."로 규정하고, 제18조 제1항은 "학교의 장은 교육상 필요한 때에는 법령 및 학칙에 정하는 바에 의하여 학생을 징계하거나 기타의 방법으로 지도할 수 있다."고 규정하며, …… 이러한 규정들의 취지에 의하면, 비록 체벌이 교육적으로 효과가 있는지에 관하여는 별론으로 하더라도 교사가 학교장이 정하는 학칙에 따라 불가피한 경우 체벌을 가하는 것이 금지되어 있지는 않다고 보인다.

살피건대, 위 학생이 '일진회'라는, 검찰 차원의 수사까지 받았던 학교폭력단체의 회원이고, 교내에서 동료학생들의 금품을 뺏고 또한 무단조퇴·결석·수업이탈 등을 일삼은 점 및 평소 교사의 지도에 반항하는 등의 사실을 위 법 규정에 비추어 보면, …… 교사가 소란을 피우는 위 학생을 훈계하고 선도하기 위한 교육의 목적으로 체벌을 가한 것으로 보지 못할 바도 아니다.

따라서 이러한 경우, …… 면밀하게 수사하여 교사들의 행위가 처벌로서 허용되는 범위 내의 것이라면 …… '죄가 안 됨' 처분을 하였어야 함에도 수사를 미진하게 하여 일부 인정되는 폭행사실만으로 범죄혐의를 인정하는 잘못을 저질렀다. 결국 …… 관여재판관의 일치된 의견으로 주문과 같이 결정한다.

그러나 아무리 체벌이 교육상 필요에 의하여 이루어졌다 하더라도, 그 조건을 해석하는 방식에 따라 체벌의 법적 허용 범위는 차이가 나타난다. 즉, 체벌의 목적이 '교육'에 있는 것으로는 충분하지 않고, 체벌을 통해 꾀하고자 하는 '교육활동'의 타당성이 인정될 때 비로소 '교육상 필요'의 조건이 충족됨을 다음의 판례를 통해 알 수 있다.

〈판례: 대구지방법원 1990. 6. 8. 89노1938〉

피고인은 대구 R초등학교 교사인데 1988. 11. 14. 12:20경 대구 서구에 있는 R초등학교 5학년 2반 교실에서 학생들에게 자연시험문제 9문항을 출제하여 틀린 문항 수대로 지휘봉으로 엉덩이를 때리는 체벌을 가하였다. 피해자 U학생(남, 12세)은 9문항을 모두 틀려 그로 하여금 양손으로 교탁을 잡게 한 다음 길이 약 50센티미터, 직경 약 3센티미터가량 되는 나무 지휘봉을 거꾸로 잡고 위 피해자의 엉덩이를 때리던 중, 위 피해자가 엉덩이를 두 번 맞은 뒤 그로 인한 고통으로 무릎을 굽히며 허리를 옆으로 트는 순간 위 지휘봉으로 위 피해자의 엉덩이 허리부분을 세게 한 번 때려 위 피해자를 교실바닥에 쓰러뜨려 이로 인하여 위 피해자로 하여금 6주간의 치료를 받아야 할 제 4, 5 요추 간 양측 요추부 수액탈출증을 입게 한 것이다.

…… 피고인은 …… 비록 마음속에 그를 미워했기 때문에 매질한 것이 아니라 그의 성적 향상을 위해서 매질한 것은 분명하다 해도 본래 능력이 모자라는 아이들을 매질한다고 해서 시험에서 좋은 점수를 딸 수 있는 것이 아니다. 또한 예고 없이 갑자기 시험을 치르는 것은 아이들을 늘 긴장하도록 할 뿐만 아니라 매질해서 좋은 점수 따기를 강요하는 것은 아이들 사이에 견디기 어려운 경쟁만을 강요하여 극소수를 제외한 모든 학생에게 패배감과 열등감만을 심어 주게 되고, …… 건전한 상식에 비추어 생각하면 그 목적이 결코 정당하다고 할 수 없다.

또한 초등학교 5학년의 나이 어린 학생에게 길이가 50센티미터, 굵은 쪽의 직경이 3센티미터인 지휘봉을 거꾸로 들어 때리고 아파서 몸을 뒤틀어 구부리는 피해자를 계속 때린 것은 그 체벌 방법에 있어서도 상당하다고 볼 수 없어 …… 사회상규에 벗어난다 할 것이다.

　　…… 이 사건은 피고인이 아이들을 교육하는 도중에 일어난 것이고 상당한 액수의 치료비를 물어 주는 등 그 정상에 참작할 점이 있으므로 그 소정형 중 벌금형을 선택하여 그 금액범위 내에서 피고인을 벌금 300,000원에 처하고, 피고인이 위 벌금을 납입하지 아니하는 경우에는 …… 노역장에 유치하며 「형사소송법」 제334조 제1항에 의하여 위 벌금에 상당한 금액의 가납을 명하기로 한다.

　이러한 판례들을 고려해 볼 때, 교사가 교육목적상 학생에게 가하는 경미한 체벌은 크게 문제가 되지 않지만, 징계 목적으로 학생에게 체벌을 가한 행위가 사회관념상 비난받을 행위로서 불법행위를 구성하는 경우에는 그 교사에게 중대한 과실이 있었는지의 여부를 가려 보기 위하여 체벌을 가하게 된 동기와 경위, 체벌을 가하는 방법과 정도 및 체벌을 가한 신체부위와 그 체벌로 인한 상처의 정도 등을 종합적으로 고려하여 체벌을 가하는 교사로서의 통상 요구되는 주의해야 할 의무를 현저히 게을리 하였는지의 여부를 판단함을 알 수 있다.

5. 교원의 의사표현 행위의 보호범위

　교원의 의사표현 행위가 문제가 되는 상황은 주로 교원의 의사표현의 내용이 학교의 설립 · 경영자나 교장을 비롯한 교육행정가의 의견과 다른 경우이다. 즉, 교원이 설립 · 경영자 또는 교육행정가를 비판하는 경우에 대개 형법상의 명예훼손과 관련되어 법적 문제로 등장하게 된다(조석훈, 2002). 실제로 이와 관련된 두 가지 판례의 내용을 간단히 살펴보면 다음과 같다.

〈판례: 대법원 2001. 10. 9. 2001도3594〉

피고인은 전국교직원노동조합(전교조) 부산지부장으로서, 1998. 7. 14. 전교조 부산지부 선전부장 A로부터 1998. 7. 12. 해운대초등학교에서 개최된 해운대·기장 보궐선거 합동연설회 당시 일부 시의원들이 학교 교무실에 들어와 소란을 피웠다는 보고를 받았다. 피고인은 B의원이 교감 의자에 앉았는지 여부를 전혀 확인한 바 없음에도 불구하고, …… "해운대초등학교 합동연설회 이후 일부 시의원들이 교무실에 들어와 …… B의원이 교감 책상에 버젓이 앉아 항의를 받았다."는 내용의 허위사실이 기재된 유인물을 …… 언론사에 송부함으로써 공연히 B의원의 명예를 훼손하였다는 것이다.

…… 이 사건에서 보면, 피고인은 시의원들이 학교에서 교사들에게 무례한 행동을 한 것을 알리고 이에 대하여 항의함으로써 교사의 권익을 지킨다는 취지에서 위와 같은 보도자료를 만들어 배포하였고, 그 보도 자료에서 적시하고 있는 중요한 사실은 ① 시의원이 여교사를 아가씨라고 부르며 차를 달라고 한 것, ② 교감 책상에 앉아 있는 시의원에게 항의한 교사에게 일부 시의원이 고함을 지르는 등 무례한 행동을 한 것, ③ 해운대교육구청이 시의원의 추궁을 받고 교사들에게 경위서를 제출하도록 한 것 등인데, 이러한 사실은 모두 객관적 사실과 일치하며, 교감 책상에 앉아 있던 시의원이 누구였는가 하는 점은 그 기재 내용의 전체적인 취지에 비추어 볼 때 당시 상황을 설명하기 위한 세부 묘사에 불과할 뿐 중요한 부분이라고 보기 어렵다.

특히 보도 자료의 내용과 같이 교사들에게 무례한 행동을 하고 해운대교육청에 그 교사들이 불친절하다고 항의하는 등 이 사건의 발단을 제공한 사람이 B의원이었으므로, 보도 자료에 그의 이름만이 기재됨으로써 그의 명예가 크게 훼손되었다고 하더라도, 그러한 사정만으로 피고인이 배포한 보도 자료가 전체적으로 허위사실에 해당한다고 보기 어렵다.

그렇다면 피고인이 작성한 보도 자료의 기재 내용은 '진실한 사실'이고, 피고인이 이를 배포한 것은 공공의 이익을 위한 것이다. 그럼에도 불구하고 원심은 피고인이 공연히 허위의 사실을 적시하여 B의원의 명예를 훼손하였다고 판단하였으니, 거기에는 피고인에게 허위의 사실을 적시한다는 점에 대한 인식이 있었는지 여부에 대한 심리를 다하지 아니하였거나 명예훼손죄에 관한 법리를 오해하여 판결에 영향을 미친 잘못이 있고, 이를 지적하는 상고이유는 이유가 있다. 그러므로 원심판결을 파기하고, 사건을 원심법원에 환송하기로 판결한다.

〈판례: 서울고등법원 1995. 5. 18. 94구622〉

학교법인 A학원이 설립·경영하는 A중학교 체육교사인 P는 1993년 4월 6일 파면처분을 받고 교원징계재심위원회에 재심을 청구한 결과 징계 절차상의 하자를 이유로 파면처분을 취소하는 결정을 받았다. 학교법인 A학원은 재심위원회의 결정에도 불구하고 P교사를 복직시키지 않고 있다가 다시 P교사가 충청남도 교육청 주관 학력교사의 성적조작 사건과 관련하여 교감의 지시에 의해 성적조작이 이루어졌다는 허위내용을 언론기관에 배포함으로써 학교의 명예를 훼손하였다는 이유로 …… 파면처분을 하였다. P교사는 다시 교원징계재심위원회에 재심을 신청하였고, 재심위원회는 파면처분을 정직 3월로 변경하였고, …… 학교법인 A학원은 징계를 변경한 재심위원회의 결정에 불복하여 이 소송을 제기한 것이다.

…… 교원징계위원회의 결정 이유를 종합해 보면, P교사가 의문이 강하게 제기되고 있는 성적조작지시 여부에 대한 조사를 교육청에 진정하고 언론기관의 취재에 응하여 그 성적조작지시에 관한 진정요지를 알려 준 것으로 보인다. 이런 행위는 학생들에게 정의와 진리를 가르치고 있는 교사로서 그 양심에 따라 성적조작지시 여부가 밝혀져야 한다는 믿음에서 나온 행동으로서 그 절차와 방법에 있어서도 사회상규에 어긋남이 없어 이를 학교의 명예를 실추시키는 행동이라고는 볼 수 없고, 나아가 P교사가 적극적으로 언론기관에 허위의 사실을 제보하였다고 인정할 만한 신빙성 있고 객관적인 자료가 없다. 그렇다면 교원징계재심위원회의 이 사건 결정이 위법함을 전제로 하여 그 취소를 구하는 학교법인의 이 사건 청구는 이유 없어 이를 기각하고 소송비용은 패소자인 원고(학교법인)의 부담으로 하기로 하여 주문과 같이 판결한다.

이러한 법적 문제와 관련된 판례들을 살펴보면 대개 '그 내용이 사실인가' 그리고 '그 목적이 공익을 위한 것인가'를 주요하게 고려함을 알 수 있다. 그러나 아무리 그 내용이 사실이고 그 목적이 공익을 위한 것이라 할지라도 위법 판결을 받는 경우(판례: 대법원 1994. 11. 18. 94다8266)도 있다. 이런 경우는 그 목적을 드러내거나 성취하기 위하여 교사로서 합리적이지 못한 방법으로 학생들의 학습권을 방해하고 학생들의 감수성을 자극하여 사태를 더욱 악화시킨 사례이다. 그리고 이러한 문제들은 주로 사립학교의 비리, 불공정한 운영 및 파행에서 많이 비롯된다는 점에서, 「사립학교법」 쟁점과 관련하여 연계 및 주목할 필요가 있다.

6. 교원의 교육의 자유의 한계와 보호범위

우리나라의 「헌법」 제22조 제1항에서는 "모든 국민은 학문과 예술의 자유를 가진다."라고 규정하여 학문의 자유를 헌법상 기본권으로 설정하였다. 그러나 공식적인 학교교육에서 교원의 교육의 자유는 어느 정도 제한을 받고 있다. 비록 교원의 교육할 권리가 국가의 책임과 권한으로부터 위임되었다고 해도 「헌법」 제31조 제4항의 규정대로, 교육의 자주성·전문성·정치적 중립성의 요구가 적용된다. 이러한 교원의 교육의 자유 제한에 대한 구체적인 법적 근거 조항은 다음과 같다.

교원의 교육의 자유 제한에 대한 법적 근거

「초·중등교육법」

제23조(교육과정 등) ① 학교는 교육과정을 운영하여야 한다.

② 교육부장관은 제1항에 따른 교육과정의 기준과 내용에 관한 기본적인 사항을 정하며, 교육감은 교육부장관이 정한 교육과정의 범위에서 지역의 실정에 맞는 기준과 내용을 정할 수 있다.

제29조(교과용 도서의 사용) ① 학교에서는 국가가 저작권을 가지고 있거나 교육부장관이 검정하거나 인정한 교과용 도서를 사용하여야 한다.

② 교과용 도서의 범위·저작·검정·인정·발행·공급·선정 및 가격 사정(査定) 등에 필요한 사항은 대통령령으로 정한다.

앞의 교원의 교육의 자유 제한에 대한 법적 근거에서 알 수 있는 것은 교
원이 학교교육에서 학생들에게 가르칠 내용이 검정 또는 인정을 받은 교과
서로 이미 정해져 있기 때문에 제한을 많이 받고 있다는 점이다. 실제로 이
와 관련된 판례의 내용을 간략히 살펴보면 다음과 같다.

〈판례: 교원소청심사위원회 사건 91-79〉

　청구인은 A중학교 교사로서 편향된 의식화 교육을 하였다는 등의 사유로 정직
3월의 징계처분을 받았는데, 징계처분이 객관적인 판단에 근거하지 않은 채 내려진
것이므로 부당하다고 주장하면서 이의 취소를 요구하고 있다.

　청구인은 사회교과 시간에 1학년 사회교과서 70쪽 9~11행의 "북부지방에 공산
집단이 들어선 이후로는 모든 활동이 통제되고 군수산업 위주의 생산 활동에 치중하
여 주민 생활이 어려워졌으며 민족의 이질화가 심해지고 있다."는 부분을 삭제·지
도하였다. …… 지도하는 교사로서는 확인되지 아니한 사실을 다룸으로써 학생들에
게 인식의 혼란이 오는 일이 없도록 유의해야 한다. 그럼에도 청구인이 임의로 교과
서를 수정하여 지도한 것은 교과용 도서의 수정에 관한 권한이 교육과학기술부장관
에게 있음을 규정한 「교과용 도서에 관한 규정」 제26조에 위반된 것으로 결국 청구
인의 행위는 「국가공무원법」 제56조의 '법령 준수 의무'에 위배된다고 할 것이다.

이렇듯 교원의 교육의 자유는 학생들에게 가르치는 내용에 있어서 제한을
많이 받음을 실제로 알 수 있다. 그러나 교육방법에 있어서는 뚜렷한 제한
근거를 두고 있지 않아 교원의 자유가 상대적으로 넓게 인정되고 있다. 비록
교사의 수업방법이 학생이나 학부모에게 불만이 된다고 하더라도 그 자체로
교사가 수업을 불성실하게 한 것으로 볼 수 없다고 인정되고 있다. 실제로
이와 관련된 판례의 내용을 간략히 살펴보면 다음과 같다.

> **〈판례: 교원소청심사위원회 사건 94-14〉**
>
> ······ 수업방법이 타 교사의 방법과는 달리 교과서 중심이 아닌 것으로 보이는바, 이러한 사유로 학생들의 불만이 다소 있었거나 육성회 임원들의 항의가 있었다 하더라도 청구인이 수업을 태만히 하였다는 다른 증거 없이 수업방법이 교과서 중심이 아니라는 것만으로 청구인이 수업을 불성실하게 하였다고 단정하기 어렵다 할 것이고······.

이러한 판례는 가르치는 교사의 특성과 배우는 학생들의 특성 그리고 학교의 여건 및 기타 교육적 상황이 다를 수 있다는 점을 인정한 것으로 생각할 수 있다. 하지만 수업방법에 있어서 자유의 영역이 인정된다고 할지라도 넓게 보면 교과목표, 수업내용, 학생의 연령과 성숙도에 비추어 적합해야 한다는 점을 항상 고려할 필요가 있다. 또한 학생들의 민감성을 자극하거나 단체행동을 부추기는 수업방법이나 학교교육의 정상적 운영을 어렵게 하는 수업방법은 지양해야 한다는 점도 유념해야 한다.

7. 학교사고에 대한 교사의 법적 책임

학교사고란 학교를 배경으로 뜻밖에 일어난 제반 사고를 뜻한다. 여기에는 시간을 기준으로 통학 중의 사고, 수업활동 중의 사고, 휴식시간 중의 사고 등이 포함되며, 장소를 기준으로 교실 내의 사고, 교실 밖의 사고, 학교 밖의 사고 등이 포함될 수 있다. 여러 가지 사고 중에서 대표적인 두 가지를 살펴보면 다음과 같다(표시열, 2002).

〈사례 1〉 학생의 귀가 중 교통사고(대판 1996. 8. 23. 96다19833)

사건개요: 4년 3개월 된 유치원생은 담임교사의 인솔하에 귀가하기 위하여 버스
정류장까지 왔으나, 출산일을 일주일 앞둔 담임교사가 배에 통증을 느껴 원생이 버
스에 타는 것을 보지 못하고 유치원으로 돌아왔다. 이 유치원생은 도로를 뛰어 건너
다가 승합차에 치여 사망하였다.
판결: 교사는 경과실로 인한 책임은 있으나, 고의나 중과실이 아니므로 배상책임
은 없다. 광주광역시가 손해배상책임을 부담한다.

〈사례 2〉 휴식시간 중 순간적인 폭행사고(대판 1997. 6. 13. 96다44433)

사건개요: 중학교 1학년(13세 4개월) 학생이 휴식시간 중 청소용 밀대를 가지고
놀던 중 밀대에 묻어 있던 물이 동료학생인 반장의 도시락에 튀게 되자, 반장이 이
학생의 눈을 주먹으로 세게 쳐서 '파안 열공성 망막박피상'을 입혔다.
판결: 1심에서는 돌발적인 우연한 사고로 교사에게 책임이 없다고 하였고, 2심은
교원의 지도 · 감독 소홀로 교사책임을 인정하였으나, 대법원은 1심과 같이 우연한
사고로 담임교사에게 책임을 물을 수 없다고 판결하였다.

이렇게 뜻밖에 발생하는 학교사고에 대비하기 위해서 교사는 평소에 학생
들에게 각별한 관심과 지도를 하여야 한다. 특히 유치원생과 초등학생 같은
책임능력이 없는 미성년자의 경우는 교사가 대리 감독자로 감독책임을 지고
있기 때문에(「민법」 제755조) 교사에게는 학생을 보호할 법적 의무가 있다는
점에 주의해야 한다. 따라서 교사는 학생의 등하교 시의 안전과 학교 내에서
의 안전에 각별한 주의를 기울어야 한다. 또한 신체적 접촉이 심한 체육운동
경기나 위험성이 높은 놀이 그리고 야외학습 같은 경우에는 '적절하고 충분
한' 감독을 하여야 한다. 왜냐하면 학교사고가 발생하면 교사가 주의의무를
얼마나 준수하였느냐가 과실 책임을 결정하는 데 중요한 요소가 되기 때문
이다.

제 **7** 장 | 교육인사행정

1. 교육인사행정의 개념과 원리

교육인사행정이란 "교육활동의 주체가 되는 교원과 이들이 교육에 전념
할 수 있도록 도와주고, 제반 행정활동을 수행할 수 있는 유능한 교육전문직
과 일반직을 확보하고 그들의 자질을 향상시키며 근무의욕을 높여 주는 일
련의 행정지원활동"(서정화, 1994) 또는 "교육목표를 효율적으로 달성하기 위
하여 교육활동에 필요하고 유능한 인력의 채용과 그들의 계속적인 능력 발
전 그리고 사기 앙양을 도모하는 역동적 과정"(김창걸, 이봉우, 김창수, 배상만,
2005)이라고 할 수 있다.

그리고 교육인사행정의 원리는 다음과 같다(김창걸 외, 2005). 교육인사행
정의 원리란 교육인사관리를 해 나가는 데 있어서 일반적으로 따라야 할 지
침이요, 준거이다.

공평성 유지와 적정수급의 원리   인사행정에 있어서 학교급별, 공ㆍ사립

별, 성별, 지역 등의 이유로 인해 차등을 두어서는 안 되며, 누구에게나 능력에 따라 동등한 기회가 부여되어야 한다. 또한 교원의 수요와 공급을 적정하고도 원활하게 조절할 수 있어야 한다.

전문성 신장과 적재적소 배치의 원리   교원의 승진, 자격, 전직, 전보 등을 포함하는 임용체계에 있어서 전문성의 심화를 유도하는 기준은 교원의 전문성을 높이는 것이 되어야 한다. 또한 교원의 능력과 적성 및 흥미 등에 맞는 일을 맡김으로써 학교조직의 효율성과 교원의 직무만족을 이끌어 낼 수 있어야 한다.

실적주의와 연공서열주의 조화의 원리   실적주의는 교원의 직무수행능력과 수용태세 등을 강조하는 입장이고, 연공서열주의는 경력, 연령, 학력 등을 강조하는 입장이다. 실적주의는 교원의 발전을 유도하고 능력 있는 사람을 활용할 수 있다는 장점이 있지만, 교육 본연의 일에 노력하기보다는 실적을 쌓는 데만 신경을 쓸 수 있다는 단점이 있다. 연공서열주의는 연공이라는 기준에 따르기 때문에 행정의 안정성을 기할 수 있다는 장점이 있지만, 유능한 사람을 등용하는 데 제약을 받고 행정의 침체성을 가져올 수 있다는 단점이 있다. 따라서 실적주의와 연공서열주의 간에 조화를 도모하여 각각의 장점을 최대한 반영할 수 있어야 한다.

직무만족과 직무성과 통합의 원리   개인의 직무만족과 조직의 직무성과를 조화롭게 통합시킴으로써 삶의 질을 향상시킬 수 있어야 한다.

2. 교육인사행정의 주요 용어

우리나라의 「교육공무원법」에 규정된 교육인사행정과 관련한 주요 용어를 정리하면 다음과 같다.

　교육공무원　　교육공무원이란 다음의 어느 하나에 해당하는 자를 말한다.
　① 교육기관에 근무하는 교원 및 조교
　② 교육행정기관에 근무하는 장학관 및 장학사
　③ 교육기관 · 교육행정기관 또는 교육연구기관에 근무하는 교육연구관
　　및 교육연구사

　임용　　신규채용, 승진, 승급, 전직(轉職), 전보(轉補), 겸임, 파견, 강임(降任), 휴직, 직위해제, 정직(停職), 복직, 면직, 해임 및 파면을 말한다.

　직위　　1명의 교육공무원에게 부여할 수 있는 직무와 책임을 말한다.

　전직　　교육공무원의 종류와 자격을 달리하여 임용하는 것을 말한다.

　전보　　교육공무원을 같은 직위 및 자격에서 근무기관이나 부서를 달리하여 임용하는 것을 말한다.

　복직　　휴직, 직위해제 또는 정직 중에 있는 교육공무원을 직위에 복귀시키는 것을 말한다.

　강임　　같은 종류의 직무에서 하위 직위에 임용하는 것을 말한다.

3. 교육인사의 분류

우리나라의 공무원의 구분은 「국가공무원법」 제2조에 규정되어 있다. 이

규정에 의하면, 국가공무원(즉, 공무원)은 '경력직 공무원'과 '특수경력직 공무원'으로 구분된다. '경력직 공무원'이란 실적과 자격에 따라 임용되고 그 신분이 보장되며 평생 동안 공무원으로 근무할 것이 예정되는 공무원을 말한다. 또한 '특수경력직 공무원'이란 경력직 공무원 외의 공무원을 말한다. 경력직 공무원과 특수경력직 공무원을 분류하면 〈표 7-1〉과 같다. 교원 및 교사가 포함되는 교육공무원은 '경력직 공무원' 중에서도 법관, 검사, 외무공무원, 경찰공무원, 소방공무원, 군인 등과 함께 '특정직 공무원'에 포함된다.

〈표 7-1〉 **국가공무원의 분류**

경력직 공무원	일반직 공무원	• 기술·연구 또는 행정 일반에 대한 업무를 담당하는 공무원
	특정직 공무원	• 법관, 검사, 외무공무원, 경찰공무원, 소방공무원, **교육공무원**, 군인, 군무원, 헌법재판소 헌법연구관, 국가정보원의 직원과 특수 분야의 업무를 담당하는 공무원으로서 다른 법률에서 특정직 공무원으로 지정하는 공무원
특수경력직 공무원	정무직 공무원	• 선거로 취임하거나 임명할 때 국회의 동의가 필요한 공무원 • 고도의 정책결정 업무를 담당하거나 이러한 업무를 보조하는 공무원으로서 법률이나 대통령령(대통령 비서실 및 국가안보실의 조직에 관한 대통령령만 해당)에서 정무직으로 지정하는 공무원
	별정직 공무원	• 비서관·비서 등 보좌업무 등을 수행하거나 특정한 업무 수행을 위하여 법령에서 별정직으로 지정하는 공무원

교원이라 함은 '각급 학교에서 원아나 학생을 직접 지도하는 자'를 말한다. 교원의 개념에 관해서는 뚜렷한 법률적인 정의가 없다. 단지 「교육기본법」 제14조에서 교원의 전문성과 경제적·사회적 지위와 신분보장, 교원의 자질, 교원의 윤리의식, 교원의 공직 취임에 관한 사항 속에서 교원이라는 용

어를 사용하고 있을 뿐, 특별히 규정하고 있지는 않다.

　교사의 법적 용어는 '교원'이며, 그 일을 업으로 하는 직업을 '교직'이라 한다. 법적 용어인 교원은 가끔 교사라는 용어와 혼용되고 있다(김정규, 권낙원, 1994). 그러나 교사는 특정 직업인으로서 교사 자격증을 소지하고 정규학교에서 학생을 대상으로 교육활동을 하는 자라고 정의할 수 있다. 일반적으로 교사와 교원의 의미를 구분한다면, 교사는 가르치는 사람 개개인을 부를 때 사용되는 반면, 교원이란 교사들을 집단으로 모아 부를 때 사용되며 대학의 교수까지 포함한다(김기태, 조평호, 2003).

　교원을 좀 더 상세하게 이해하기 위해 교육인사의 전체적인 분류를 나타내면 [그림 7-1]과 같다.

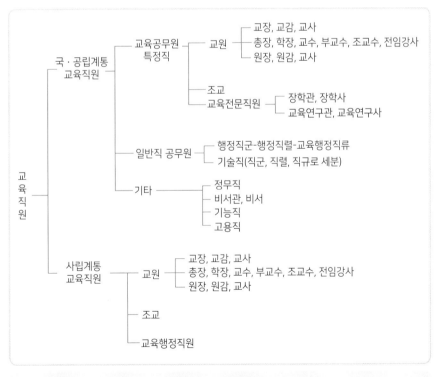

[그림 7-1] **교육인사의 분류**

* 출처: 윤정일 외(2008). **교육행정학원론**, p. 300.

4. 교원의 승진

교원의 승진은 「교육공무원 승진규정」에 의거한다. 이 규정에 의하면 경력평정이 70점, 근무성적평정이 100점, 연수성적평정이 30점(교육성적 27점, 연구실적 3점), 그리고 가산점을 더한 총합계가 개인의 승진점수가 된다.

1) 경력평정

경력평정은 매 학년도(3월 1일부터 다음 연도 2월 말일까지) 종료일을 기준으로 하여 정기적으로 실시한다. 경력평정의 평정자 및 확인자는 승진후보자명부작성권자(교육감)가 정한다. 경력은 기본경력과 초과경력으로 나눈다. 기본경력은 평정시기로부터 15년을 평정기간으로 하고, 초과경력은 기본경력 전 5년을 평정기간으로 한다. 경력평정의 채점은 기본경력 평정점수와 초과경력 평정점수를 합산하여 행한다(70점 만점=기본경력 64점+초과경력 6점). 경력평정에 있어서 평정경력기간은 월수를 단위로 하여 계산하되, 1개월 미만은 일 단위로 계산한다. 경력평정점을 계산함에 있어서 소수점 이하는 넷째 자리에서 반올림하여 셋째 자리까지 계산한다.

또한 경력기간의 계산에 있어서 경력평정의 평정기간 중에 휴직기간·직위해제기간 또는 정직기간이 있는 경우 그 기간은 평정에서 제외한다. 다만, 다음의 어느 하나에 해당하는 기간은 재직기간으로 보아 평정기간에 포함하여 계산한다.

- 신체·정신상의 장애로 장기요양을 요하는 사유로 인한 휴직 중(불임·난임으로 인하여 장기간의 치료가 필요한 경우 포함) 「공무원 재해보상법」에 따른 공무상 질병 또는 부상으로 인한 휴직(휴직기간의 전부 인정)
- 「병역법」에 따른 병역 복무를 위하여 징집되거나 소집으로 인한 휴직

(휴직기간의 전부 인정)

- 기타 법률에 따른 의무를 수행하기 위하여 직무 이탈로 인한 휴직(휴직 기간의 전부 인정)

- 만 8세 이하 또는 초등학교 2학년 이하의 자녀를 양육하기 위하여 필 요하거나 여성 교육공무원이 임신 또는 출산으로 인한 휴직(휴직기간의 전부 인정)

- 만 19세 미만의 아동(위의 육아휴직의 대상이 되는 아동 제외)의 입양(入 養)으로 인한 휴직(휴직기간의 전부 인정)

- 국제기구, 외국기관, 국내외의 대학·연구기관, 다른 국가기관, 재외교 육기관(재외국민에게 학교교육 및 평생교육 등을 실시하기 위하여 외국에 설립된 한국학교·한글학교·한국교육원 등의 교육기관) 또는 대통령령으 로 정하는 민간단체에 임시 고용으로 인한 휴직(상근으로 근무한 경우에 는 휴직기간의 전부 인정, 비상근으로 근무한 경우에는 휴직기간의 50%에 해 당하는 기간만 인정)

- 학위취득을 목적으로 해외유학을 하거나 외국에서 1년 이상 연구 또는 연수로 인한 휴직(휴직기간의 50%에 해당하는 기간만 인정)

- 교육부장관 또는 교육감이 지정하는 연구기관이나 교육기관 등에서 연 수로 인한 휴직(휴직기간의 50%에 해당하는 기간만 인정)

- 「국가공무원법」의 규정에 의하여 직위해제처분을 받은 자의 경우에 그 처분의 사유가 된 징계처분이 교원소청심사위원회 또는 소청심사위원 회의 결정 또는 법원의 판결에 의하여 무효 또는 취소로 확정된 경우 (징계의결요구에 대하여 관할 징계위원회가 징계하지 아니하기로 의결한 경 우 포함)와 직위해제처분을 받은 자의 경우에 그 처분의 사유가 된 형사 사건이 법원의 판결에 의하여 무죄로 확정된 경우의 그 직위해제기간 (직위해제기간의 전부 인정)

2) 근무성적평정

교사에 대하여 매 학년도 종료일을 기준으로 해당 교사의 근무실적 · 근무수행능력 및 근무수행태도에 관한 근무성적평정(60점＝평정자 20점＋확인자 40점)과 다면평가(40점＝정성평가 32점＋정량평가 8점)를 정기적으로 실시하고, 각각의 결과를 합산한다.

근무성적의 평정자 및 확인자는 승진후보자명부작성권자(교육감)가 정한다. 다면평가자는 근무성적의 확인자가 구성하되, 평가대상자의 동료교사 중에서 3인 이상을 다면평가자로 선정하여야 한다. 근무성적평정과 다면평가 결과의 합산은 근무성적의 평정자와 확인자가 행한다.

근무성적평정점과 다면평가점을 합산한 결과는 '수'(95점 이상) 30%, '우'(90점 이상 95점 미만) 40%, '미'(85점 이상 90점 미만) 20%, '양'(85점 미만) 10%의 분포비율에 맞도록 하여야 한다. 다만, '양'의 근무성적평정 및 다면평가 합산점에 해당하는 자가 없거나 그 비율 이하일 때에는 '양'의 비율을 적용하지 아니하고 이를 '미'에 가산할 수 있다.

근무성적의 평정점은 평정자가 100점 만점으로 평정한 점수를 20%로 환산하고, 확인자가 100점 만점으로 평정한 점수를 40%로 환산한 후 그 환산된 점수를 합산하여 60점 만점으로 산출한다. 그리고 다면평가점은 다면평가자가 수업교재 연구의 충실성 등 정성평가의 방법에 따라 100점 만점으로 평정한 점수를 32%로 환산하고, 주당 수업시간 등 정량평가의 방법에 따라 100점 만점으로 평가한 점수를 8%로 환산한 후 그 환산된 점수를 합산하여 40점 만점으로 산출한다. 합산점은 근무성적평정점과 다면평가점을 합산하여 100점 만점으로 산출한다.

3) 연수성적평정

연수성적평정은 교육성적평정(27점 만점)과 연구실적평정(3점 만점)으로 나뉜다. 연수성적의 평정자와 확인자는 승진후보자명부작성권자(교육감)가 정한다. 연수성적의 평정은 매 학년도 종료일을 기준으로 하여 실시하거나 승진후보자명부의 조정 시기에 실시한다.

먼저, 교육성적평정은 직무연수성적과 자격연수성적으로 나누어 평정한 후 이를 합산한 성적으로 한다. 직무연수성적의 평정은 당해 직위에서 「교원 등의 연수에 관한 규정」에 의한 연수기관 또는 교육부장관이 지정한 연수기관에서 10년 이내에 이수한 60시간 이상의 직무연수성적을 규정에 따라 환산한 직무연수환산성적 및 직무연수이수실적을 대상으로 평정한다. 직무연수성적은 교감 승진후보자명부작성대상자(교사)일 경우에는 18점(60시간 이상의 직무연수 1회에 대한 연수성적의 평정점은 6점)이 만점이다. 그리고 자격연수성적은 9점이 만점이다. 따라서 교사의 경우 교육성적평정은 27점이 만점이 된다.

다음으로, 연구실적평정은 연구대회입상실적과 학위취득실적으로 나누어 평정한 후 이를 합산한 성적으로 한다. 연구실적평정점은 3점을 초과할 수 없다. 즉, 3점이 만점이 된다. 연구대회입상실적 평정은 〈표 7-2〉에 의하여 평정한다. 한 학년도에 2회 이상의 연구대회입상실적이 있는 경우에는 가장 높은 점수가 부여되는 1회의 연구대회입상실적만을 반영한다.

〈표 7-2〉 연구대회입상실적 평정

입상 등급	전국규모 연구대회	시 · 도규모 연구대회
1등급	1.50점	1.00점
2등급	1.25점	0.75점
3등급	1.00점	0.50점

또한 석사 및 박사학위 취득실적은 〈표 7-3〉에 의하여 평정한다. 이 경우 직무와 관련 있는 학위의 인정 기준은 승진후보자명부작성권자가 정한다.

〈표 7-3〉 **학위취득실적 평정**

박사	직무와 관련 있는 학위	3점
	그 밖의 학위	1.5점
석사	직무와 관련 있는 학위	1.5점
	그 밖의 학위	1점

4) 가산점 평정

가산점은 공통 가산점과 선택 가산점으로 구분한다. 공통 가산점과 선택 가산점에 대한 평정 내역을 살펴보면 〈표 7-4〉와 같다.

명부작성권자(교육감)는 가산점을 산정함에 있어서 동일한 평정기간 중 2개 이상의 가산점 경력 또는 실적이 중복하는 경우에는 그중 유리한 경력 하나만을 인정하는 기준을 정할 수 있다. 다만, 공통가산점의 경우에는 '교육부장관이 지정한 연구학교에 근무한 경력'이 중복되는 경우에 한하고, 공통가산점과 선택가산점 간 경력 또는 실적이 중복되어 그중 하나만을 인정하는 경우에는 공통가산점이 우선한다. 가산점의 평정경력기간은 월수를 단위로 계산하되, 1개월 미만은 일 단위로 계산한다. 가산점의 평정은 매 학년도 종료일을 기준으로 실시하거나 명부조정시기에 실시한다.

〈표 7-4〉 **가산점 평정의 내역**

구분	평정 종별	평정점	상한점
공통 가산점	• 교육부장관이 지정한 연구학교(시범·실험학교 포함)의 교원으로 근무한 경력	월 0.021점	1.25점
	• 교육공무원으로 재외국민교육기관에 파견 근무한 경력	월 0.021점	0.75점
	• 「교원 등의 연수에 관한 규정」에 의한 직무연수 중 연수 이수실적이 학점으로 기록·관리되는 경우	1학점당 0.02점 연도별 0.12점의 범위 안	1점

	• 학교폭력의 예방 및 대응 관련 실적이 있는 경우
	  1. 학교폭력 예방을 위한 교육·홍보·상담
	  2. 학교폭력 발생 점검 및 실태조사
	  3. 학교폭력 대응 조치 및 사후관리
	  ※ 1년간의 실적 전체를 하나의 실적으로 보아 산정함
		0.1점	1점

선택 가산점	• 「도서·벽지교육진흥법」 제2조에 따른 도서벽지에 있는 교육기관 또는 교육행정기관에 근무한 경력이 있는 경우	교육감이 정함	10점
	• 읍·면·동 지역의 농어촌 중 명부작성권자가 농어촌교육의 진흥을 위하여 특별히 지정한 지역의 학교에 근무한 경력이 있는 경우		
	• 그 밖의 교육발전 또는 교육공무원의 전문성 신장 등을 위해 명부작성권자가 필요하다고 인정하는 경력이나 실적이 있는 경우		

동점자의 순위결정

(동점자의 순위결정) 명부의 작성에 있어서 동점자가 2인 이상인 때에는 다음의 순위에 의하여 그 순위자를 결정한다.
1. 근무성적이 우수한 자
2. 현 직위에 장기근무한 자
3. 교육공무원으로서 계속 장기근무한 자
만약 위의 규정에 의하여서도 순위가 결정되지 아니할 때에는 명부작성권자(교육감)가 그 순위를 결정한다.

이상에서 살펴본 승진제도의 문제점으로는, 첫째, 점수 따기 위주의 승진 규정을 들 수 있다. 승진을 위한 점수 따기 경쟁은 교사들의 전문성 자질 향상과 학생들에 대한 관심과 사랑을 갖는 것과 직접적인 관계가 없다. 이로 인해 진정한 교사보다는 점수 따는 데 혈안이 되는 정치적인 교사를 양성하게 된다. 둘째, 평정점수의 배분과 산출방식의 비합리성을 들 수 있다. 경력점수는 별 노력 없이 학교에만 다니면 얻게 되는 점수이지만 상대적으로 높게 책정되어 있는 반면에, 교원의 질 향상과 좀 더 직접적으로 관련되는 연수성적은 매우 낮게 책정되어 있다. 셋째, 근무성적평정 방식을 들 수 있다. 근무성적평정은 교장과 교감이 평가하거나 영향을 미치도록 되어 있다. 특히 교장과 교감의 학교경영에 반대하거나 헌신적으로 동참하지 않는 교사들은 상대적으로 낮은 성적을 받을 가능성이 많다. 그리고 현실적으로는 교사의 능력에 의해 객관적으로 평가하기보다는 승진이 임박한 교사들 위주로 성적을 몰아주는 데에도 문제가 있다.

5. 교원의 보수제도

1) 보수의 개념

우리나라의 「공무원 보수규정」에 명시되어 있는 보수와 관련되는 개념들을 살펴보면 다음과 같다.

- '보수'란 봉급과 그 밖의 각종 수당을 합산한 금액을 말한다. 다만, 연봉제 적용대상 공무원은 연봉과 그 밖의 각종 수당을 합산한 금액을 말한다.
- '봉급'이란 직무의 곤란성과 책임의 정도에 따라 직책별로 지급되는 기본급여 또는 직무의 곤란성과 책임의 정도 및 재직기간 등에 따라 계급

(직무등급이나 직위 포함)별, 호봉별로 지급되는 기본급여를 말한다.

- '수당'이란 직무여건 및 생활여건 등에 따라 지급되는 부가급여를 말한다.

- '연봉'이란 매년 1월 1일부터 12월 31일까지 1년간 지급되는 기본연봉과 성과연봉을 합산한 금액을 말한다. 다만, 고정급적 연봉제 적용대상 공무원의 경우에는 해당 직책과 계급을 반영하여 일정액으로 지급되는 금액을 말한다. 기본연봉은 개인의 경력, 누적성과와 계급 또는 직무의 곤란성 및 책임의 정도를 반영하여 지급되는 기본급여의 연간 금액을 말한다. 성과연봉은 전년도 업무실적의 평가 결과를 반영하여 지급되는 급여의 연간 금액을 말한다.

결론적으로 보수란 개인과 조직 간의 거래(transaction) 관계를 나타내는 것으로서, 개인이 조직의 목적 달성을 위한 서비스를 제공한 대가로 조직으로부터 주어지는 제반 금전적 · 비금전적 보상을 의미한다. 그리고 구체적으로는 보수란 기본급인 '봉급'과 부가급인 '수당'의 합을 의미한다.

2) 보수 관련 이론과 원칙

(1) 보수 관련 이론

보수가 어떻게 결정되는지에 관련된 이론들을 살펴보면 다음과 같다(윤정일, 송기창, 조동섭, 김병주, 2002a). 각 이론이 교원의 보수 결정 이론이 되는 것은 아니지만, 여러 보수 관련 이론의 이해는 교원보수제도를 이해하는 데 도움이 된다.

임금생존비설(subsistence theory)   이는 노동자가 받는 임금이 노동자 자신과 자신의 가족이 생활해 나가는 데 필요한 재화를 구입할 수 있는 정도의 금액으로 정해진다는 것이다. 즉, 임금이란 노동자의 생존비용의 크기 내지는 최저생활비에 의하여 결정된다고 보는 학설이다.

한계생산력설(marginal productivity of wage)　　이는 임금이란 노동자가 최종적으로 창출하는 생산물의 양, 즉 한계생산력(한 단위의 노동력을 추가시킴에 따라 증가하는 생산력)과 동일하다는 것이다. 이 이론에 의하면, 고용자는 노동의 한계생산력과 실질임금이 동일하게 되는 지점에 이르기까지 노동을 수용한다. 따라서 노동의 수요와 공급이 동일한 수준에서 임금이 결정된다는 이론이다.

임금기금설(wage-fund theory)　　이는 일정한 사회 내에서 임금으로 지불되는 총액(기금)은 총자본에 비하면 일정하며, 그것을 전체 노동자의 수로 나눈 것이 개개의 시장가격으로 된다는 것이다. 즉, 장기적인 관점에서 보면 기본임금은 고정적이 아니고 가변적이지만, 일정한 시기와 장소에 있어서는 임금의 지급을 위해 할당된 기금은 일정하며 개개인의 노동자의 임금은 이 기금의 총액을 전체 노동자의 수로 나눈 수준에서 결정된다는 것이다.

임금세력설(wage force theory)　　이는 노동자의 사회적 세력이 노동자의 임금을 결정하는 데 크게 작용한다는 것이다. 이 이론은 노동자의 공급 측면에서 임금을 설명하고자 하는 것으로서 위의 임금기금설과 대조된다. 즉, 임금은 노동자의 생활비를 하위한계로 하고 노동의 한계생산력을 상위한계로 하여 그 중간점에서 결정되는데, 특히 노동조합의 세력이 강하면 비교적 높은 곳에서 임금이 결정되고, 노동조합의 세력이 약하면 비교적 낮은 곳에서 임금이 결정된다는 것이다.

노동가치설(labour value theory)　　이는 상품의 가격이 그 상품을 생산하는 데 투입된 노동시간에 의해서 결정되고 노동의 가격인 임금은 노동력의 재생산에 필요한 필수품을 만드는 데 소요되는 노동시간에 의해 결정된다는 노동가치설을 임금 이론에 적용시킨 것으로서, 임금은 상품생산에 소요되는 노동시간의 크기에 의해서 결정된다는 것이다.

잔여청구설(residual claimant theory)　　이는 고용주가 그가 구입한 노동의 생산물에서 이윤과 이자 그리고 지대 등을 공제한 나머지를 노동자에게 지급한다는 이론이다.

(2) 교원보수 결정의 원칙

교원들의 보수를 결정하는 원칙으로 제시되고 있는 것 중 대표적인 것으로 UNESCO와 ILO가 1966년에 발표한 '교사의 지위에 관한 권고안'을 들 수 있다. 구체적인 내용을 요약하면 다음과 같다.

- 교원의 보수는 교원의 사회적 중요성을 반영해야 한다.
- 교원의 보수는 유사 또는 동등 수준의 자격을 요구하는 타 직업 종사자의 봉급과 비교하여 손색이 없어야 한다.
- 교원의 보수는 교원의 전문성 자격의 향상을 위한 계속교육이나 문화활동, 교원 자신과 그 가족의 상당한 생활수준을 확보하는 수단이 되어야 한다.
- 교원의 보수는 교직이 보다 높은 자격과 경험을 필요로 하며, 보다 큰 책임을 수반한다는 사실을 반영하여야 한다.

3) 교원보수체계의 현황과 실제

현재 교육공무원의 보수체계는 동등한 학력과 자격 및 경력을 가진 교원에게 학교급별, 성별 등의 조건에 관계없이 동일한 보수를 지급하는 것을 원칙으로 하는 '단일호봉제'를 지향하고 있다. 따라서 교사가 교감이나 교장으로 승진하여도 적용되는 보수표에는 변함이 없다.

우리나라의 「공무원보수규정」에 의하면, 유치원, 초등학교, 중학교, 고등학교 교원의 봉급표는 〈표 7-5〉와 같다. 2급 정교사로 발령을 받으면, 기산호봉으로 8호봉이 더해져서 초임에 9호봉부터 시작된다. 1급 정교사는 기산호봉으로 9호봉이 더해지며, 교장, 원장, 교감, 원감, 교육장, 장학관, 교육연구관, 장학사 및 교육연구사에 대해서는 1급 정교사의 호봉을 적용한다.

〈표 7-5〉 유치원 · 초등학교 · 중학교 · 고등학교 교원 등의 봉급표

(2019년 기준 월지급액, 단위: 원)

호봉	봉급	호봉	봉급	호봉	봉급	호봉	봉급
1	1,605,200	11	2,105,400	21	3,059,300	31	4,223,800
2	1,653,800	12	2,159,600	22	3,172,200	32	4,346,200
3	1,703,100	13	2,257,900	23	3,284,300	33	4,470,500
4	1,752,200	14	2,356,700	24	3,396,400	34	4,594,500
5	1,801,800	15	2,455,300	25	3,508,600	35	4,718,600
6	1,851,300	16	2,554,200	26	3,621,200	36	4,842,200
7	1,900,100	17	2,651,900	27	3,738,600	37	4,949,900
8	1,948,900	18	2,754,200	28	3,855,800	38	5,057,600
9	1,998,400	19	2,856,000	29	3,978,300	39	5,165,600
10	2,052,500	20	2,957,600	30	4,101,300	40	5,272,800

* 비고: 유치원 · 초등학교 · 중학교 · 고등학교의 기간제교원에게는 제8조에 따라 산정된 호봉의 봉급을 지급하되, 고정급으로 한다. 다만, 「교육공무원법」 제32조 제1항 제4호에 따른 기간제교원의 봉급은 14호봉을 넘지 못하며, 「교육공무원임용령」 제13조 제2항에 따라 시간제로 근무하는 기간제교원으로 임용된 사람에게 지급하는 월봉급액은 해당 교원이 정상근무 시 받을 봉급월액을 기준으로 하여 근무시간에 비례하여 지급한다.

또한 교원은 〈표 7-5〉의 봉급표에서 받는 금액 외에 각종 수당을 받게 된다. 「공무원수당 등에 관한 규정」 등에 의해 교원이 받는 대표적인 수당을 살펴보면 〈표 7-6〉과 같다.

〈표 7-6〉 교원이 받는 수당(2019년 기준)

수당명	설명
교직수당	월 250,000원
교직수당 가산금	• 30년 이상 경력의 55세 이상 교사에게 지급하는 수당 월 50,000원 • 보직교사: 수당 월 70,000원 • 교원 특별 수당: 특수학교, 나병 환자의 아이가 다니는 유·초등학교의 교원, 특수교육지원센터에서 근무하는 교원 월 70,000원 • 담임 업무 수당: 월 130,000원 • 실과 담당 수당: 농업, 수산, 해운 또는 공업계 교원자격증을 가지고 해당 교과목을 담당하는 교원에서 지급. 9호봉 월 35,000원에서 31호봉 월 50,000원까지 • 보건 교사 수당: 월 30,000원 • 영양 교사 수당: 월 30,000원 • 사서 교사 수당: 월 20,000원 • 겸임 수당: 병설유치원 등 통합학교, 병설학교의 교장, 교감을 겸할 시 교장 월 100,000원, 교감 월 50,000원
보전수당	• 경력 및 유치원/초/중/고 학교급별에 따라 차등 지급 • 기준금액은 교사 월 15,000원(도서벽지 근무자 월 18,000원) • 교장 월 70,000원, 교감 월 10,000원
교원연구비	• 유치원/초/중/고 학교급별에 따라 차등 지급 • 기준금액은 월 60,000원(각 시·도 교육청별로 차이가 있음)
직급보조비	교장은 월 400,000원, 교감은 월 250,000원
수석교사 연구 활동비	수석교사는 직급보조비를 받지 않는 대신 월 400,000원의 연구 활동비 지원
시간 외 근무수당	19호봉 이하 10,872원, 20호봉 이상 12,076원, 30호봉 이상 12,964원, 교감 13,850원

정근수당	• 매년 1월과 7월
	• 1년 미만: 미지급 / 2년 미만: 월봉급액의 5%
	  3년 미만: 월봉급액의 10% / 4년 미만: 월봉급액의 15%
	  5년 미만: 월봉급액의 20% / 6년 미만: 월봉급액의 25%
	  7년 미만: 월봉급액의 30% / 8년 미만: 월봉급액의 35%
	  9년 미만: 월봉급액의 40% / 10년 미만: 월봉급액의 45%
	  10년 이상: 월봉급액의 50%

정액급식비	월 130,000원
가족수당	배우자 40,000원, 배우자 및 자녀를 제외한 부양가족 1명당 20,000원, 첫째 자녀 20,000원, 둘째 자녀 60,000원, 셋째 이후 자녀 100,000원 * 부양가족의 수는 4명 이내로 함. 다만, 자녀의 경우에는 부양가족의 수가 4명을 초과하더라도 가족수당을 지급함
자녀학비보조수당	고등학교에서 발행한 공과금 납입영수증 또는 공납금 납입고지서에 적힌 학비 전액(수업료와 학교운영지원비를 합산한 금액)
명절휴가비	설날 및 추석/ 월봉급액의 60% 지급
성과상여금	S, A, B 세 등급으로 차등 지급(매년 5월경)

6. 교원의 불이익처분과 구제제도

교원의 신분을 보장하기 위하여 「교육공무원법」 제43조 제2항에는 "교육공무원은 형의 선고나 징계처분 또는 이 법에서 정하는 사유에 의하지 아니하고는 본인의 의사에 반하여 강임·휴직 또는 면직을 당하지 아니한다."라고 규정하고 있다. 또한 제43조 제3항에는 "교육공무원은 권고에 의하여 사직을 당하지 아니한다."라고 규정하고 있다.

그러나 교원이 잘못을 저지르거나 위법한 행위를 하였을 때에는 불이익을 받게 된다. 교원에 대한 대표적인 불이익처분으로는 징계, 직권면직, 직위해제가 포함된다.

1) 징계

징계는 조직의 내부질서를 유지하기 위하여 구성원에게 부과된 의무를 위반한 자에 대하여 신분상 이익의 일부나 전부를 박탈하는 제도이다. 「국가공무원법」 제78조 제1항에 의하면, 이 법에 의한 명령에 위반하였을 때, 직무상의 의무에 위반하거나 직무를 태만한 때, 체면 또는 위신을 손상하

는 행위를 한 때로 규정하고 있는데, 이것이 징계 사유가 된다. 징계 절차에
서 중요한 법적 요구조건은 징계처분을 받은 교원에게 자신을 방어하기 위
한 준비기간을 주는 것과 징계 심의과정에서 변호할 기회를 부여하는 것이
다. 「교육공무원법」 제50조 제3항에 의하면, "징계 대상자에게 진술의 기회
를 주지 아니한 징계의 의결은 이를 무효로 한다."라고 명시되어 있다. 징계
의 종류는 파면, 해임, 강등, 정직, 감봉, 견책으로 나뉜다(〈표 7-7〉 참조).

〈표 7-7〉 국 · 공립학교 교원에 대한 징계처분과 법적 효과

종류		기간	신분	보수, 퇴직급여
중징계	파면	–	• 공무원 신분 박탈 • 5년간 공무원에 임용될 수 없음	• 재직기간 5년 미만자는 퇴직급여의 1/4, 5년 이상자는 1/2 감액 지급 • 퇴직수당 1/2 감액
	해임	–	• 공무원 신분 박탈 • 3년간 공무원에 임용될 수 없음	• 퇴직급여와 수당 전액 지급
	강등	–	• 1계급 아래로 직급을 내림 • 신분은 보유하나 3개월간 직무에 종사하지 못함 • 18개월간 승급 제한	• 3개월간 직무에 종사하지 못하는 동안 보수의 2/3 감액
	정직	1~3개월	• 신분은 보유하나 직무에 종사하지 못함 • 정직처분기간+18개월 기간만큼 승급 제한 • 처분기간 경력평정에서 제외	• 보수의 2/3 감액
경징계	감봉	1~3개월	• 감봉처분기간+12개월 기간만큼 승급 제한	• 보수의 1/3 감액
	견책	–	• 6개월간 승급 제한	

파면-해임-강등-정직-감봉-견책의 순은 가장 무거운 중징계로부터 가장 가벼운 경징계로의 순이다. 또한 교원이 파면이나 해임의 처분을 받게 되면 교원의 신분을 상실하게 된다. 그리고 파면이나 해임은 모두 신분을 상실한다는 점에서는 동일하지만, 해임의 경우 3년간 교원에 임용될 수 없는 반면, 파면은 5년간 교원에 임용될 수 없으며, 보수 및 퇴직급여에 있어서도 차이가 난다.

2) 직권면직

직권면직은 일정한 사유가 있는 경우에 임용권자가 교원의 의사와 관계없이 교원의 신분을 박탈하는 처분으로서, 「국가공무원법」 제70조 제1항에 직권면직 사유가 열거되어 있다. 직권면직 사유 중에서 교원과 주로 관련된 사유로는 '휴직기간의 만료 또는 휴직 사유가 소멸된 후에도 직무에 복귀하지 아니하거나 직무를 감당할 수 없을 때'(제4호)와 '직무수행능력이 부족하거나 근무성적이 극히 불량하여 대기명령을 받은 자가 그 기간 중 능력 또는 근무성적의 향상을 기대하기 어렵다고 인정된 때'(제5호)이다.

직권면직은 징계에 따른 해임이나 파면과 마찬가지로 신분을 박탈하는 처분이지만 직권면직 절차에서 교원이 자신을 변호할 수 있는 기회를 부여하고 있지 않다. 징계위원회의 동의를 요구하는 사유가 아닌 다른 사유로 직권면직시킬 때에는 국·공립학교 교원의 경우 징계위원회의 의견을 듣도록 하여 견제장치를 두고 있는 반면, 사립학교 교원에 대해서는 그러한 절차를 마련해 놓고 있지 않다.

3) 직위해제

직위해제는 잠정적으로 직무에 종사할 수 없도록 직위를 부여하지 않는 처분이다. 이는 교원이 계속 직위를 보유하면서 직무를 수행한다면 직무 집행의 공정성과 그에 대한 국민의 신뢰를 저해할 구체적인 위험의 우려가 있는 경우 이를 사전에 방지하기 위한 잠정적인 조치로서의 성격을 갖고 있다. 「국가공무원법」 제73조의3에는 직위해제의 사유(직무수행능력이 부족하거나 근무성적이 극히 불량한 자, 파면·해임·강등 또는 정직에 해당하는 징계의결이 요구 중인 자, 형사사건으로 기소된 자)를 규정하고 있다. 그리고 그 사유가 소멸된 때에는 지체 없이 직위를 다시 부여하여야 한다.

직위해제가 되면 직위해제 기간 동안 승급할 수 없고, 봉급의 8할을 받게되는데, 징계의결이 요구 중이거나 형사사건으로 기소되어 직위해제되고 이후 3개월이 경과하여도 직위를 부여받지 못한 때에는 3개월 경과 이후부터는 봉급의 5할을 받게 된다. 나아가 직위해제 기간 중에는 승진할 수 없고, 직위해제 기간은 경력평정에서 제외된다.

4) 불이익처분의 구제제도: 교원소청심사제도

교원이 신분상의 불이익처분을 받았을 때 비교적 절차가 간단하고 비용이 적게 드는 구제제도가 바로 교원소청심사제도이다. 구체적으로, 교원이 징계처분 및 기타 그 의사에 반하는 불리한 처분을 받고 불복이 있는 때에는 처분을 알게 된 날로부터 30일 이내에 교육부에 설치된 교원소청심사위원회에 재심을 청구할 수 있다. 교원이 재심을 청구하면 우선 파면·해임·면직처분의 경우 임용권자는 교원소청심사위원회의 최종 결정이 있을 때까지 후임자의 보충발령을 하지 못하며, 교원소청심사위원회의 결정은 처분권자를 기속한다.

또한 교원소청심사위원회는 재심청구를 접수한 날부터 60일 이내에 결정을 하여야 하고, 불가피한 경우에는 30일 연장할 수 있도록 하여 법원의 절차에 비해 빠른 시간 내에 교원이 권리 구제를 받을 수 있다. 교원소청심사위원회는 법원의 판결과 달리 불이익처분의 무효 확인이나 처분을 취소하는데 그치지 않고 직접 처분을 변경할 수 있다는 점이 특징이다. 따라서 교원소청심사위원회에서 교원의 불이익처분을 취소하였다면 별도로 임용권자가 교원의 불이익처분을 취소하는 조치를 취하지 않더라도 바로 교원소청심사위원회의 결정으로 불이익처분 취소의 효력이 발생한다. 즉, 교원은 따로 소송을 통해 불이익처분 무효 확인을 구할 필요가 없는 것이다. 그러나 사립학교의 경우, 교원이 이러한 과정을 거쳐 법적으로는 복직되었다고 하더라도 사실적으로 임용권자(사립학교 측)가 복직시키지 않고 있는 경우 임용권자를 강제할 법적 장치가 없다는 점이 문제로 남아 있다.

7. 교원의 휴직

교원의 휴직은 다음과 같은 세 가지 유형으로 분류할 수 있다. 휴직의 유형에 따른 휴직기간을 함께 살펴보면 다음과 같다.

〈교원 본인의 의사에도 불구하고 임용권자기 휴직을 명해야 하는 경우〉

종류	휴직기간
신체 · 정신상의 장애로 장기요양이 필요할 때	1년 이내(부득이한 경우 1년 연장 가능). 다만, 「공무원재해보상법」에 따른 공무상 부상 또는 질병으로 인한 휴직기간은 3년 이내
병역법에 의한 병역의 복무를 위하여 징집 또는 소집된 경우	복무기간이 만료될 때까지
천재지변이나 전시 · 사변 또는 기타의 사유로 인하여 생사 또는 소재를 알 수 없게 된 경우	3개월 이내
기타 법률의 규정에 의한 의무를 수행하기 위하여 직무를 이탈하게 된 경우	복무기간이 만료될 때까지
「교원의 노동조합 설립 및 운영 등에 관한 법률」의 규정에 의하여 노동조합 전임자로 종사하게 된 경우	전임기간까지

〈교원 본인이 원하는 경우에 임용권자가 휴직을 명해야 하는 경우〉

종류	휴직기간
만 8세 이하 또는 초등학교 2학년 이하의 자녀를 양육하기 위하여 필요하거나 여성 교육공무원이 임신 또는 출산하게 된 경우	자녀 1명에 대하여 3년 이내 (분할 가능)
만 19세 미만의 아동(위의 육아휴직의 대상이 되는 아동은 제외)을 입양하는 경우	입양자녀 1명에 대하여 6개월 이내

〈교원이 휴직을 원하는 경우에 임용권자가 휴직을 명할 수 있는 경우〉

종류	휴직기간
학위취득을 목적으로 해외유학을 하거나 외국에서 1년 이상 연구 또는 연수를 하게 된 경우	3년 이내. 다만, 학위취득을 하려는 경우에는 3년의 범위에서 연장 가능
국제기구, 외국기관, 국내외의 대학·연구기관, 다른 국가기관, 재외교육기관 또는 대통령령으로 정하는 민간단체에 임시로 고용되는 경우	고용기간까지
교육부장관 또는 교육감이 지정하는 국내의 연구기관이나 교육기관 등에서 연수하게 된 경우	3년 이내
사고나 질병 등으로 장기간의 요양이 필요한 부모, 배우자, 자녀 또는 배우자의 부모의 간호를 위하여 필요한 경우	1년 이내로 하되, 재직기간 중 총 3년을 초과할 수 없음
배우자가 국외근무를 하게 되거나, 배우자가 학위취득을 목적으로 해외유학을 하거나 외국에서 1년 이상 연구 또는 연수를 하게 된 경우	3년 이내. 단, 3년의 범위에서 연장 가능. 다만, 총 휴직기간은 배우자의 국외근무, 해외유학·연구 또는 연수기간을 초과할 수 없음
재직기간 10년 이상인 교원이 자기개발을 위하여 학습·연구 등을 하게 된 경우	1년 이내. 재직기간 중 1회에 한함

제 8 장 학교시설

1. 학교시설의 개념

학교시설에 대한 여러 학자의 정의를 살펴보면 다음과 같다.

- 학교시설은 교육의 목적을 효과적 · 능률적으로 달성하기 위해 설치한 학교의 물리적 환경을 총칭한다(남정걸, 2002).
- 학교시설은 교육목적과 목표의 제반 기능을 원활히 수행하는 데 필요한 공간 및 공간의 물리적 환경 또는 형태로서, 일정한 장소에서 계속적으로 교육활동을 영위하기 위하여 설비되어 있는 물적 조건을 포괄적으로 지칭하는 것이다(박종혁, 2006).
- 학교시설이라 함은 ① 교사 대지 · 체육장 및 실습지, ② 교사 · 체육관 · 기숙사 및 급식시설, ③ 그 밖에 학습지원을 주된 목적으로 하는 시설로서 대통령령이 정하는 시설에 해당하는 시설을 뜻한다(「학교시설사업 촉진법」).

　이상에서 살펴본 학교시설의 정의를 고려할 때, 학교시설의 개념에는 다음과 같은 특성이 내포되어 있음을 알 수 있다.

　첫째, 학교시설은 교육의 목적을 달성하기 위해 필요한 물리적 환경이다.

　둘째, 학교시설에는 교사 대지, 체육장, 교사(각종 교실 포함), 체육관, 강당, 기숙사, 식당, 기타 시설 등이 포함된다.

　셋째, 학교시설은 교육과정의 공간적·물적 요소로서 학습을 성립시키는데 결정적인 요소가 된다. 즉, 학교시설을 어떻게 구비하는가의 문제는 학습자로 하여금 학습을 성공적으로 달성할 수 있고 학습효과를 극대화시켜 줄 수 있는 기반이 될 뿐만 아니라, 교육정책의 성공에도 필수적인 조건이다.

2. 학교시설의 구성 및 분류 체계

　국내외 학교시설의 구성 및 분류 체계를 살펴보면 다음과 같다. 먼저, 이화룡과 윤천근(2003)은 학교시설의 큰 범주로 ① 교사 대지, ② 실습지, ③ 체육장, ④ 교사, ⑤ 필요시설, ⑥ 옥외시설로 분류하였고, 이 중에서 중요한 학교시설로는 교사, 필요시설, 옥외시설을 들었다. 또한 성태제(2005)는 학교시설의 큰 범주로 ① 교사 대지, ② 실습지, ③ 체육장, ④ 교사, ⑤ 옥외시설로 분류하였고, 이 중에서 중요한 학교시설로 교사시설을 들었고, 교사시설을 교수-학습영역, 지원영역, 관리영역, 공용 공간, 필요시설로 구분하였다.

　이러한 학교시설의 범주를 종합적으로 고려해 보면, 학교시설의 구성 및 분류 체계는 〈표 8-1〉과 같이 구성할 수 있다.

〈표 8-1〉 학교시설의 구성 및 분류 체계

교사	교수-학습영역		일반교실, 교과전용교실, 다목적교실
	지원영역	학습지원	도서실, 교과별 정보자료실, 학습자료실, 시청각실, 멀티미디어실
		교원지원	교사연구실, 교과협의실, 교사휴게실, 전산실, 체력단련실
		학생지원	홈베이스(거점교실), 수납공간(라커룸), 학생휴게실, 학생자치회실, 클럽활동실
	관리영역		교무실, 행정실, 회의실, 학부모 운영회실, 상담실, 숙직실, 방송실
	생활영역	보건위생시설	보건실, 화장실, 학생 탈의 및 샤워실, 교사 탈의 및 샤워실
		체육관 및 급식실	강당 겸 체육관, 급식실 및 식당
	공용 공간		복도, 계단, 승강기, 현관, 테라스, 라운지, 오픈스페이스, 기계실, 전기실 등
필요시설			실습실, 수영장, 도서관, 사택, 기숙사, 평생학습시설 등
옥외시설			옥외학습시설, 옥외휴게시설

3. 교육시설의 준거

준거는 대상이 소유하고 있으면 가치 있다고 여겨지는 양적 · 질적 성질, 상태, 행위 등의 속성이다. 그동안 교육시설의 준거에 대해 여러 학자(예: 김영철 외, 2009; 남정걸, 1986)가 나름대로 제시하고 있다. 여러 학자가 제시한 교육시설의 준거들은 다음과 같다.

- 충분성(adequacy): 교육 공간이나 시설의 규모와 수가 학생 및 교육활동을 수용하고 지원하기에 충분하고 적절해야 한다.
- 융통성(flexibility): 교육의 변화 추세에 따라 교육시설이 변화, 대응할 수

있어야 한다.

- **효율성**(efficiency): 교육시설은 그 안에서 전개될 교육의 목표를 최대한으로 달성할 수 있어야 한다.
- **적절성**(suitability): 교육시설의 구조나 배치가 교육활동을 전개하거나 이용하는 데 불편 없이 적합하여야 한다.
- **건강성**(healthfulness): 조명, 난방, 환기, 급수, 화장실 등이 학생들의 건강에 지장이 없도록 확보되고 위생적이어야 한다.
- **안정성**(safety): 교육시설의 구조나 자재가 견고하고, 풍우나 화재 등 재난을 막을 수 있어서 학생들의 안전을 보호할 수 있어야 한다.
- **미관성**(beauty): 교육시설은 외관이 멋있고 아름다워서 학생들의 정서를 함양하고 심미감을 기를 수 있도록 영향을 주어야 한다.
- **경제성**(economy): 교육시설은 최소의 비용으로 최대의 효과를 올릴 수 있도록 계획, 시공, 유지, 관리되어야 한다.
- **개방성**(openness): 학교시설은 교육에 지장이 없는 한 지역사회에 개방되어야 한다.
- **발달성**(development): 교육시설은 교육과정 운영의 실행자 및 대상자의 발달을 용이하게 하도록 교육시설이 갖추어져야 한다.
- **공학성**(engineering): 교육시설은 교육과정 운영에 있어 시간적·공간적 제한을 넘어서서 다양한 학습경험을 갖도록 하여 교육에의 성과를 도모할 수 있도록 구비되어야 한다.
- **자연친화성**(natural): 교육시설은 학교 구성원의 건강과 안전이 보장될 수 있도록 자연친화적으로 시설이 구비되어야 한다.

하지만 이상에서 제시된 교육시설의 준거들은 미래형 학교시설의 준거로는 충분하지 않다. 여기에 덧붙여서, 미래형 학교시설의 준거로서 중요하게 고려되어야 할 사항을 추가하면 〈표 8-2〉와 같다.

〈표 8-2〉 미래형 학교시설의 준거

준거	의미
자연성 (natural)	학교시설은 자연스러움을 최대한 반영하고 자연과 함께할 수 있도록 설비되어야 함(예: 학교숲, 연못, 공원, 정원)
친환경성 (pro-environment)	학교시설의 모든 재질과 구성은 환경을 최대한 개선할 수 있도록 설비되어야 함(예: 옥상 녹화, 오리, 토끼)
인간성 (humanity)	학교시설이 인간의 본성에 맞게 그리고 인간다움을 느낄 수 있도록 설비되어야 함(예: 곡선의 부드러움과 색채의 조화)
에너지 절약성 (energy save)	학교시설은 에너지를 최대한 절약하고 생산할 수 있도록 설비되어야 함(예: 태양열과 태양광, 그리고 지열의 활용)
과학성 (science)	학교시설의 모든 메커니즘은 과학적으로 설비되어야 함(예: 시설의 자동화와 과학화)
복합성 (composition)	학교시설의 모든 메커니즘은 유기적인 관련성을 갖고 사용이 용이하도록 설비되어야 함(예: 지하주차장의 연계성 및 지역공동체에 개방)
생태성 (ecology)	학교시설이 사람과의 관계에서 긍정적인 영향을 미칠 수 있도록 설비되어야 함[예: 생태 녹지 공간, 비오톱(biotope)*]
미학성 (beauty)	학교시설이 사람에게 아름답다고 느껴질 수 있도록 설비되어야 함(예: 학교건축 디자인과 색채의 아름다운 조화)
건강성 (health)	학교시설이 사람의 건강에 해롭지 않고 이로울 수 있도록 설비되어야 함(예: 편하게 이용할 수 있는 체육시설의 분포)
교육성 (education)	학교시설은 그 자체가 학생들에게 교육적인 가치와 느낌, 그리고 의미를 전달할 수 있도록 설비되어야 함(예: 색채와 구조)

* 야생생물이 서식하고 이동하는 데 도움이 되는 숲, 가로수, 습지, 하천, 화단 등 도심에 존재하는 다양한 인공물이나 자연물로 지역 생태계 향상에 기여하는 작은 생물서식 공간을 뜻한다.

4. 학교 공간의 비판과 대안[1]

1) 학교 공간의 비판적 관점

Schlechty와 Joslin(1986)은 학교를 공장, 병원, 전쟁터, 가족 등으로 비유하였다. 즉, 공장으로서의 학교는 대량 생산, 일관된 작업 기술, 질 통제에 근거하여 파악된다. 학교장은 경영자, 교사는 작업자, 학생은 생산물로서 간주된다. 병원으로서의 학교는 전문적인 행위와 학업성취의 진단에 초점을 두어 파악된다. 교사교육이나 수업개선은 의료적 행위로 간주된다. 전쟁터로서의 학교는 학생을 통솔받아야 하는 군인으로, 학급은 승리해야 할 전투, 수업계획은 전략과 전술로 파악된다. 학생에 대한 교사의 권위가 강조되고, 처벌이나 훈육이 강조된다.

조금 다른 접근으로서 학생에 비친 교사의 모습이 어떠한가를 통해 학교 공간의 이미지를 유추해 볼 수도 있다. 한 연구(Cansever & Aslan, 2016)는 10세 학생들을 대상으로 교사에 관한 은유적 표현을 조사하였다. 그 결과 여덟 가지 유형으로 나타났다. 즉, 공학을 잘 다루는 사람(technology literacy), 박식한 사람(sophisticated person), 가족 같은 사람(family member), 코치 같은 사람(guide), 생산하는 사람(productive person), 판사 같은 사람(fair person), 천사 같은 사람(warm-hearted person), 활동적인 사람(energetic person)으로 나타났다. 이와 같은 은유적 표현은 학교 공간을 공장이나 가족 등으로 비유할 수 있다.

이와 같은 비유에 덧붙여, 한국의 학교교육의 극심한 경쟁, 서열화, 양극화, 입시위주 교육 시스템 등의 현실과 함께 현대의 거의 획일적인 대형 복층식 직사각형의 학교시설과 연관 지어 고찰해 본다면, '가족으로서의 학교'

---

[1] 이 부분은 저자의 논문인 「학교 공간에 관한 의미 탐색」(2019)의 일부분을 발췌한 것이다.

모습은 거리가 멀다고 할 수 있다. 학교 공간의 비판적 관점으로는 '감옥으로서의 학교' '공장으로서의 학교'가 타당하다고 간주할 수 있다.

(1) 감옥으로서의 학교 공간

먼저, 감옥으로서의 학교 공간을 비판적으로 살펴볼 필요가 있다. Bentham이 주장한 '판옵티콘(Panopticon)'은 건축에 대한 중요한 조합적 건축물이 된다. 그 원리는 주위에는 원형의 건물이 있고, 그 중심에는 탑이 하나 있다. 탑에는 원형건물의 안쪽을 향해 있는 여러 개의 큰 창문들이 뚫려 있다. 주위의 건물은 독방들로 나뉘어 있고, 모든 독방에는 건물의 앞면에서부터 뒷면까지 내부의 공간을 모두 차지한다. 독방에는 두 개의 창문이 있는데, 하나는 안쪽을 향하여 탑과 창문이 서로 대치해 있다. 그 창을 통해 독방에 빛이 스며든다. 따라서 중앙의 탑 속에는 감시인이 한 명 배치되고, 각 독방 안에는 광인이나 병자, 죄수, 노동자, 학생 등 누구든지 한 사람씩 감금할 수 있게 된다. 이러한 '판옵티콘', 즉 원형감옥은 많은 신체에 대해 적은 수의 감시원으로도 통제가 가능하게 할 수 있는 새로운 시설이었다(최연희, 2012). 또한 감독자는 보이지 않으면서 감독할 수 있는(seeing without being seen) 특징을 지닌 시설이었다. 현재의 수많은 학교 시설 및 공간이 이와 같은 구조와 유사한 구조를 갖고 있다. 교무실은 학교 공간의 가운데에 위치하는 경우가 많으며, 일직선으로 된 교실과 복도를 통해 학생을 감시 감독하기 용이한 공간 구조로 되어 있다.

(2) 공장으로서의 학교 공간

다음으로, 공장으로서의 학교 공간을 비판적으로 살펴볼 필요가 있다. 1880년대는 사회질서의 문제가 산업조직에서뿐만 아니라 사회복지와 노동공급에서도 중요한 시기였다. 즉, 생산의 재구조화는 노동시장의 구조에 영향을 미쳤다. 생산의 재구조화는 기존의 사회구조 내에서 쉽게 적응하지 못하는 '숙련이 필요 없는(unskilled)' 노동자라는 하나의 새로운 노동자 범주를 만들어 내었다. 이와 같은 관점이 어느 정도는 지배적인 관점이 되었고, 정부가 '적극적인' 개입을 시작하였다. 1890년대 무렵에는 생산 공학(production engineering)이 작업장의 합리화가 되었듯이, 사회 공학(social engineering)이 노동시장의 합리화가 되었다. 과학적 관리를 믿었던 사람들이 공장을 재구조화하는 동안에, 이들과 마찬가지로 '새로운 중류층'을 이루었던 교육 관계자들은 학교교육의 재조직을 추진하였다. 즉, 약 1840년에서 1860년 사이에 개혁이 이루어졌었던 공립학교 체제는 조직의 능률성과 행정의 효율성에 폭넓은 관심을 갖게 되었다. 1890년 이후에, 공립 학교교육은 더 이상 학생들이 출세할 수 있는 하나의 사다리가 되지는 못했다. 오히려 공립 학교교육은 점차 학생 개인의 변화를 위한 교육기회를 공표하는 구조임과 동시에 학생 개인의 변화를 위한 교육기회를 제한하는 구조가 되었다. 이와 같은 상황을 배경으로 하여, 미국인의 초기 진보주의는 양면적인 철학의 성격을 띠었다. 즉, 다원주의는 학생 개인의 변화를 사회발전의 원천으로 보았고, 공립학교의 '고정적' 교육에 반대의 입장을 가졌다. 그러나 국가 개입의 가치에 대한 믿음(예를 들면, 노동계층을 위한 의무교육제도)을 가졌고, 개인의 '요구'뿐만 아니라 노동시장의 '요구'에도 국가 개입의 가치가 있다는 입장을 가졌다(Hamilton, 1989).

미국의 경우 1852년에서 1917년 사이에 의무교육이 도입되었다. 의무교육이 도입되기 전에는 교회나 집에서 교육이 대부분 이루어졌으며, 공식적인 교육은 소수 특권층에게만 이루어졌다. 하지만 의무교육이 학교교육에 도입되면서 많은 학생을 효율적으로 관리할 필요성이 대두되었다. 이 시기의 초기 학교교육은 교실이 하나인 학교의 형태를 띠었는데, 그 지역의 경제적 상황에 따라 학교시설의 편차가 컸다. 또한 협소한 공간에서 한 명의 교사가 연령이 다양한 학생들이 모인 교실을 책임지고 맡아서 가르치는 형태였다. 학교는 오전 9시부터 오후 4시까지 운영하였으며, 두 번의 15분간 휴식 시간과 1시간의 점심시간이 주어지는 시스템이었다(Nair, 2017). 이 시기의 학교 공간이 담긴 모습은 [그림 8-1]과 같다.

[그림 8-1] 19세기의 교실 공간

* 출처: Nair, P. (2017). *Blueprint for tomorrow: Redesigning schools for student-centered learning* (3rd ed.), p. 7.

이와 같은 의무교육 운동은 하위층의 아이들을 복종하는 군인(soldiers)이나 농노(serfs)로 훈련시키는 것을 목적으로 한 프러시안 운동(Prussian movement)에서 영향을 받은 것이었다. 이와 같은 흐름에 따라 다수의 아이를 효율적으로 가르치는 필요성이 강하게 제기되었고, 하나의 교실을 가진 학교는 더 이상 적합하지 않았다. 그래서 이후에는 대다수의 학생을 한꺼번에 효율적으로 가르치는 '공장'의 형태를 닮은 학교가 등장하게 되었다. 한 교실의 다수 학생에게 한 명의 교사가 똑같은 책상, 걸상, 교과서가 주어진 상황에서 가르치기 시작하였다. 이와 같은 공장식 대량 생산 방식의 교육 시스템은 급속히 확산되었다. 공장식 교육 시스템은 이후 Maria Montessori의 교육 사상 및 1970년대에 나타난 열린 교실 운동(open-classroom movement)에 의해 그 타당성이 잠깐 쟁점이 되었다. 하지만 급속한 산업화 시대에는 여전히 효율성의 가치를 가장 우선시하였고, 결과적으로 효율적인 의사결정이 가능하고 학생들을 수동적인 객체로 간주하는 교육 시스템이 반영되는 학교 공간 디자인이 주를 이루었다(Nair, 2017).

2) 학교 공간의 대안적 관점

공간의 문제가 인간의 삶과 직결되어 있다는 점에서 교실과 학교 그리고 그 안에서 학습하고 생활하는 학생의 관계는 필연적인 관계를 맺을 수밖에 없다. 최근 들어 인성교육의 기조가 강조되면서 다각적인 접근을 통해 인성교육의 효과를 높이려는 시도들이 생겨나고 있다는 점에서 학생들이 생활하고 있는 교실의 공간적 문제를 되짚어 보는 것은 의미 있다. 또한 언제부터인가 사회의 이목을 집중시키고 있는 학교폭력, 교실붕괴 등과 같은 현상을 단지 교육 내용과 제한된 실행에서만 찾을 것이 아니라 그들을 둘러싸고 있는 교실 공간의 문제와 연관 지어 해결책을 모색해 본다면 그것의 예방과 근절을 위한 다양한 노력의 일환으로서 의미가 있다(김은수, 변순용, 2016).

(1) 학교 공간에 대한 인식 전환

학교 공간은 오래전부터 이어져 온 방식에 따르는 이른바 '경로의존성(path dependency)'이 존재한다. 학교 공간의 상세한 대안에 앞서 학교 공간에 대한 인식의 전환이 요구된다.

한용진(2010)은 근대적 교육공간의 성격과 문제점이 무엇인가를 살펴본 후 다음과 같은 결론을 내렸다.

첫째, 교육공간은 학교라는 물리적 교육시설뿐만 아니라 대우주로서의 자연과 관념적 성격의 실존적 공간, 그리고 소우주로서 인간의 몸 등을 상정할 수 있다.

둘째, 근대 교육사상은 덕·체·지의 균형적 발전을 지향하였으나, 19세기 국가주의 체제에서 학교교육은 교수나 양육보다 훈육을 강조하여 산업사회에 요구되는 규격화된 인간을 양성하였다.

셋째, 한국의 근대학교 모습은 전통 한옥에서 서양 건축양식으로 변화되며, 점차 권위주의적이고 위압적인 구조로 변하였다. 이러한 과정에서 학교교육은 군국주의화된 훈육과 함께 교수의 효율성만을 중시하는 공간으로 변화되어 왔다.

결국, 21세기의 새로운 대안적 교육공간을 고려해 보면, 훈육과 교수, 양육의 균형적 발전을 통해 자연과 벗하며 인간과 인간의 실존적 만남이 이루어질 수 있는 적절한 규모의 교육공간이 마련되어야 한다.

그리고 Palmer(2017)는 바람직한 교육공간으로서 다음과 같은 특징을 제안하였다.

첫째, 교육공간은 우선 제한적이지만 개방적이어야 한다. 경계가 없는 공간은 공간이 아니며, 이러한 경계 안에서 학생들은 자유롭게 말할 수 있지만, 그 발언들은 늘 주제로 수렴되어야 한다.

둘째, 교육공간은 다정하면서도 긴장되어야 한다. 교육공간은 교육적 탐험의 위험을 극복할 수 있도록 다정하고 개방적이고 안전하고 믿음이 가고 자유로워야 하며, 그러한 위험을 감내할 각오가 되어 있도록 긴장되어 있어야 한다.

셋째, 교육공간은 개인과 집단의 목소리를 동시에 수용해야 한다. 교육공간은 학생들이 진정한 자신의 목소리를 내도록 유도할 수 있어야 하며, 개인적인 표현만큼 집단의 목소리가 수집되고 확대되고 피드백되어야 한다.

넷째, 교육공간은 '작은' 이야기와 보편적인 '큰' 이야기 모두를 존중해야 한다. 교육공간은 막연한 추상적 개념이 아닌 삶 속에서 자라나는 작지만 감동적인 설화가 수용되어야 하며, 이와 함께 원형적인 그리고 개인적인 이야기를 정의해 주고 그 의미를 이해하게 만드는 강제적인 큰 이야기도 거론되고 존중되어야 한다.

다섯째, 교육공간은 고독을 지지하면서 동시에 일체감을 부여해야 한다. 교육공간은 혼자 반성할 수 있는 시간을 가질 수 있어야 하고 내면적 자아의 성실성을 존중해 주어야 하며 대화가 스스럼없이 교환되어 무지가 발설되고 아이디어가 검증되고 편견이 도전받고 지식이 확대되는 일체감을 가지고 있어야 한다.

마지막으로, 교육공간은 침묵과 언어를 동시에 환영해야 한다. 침묵은 외면이 아닌 세계와 영혼의 가장 깊은 곳에서 흘러나오는 일종의 언어라는 점에서 교육공간은 언어뿐만 아니라 침묵 또한 품고 있어야 한다. 이런 점에서 하나의 공간이 교육 공간, 즉 학교와 교실로 규정되기 위해서는 그 안에 다양성, 개방성, 개인과 집단, 작은 내러티브와 보편적 내러티브, 어울림과 고독, 소통과 침묵 등이 내포되어 있어야 한다.

Gil(2009)은 바람직한 학교 공간의 혁신에 있어 핵심은, 첫째, ICT의 개발이 접목되도록 하는 것이고, 둘째, 학교 내에서 특수교육이 필요한 학생들을 포함하여 구성할 수 있도록 하는 것이며, 셋째, 학생들의 학업성취를 자극할 수 있도록 하는 것으로 보았다. 그것이 가능한 교실 환경 조직의 변화로는 학생들을 집단화하여 가르칠 수 있도록 하는 것, 가상(virtual) 수업이 가능하도록 교실 환경을 만들 것, 학습자들이 공동체를 형성할 수 있도록 만들 것, 학습자의 요구에 따른 교육이 가능하도록 만들 것 등을 포함하였다. 그리고 넷째, 지역사회가 사용할 수 있도록 학교를 개방하는 것으로 보았다.

이상에서 살펴본 학교 공간에 대한 인식의 전환이 일반 대중과 학교 관련 전문가들에게 일어날 필요가 있다.

(2) 학교 공간의 학습 환경 혁신

학교 공간의 기능 중 핵심에 해당되는 것은 학습 기능이라고 해도 과언이 아니다. 따라서 학교 공간의 학습 환경 혁신이 요구된다.

영국의 교육과학부(DfES)에서는 2003년에 「미래의 교실(Classrooms of the future)」이라는 보고서를 발간하여, 학생들에게 영감을 불러일으키고 학습을 자극할 수 있는 혁신적이며 창의적인 교육 환경을 만드는 데 도움을 주려고 하였다. 또한 영국의 건축 및 환경 위원회(Commission for Architecture and the Built Environment: CABE)는 2004년에 「21세기의 학교: 미래의 학습 환경 (21st century schools: Learning environments of the future)」이라는 보고서를 발간하여, 미래의 학습 환경에 대한 자극적인 시나리오를 제시하였다. 이 보고서에서 미래에는 학습자들의 네트워크가 완전히 온라인으로 연결되어 진행되고 학교는 행정적인 기능만 하는 것으로 제한될 것으로 보았다. 그리고 미래에는 교육이 혁신되어 새로운 교육의 환경 및 공간이 다음과 같이 변화될 것으로 보았다.

- 변화의 핵심이자 촉매제로서 ICT 사용의 증가
- 가상(virtual) 교실과 학습자들의 공동체
- 학습자 개인의 요구를 위한 맞춤형 교육
- 학교 내에서 학생들 집단편성의 다양화
- 폭넓은 지역사회로의 학교 개방
- 학교 공간의 제한을 벗어난 학습 환경의 확산
- 학교 내에서 특수교육 필요한 학생들의 통합

이 보고서는 이미 학교는 전통적인 디자인, 특별실의 공간과 교실, 수업일(수업시간)과 교육과정, 정해진 학교 위치 등으로부터 벗어나기 시작했음을 알렸다. 그리고 미래에는 학교에 더욱 다목적의 공간들, 유동적인 시간표, 지역사회를 포함한 다양한 학습 공간에 따른 개인별 학습 계획, 열린 학습 공간과 폭넓은 교육적 경험 및 활동에 따른 효과적인 교수-학습의 지원이 요구될 것으로 보았다.

한편, 호주의 교육기획자 Kenn Fisher(2005)는 호주 교육연수부(Department of Education and Training)의 보고서로서 「교육학과 공간의 연계(Linking pedagogy and space)」를 발표하였다. 이 보고서를 통해 교육과정과 교육학 및 공간의 연계를 시도하였다. 이후 이 보고서는 학생의 학습 활동을 가장 우선시하도록 공간을 디자인하는 간단명료한 모델을 제시함으로써 세계의 많은 교육기획자에게 아주 중요한 지침서로 활용되었다.

건축과 인간 환경의 연구와 혁신을 위한 샐포드 센터(Salford Centre for Research and Innovation in the Built and Human Environment: SCRI)는 2009년에 「최적의 초등학교 환경(Optimal primary school environments)」의 발행을

통해 학습과 공간 간의 연계성을 매우 강조하였다. 즉, 이 보고서에서 어떤 연구자들(Barrett & Zhang, 2009)은 학교 건축의 물리적 특성과 학교 내의 공간 간에 명확한 연계성이 있으며, 학교 건축의 물리적 특성과 교육성과 간에도 명확한 연계성이 있음을 강조하였다. 따라서 학교 건축의 디자인 단계에서부터 학생의 학습과 공간을 우선적으로 고려하는 것이 중요하다는 점을 강조하였다. 그리고 많은 교사들과 학생들은 이와 같은 중요한 특징이 반영되지 않은 공간에서 가르치고 배우고 있는 현실을 비판하였다.

이들은 미래의 교육을 위해서는 학생 개인의 욕구를 충족시킬 수 있도록 학교의 기능적 공간을 적합하게 갖추는 것이 중요하다고 보았다. 이를 위한 핵심 디자인 원리로서 '개별화(individualization)'를 제시하였으며, 개별화는 개별성(particularization)과 개인화(personalization)의 두 가지 방식으로 실현할 수 있다고 제안하였다. 개별성은 매우 특수한 유형의 사용자의 기능적 요구를 수용하는 것을 뜻하고, 개인화는 공간에 대한 개인적인 경험 때문에 생기는 개인의 선호도를 뜻한다. 또한 이들은 영원히 만족시키는 시설과 공간은 불가능하지만, 학교 디자인에 있어 개별화를 연계시킬 수 있는 세 가지 핵심 이슈를 다음과 같이 제시하였다.

- **선택**: 개인의 특성과 물리적 환경 간의 적합성과 관련된다. 예를 들면, 개인의 과제에 적합한 공간의 크기, 모양, 높이를 선택 가능하도록 한다.
- **유연성**: 환경의 변화가 발생할 때, 적시에 비용에 있어 효과적인 방식으로 공간을 변형하여 가르칠 수 있도록 하는 것을 의미한다.
- **연계성**: 학교 건물 내의 공간들 간의 관계뿐만 아니라 학교와 지역사회 간의 관계와 관련된다.

이상에서 살펴보았듯이, 학교 공간의 대안 중에서 학습 환경 혁신이 중요하다. 그리고 학습 환경을 혁신한다고 할 때 앞에서 제시된 준거들을 바탕으로 할 필요가 있다.

(3) 학교 공간의 디자인 혁신

학교 공간을 어떻게 디자인하는가는 학업능력 등 인지적 영역에 영향을 미칠 수도 있고, 창의성 등 정의적 영역에도 영향을 미칠 수도 있다.

영국의 정보시스템합동위원회(Joint Information Systems Committee: JISC)는 2006년에 학교 건물은 지을 때 비용이 많이 들며 짓고 난 후에는 장기간 활용해야 하는 자원이므로, 학생을 위한 공간을 디자인할 때 유념해야 할 것으로서 다음과 같은 특징을 제안하였다.

- 유연성(flexible): 현시대의 교육학과 미래의 교육학 모두를 수용할 수 있도록 한다.
- 미래지향성(future-proofed): 필요에 따라 공간을 재배치하고 변형할 수 있도록 한다.
- 대담성(bold): 기존에 시도되고 테스트된 기술과 교육학을 넘어설 수 있도록 한다.
- 창의성(creative): 학습자와 교수자를 고무시키고 자극할 수 있도록 한다.
- 지원성(supportive): 모든 학습자의 잠재력을 개발할 수 있도록 한다.
- 진취성(enterprising): 한 공간에서 다양한 목적의 교육 활동이 가능하도록 한다.

또한 영국의 학교 디자인 위원회(Design Council)는 2005년에 「학습 환경 캠페인 안내(Learning environments campaign prospectus)」라는 보고서를 발간하여, 학교 디자인은 학급 목적과 연계될 필요가 있음을 강조하였다. 그리고 표준화된 교실 디자인은 학생의 창의성을 방해하고 교수-학습의 다양성을 제한하며 학생의 요구를 반영하지 못했으므로 학습에 맞는 공간으로 개혁될 필요가 있음을 강조하였다. 이 보고서는 질 낮고 표준화되고 제도화된 교실 환경이 구체적으로 다음과 같은 문제가 있음을 지적하였다.

- 교수-학습의 다양성을 제한하며 교사와 학생 간의 상호작용에 부정적인 영향을 미친다.
- 학습 공간으로서의 가치를 훼손시킨다.
- 학생 개인의 요구를 반영하지 못한다.
- 학생의 창의성을 저해한다.
- 비효율성을 가져온다.
- 시간과 노력을 낭비시킨다.
- 장기적으로 비용이 더 든다.

Nair, Fielding, Lackney(2009)는 대부분의 학교 건축이 직선형 방식의 공간을 갖추고 있는데, 이러한 학교의 공간 배치 방식이 과연 학생들의 교육활동을 위한 공간 디자인인지 되물어 볼 수 있어야 한다고 하였다. 또한 이와 같은 공간 디자인은 인간의 두뇌와 인간의 경험에 관한 복잡성과 연구를 무시한 것이며, 그 결과로 학생의 학습을 방해하는 공간으로 고착해 왔다고 주장하였다. 그리고 학교 디자인 담당자와 학교 관계자들이 인간의 경험에 관한 네 가지 동시적 영역(simultaneous realms), 즉 공간적, 심리적, 생리적, 행동적인 영역에 관해 상호 연계된 관계를 안다면 과거의 고정적 패턴의 공간 디자인을 고집하지는 않을 것이라고 단언하였다.

그리고 Harris(2010)는 학교 공간이 정보화 시대에 맞는 디자인으로 변모할 필요가 있으며, 그동안 시대의 변화에 잘 변모해 오지 못한 교육학도 변화될 필요가 있다고 주장하였다. 또한 최근에는 학교 디자인에 있어 사고력을 신장시키기 위한 새로운 공간이 고안되는 등 개선된 것은 사실이지만 더 개선해 나가야 하며, 다음과 같은 세 가지에 초점을 둘 필요가 있다고 하였다.

- 비용 효과 및 전문성 개발에 초점을 두어 모든 교사가 과거 산업화시대의 프레임으로 학생들의 학습 경험을 가르치는 것에서 벗어나도록 하

고, 교육학은 21세기의 지속적인 변화에 타당한 학습을 지원할 수 있게
한다.
- 학교가 새로운 학습 공간이 되도록 지원함으로써 과거 산업화시대에서
비롯된 학교 공간이 변화되도록 한다.
- 학생의 학습을 위한 새로운 공간들을 창안함으로써 새로운 패러다임을
디자인한다.

영국의 건축 및 환경 위원회(CABE)는 2010년에 「우수한 초등학교 만들기
(Creating excellent primary schools)」라는 보고서를 통해, 학교에서 교육 및
학생의 삶의 기회가 좌우되므로 중요하며 그것이 제대로 발휘되기 위해서
는 학교의 공간 디자인이 중요하다는 점을 강조하였다. 또한 공간 디자인이
잘된 학교와 학생의 학업 수행 및 행동 간에는 밀접한 관련성이 있다는 증
거들도 제시하였다. 학교의 공간 디자인은 학생의 학업성취도, 교사 수업의
질, 학생의 포부와 자기인식, 학교의 지속성 등에 밀접한 관련성이 있음도

[그림 8-2] 유연하고 창의적인 교실 공간

* 출처: Harrison, A., & Hutton, L. (2014). *Design for the changing educational landscape:
Space, place and the future of learning*, p. 65.

[그림 8-3] 연계되고 개별화된 공간

* 출처: Harrison, A., & Hutton, L. (2014). *Design for the changing educational landscape: Space, place and the future of learning*, p. 66.

제시하였으며, 정숙하고 독특하며 개방적인 공간 환경을 갖추도록 하는 것이 중요하다고 하였다. 그리고 그 예로서, 영국의 한 초등학교(Canning Street Primary School)의 공간 디자인을 [그림 8-2] [그림 8-3]과 같이 제시하였다.

이상에서 살펴보았듯이, 학교 공간은 학생들에게 인지적, 심리적, 행동적 영역에 영향을 미칠 수 있으므로 학교 공간의 디자인 혁신이 중요함을 알 수 있다. 그리고 학교 공간의 디자인을 혁신한다고 할 때 앞에서 제시된 준거들을 바탕으로 할 필요가 있다.

제 9 장

장학

1. 장학의 개념

장학의 개념을 어원적 차원에서 살펴보면, 장학은 영어로 'supervision'이라고 하는데, 이는 '높은 곳' 혹은 '우수한'이라는 의미를 지닌 'superior'와 '보다' 또는 '감시하다'의 의미를 지닌 'vision'의 합성어이다. 즉, '높은 곳에서 우수한 사람이 본다.'는 뜻으로 원래 시학(視學) 또는 감독(監督)을 지칭한다. 이러한 'supervision'이라는 용어는 '지도 · 조언' 또는 '장학'이라는 뜻으로 번역되어 현재까지 사용되고 있다(한국교육행정학회, 1995).

그리고 장학의 정의에 대한 주요 학자들의 견해를 정리하면 다음과 같다.

- 장학은 학생들의 학습을 돕기 위해 수업과정에 직접적인 영향을 미치는 방식으로 학교를 경영해 나가거나 변혁을 가져오도록 인적 · 물적 요소를 다루는 일이다(Harris, 1985).
- 장학은 학생들의 성장과 발달을 증진시키기 위하여 교사들의 활동을

전문적으로 개선 · 향상시키는 일이다(남정걸, 2003).

- 장학은 궁극적으로 학습자의 학습을 위하여 교수-학습 과정의 개선에 목적을 두고 교사의 계속적인 전문적 성장과 발달을 촉진하는 활동이다(박병량, 주철안, 2005).
- 장학은 교수 행위의 개선을 위해 교사에게 제공되는 장학담당자의 모든 노력이다(윤정일 외, 2008).

이상의 장학에 관한 여러 정의를 종합해 보면, 장학은 '교사의 수업 개선 및 수업전문성 향상을 위해 행해지는 종합적인 활동'이라고 정리할 수 있다. 또한 장학의 개념에는 첫째, 장학의 주목적이 '수업 개선'에 있고, 둘째, 그렇기 때문에 장학의 주 대상은 '교사'가 되며, 셋째, 효과적인 장학이 되기 위해서는 '자율적'이며 '참여적'이어야 된다는 것이 핵심적으로 포함된다.

2. 장학의 유형

1) 임상장학

임상장학은 1950년대에 하버드 대학교에 있던 Morris Cogan과 그의 동료들에 의해 교사 지망생들의 수업방법 개선을 위한 하나의 방법으로 개발되었다가 후에 교사의 직전교육뿐만 아니라 현직교사의 수업기술 향상을 위한 장학방법으로 발전되었다. 임상장학은 교사의 수업기술 향상을 도모하는 체계적인 지도 · 조언 과정이라고 할 수 있다. 따라서 임상장학을 수업장학이라고 지칭하기도 한다(박병량, 주철안, 2005). 그리고 임상장학의 주요 특징은 다음과 같다(강영삼, 이윤식, 조병효, 주삼환, 진동섭, 1995).

- 교사의 수업기술 향상이 주된 목적이다.

● 교사와 장학담당자 간의 일대일 관계와 상호작용을 중요시한다.
● 교실 내에서 교사의 수업행동에 초점을 둔다.
● 일련의 체계적이고 집중적인 지도·조언 과정이다.

임상장학은 학자들에 따라 여러 단계로 구분하여 제시하고 있다. 임상장학의 과정을 단계별로 가장 간단히 나타내면 ① 수업관찰 전 협의회, ② 수업관찰 및 분석, ③ 수업관찰 후 협의회로 나타낼 수 있다. 이에 대해 간단히 정리하면 다음과 같다(박병량, 주철안, 2005).

(1) 수업관찰 전 협의회

수업관찰 전 협의회는 장학담당자와 교사가 공동으로 수행할 임상장학에 대한 세부적인 활동을 계획하는 단계이다. 이 단계에서 이루어지는 주요 활동은 교사와 장학담당자 간의 상호 신뢰할 만한 관계를 형성하는 일, 교사로 하여금 임상장학을 이해하고 긍정적으로 생각하게 하는 일, 수업장학의 과제(무엇을 변화 또는 개선시킬 것인가?)를 확정하는 일, 관찰할 수업에 대한 장학담당자의 이해를 높이는 일, 교사가 수업 예행연습을 하고 최종적으로 수정하는 일, 수업관찰을 위하여 '언제' '어떠한 점'을 '어떠한 방법'으로 할 것인가에 대하여 협의하는 일 등이다. 이 단계에서 특히 중요한 것은 교사와 장학담당자 간에 상호 신뢰감을 갖는 일이다.

(2) 수업관찰 및 분석

수업관찰 및 분석은 수업관찰 전 협의회를 마친 후 장학담당자가 임상장학 대상 교사의 수업을 관찰하여 필요한 정보와 자료를 수집하고, 이를 의미 있는 자료로 분석하는 단계이다.

수업관찰은 수업장면에서 일어나는 모든 것을 관찰할 수도 있고(무초점 관찰), 교사와 사전에 합의한 몇 가지 사항에 대해서만 관찰할 수도 있다(초점 관찰). 수업관찰의 내용은 교사와 학생의 언어행동(발문, 진술, 지시, 반응 등),

교사와 학생의 언어적·비언어적 상호작용, 학생이동 등이 된다. 장학담당자는 이러한 관찰내용을 기록, 일화기록, 체크리스트, 녹음·녹화 등 다양한 관찰방법을 사용하여 기록한다. 이 단계에서 중요한 것은 정확하고 객관적인 자료를 수집하는 일이다. 관찰행위가 교사와 학생의 수업활동을 방해하지 않도록 해야 한다.

그리고 자료 분석은 관찰 자료를 정리·해석하고 의미를 파악하는 일이다. 자료 분석은 수업형태분석, 수업내용분석, 수업활동(과정)분석, 질의·응답분석, 학생이동분석 등 여러 가지 측면에서 분석될 수 있다. 자료 분석에서는 교사의 수업행동에서 어떠한 특징이나 패턴(pattern)이 있는지를 도출하는 데 주안점을 둔다.

(3) 수업관찰 후 협의회

수업관찰 후 협의회는 수업장학을 위한 협의가 본격적으로 이루어지는 단계이다. 이 단계에서 교사와 장학담당자는 수업을 관찰·분석한 자료를 토대로 문제점을 찾아내고, 실제 개선시키고자 한 행동이 어떻게 얼마나 나타나고 있는지를 확인하고, 개선을 위한 구체적인 방법을 찾고, 수업장학 자체를 평가하고, 차기 수업장학을 협의하는 활동을 한다. 이 단계는 교사에게 수업에 대하여 새로운 통찰을 할 수 있는 기회를 마련하고 수업방법의 개선을 위한 정보를 제공해 주는, 곧 피드백(feedback)이 이루어지는 중요한 단계이다.

이러한 임상장학의 장점으로는 수업개선을 위해 좀 더 체계적인 장학을 할 수 있다는 것, 수업개선을 위해 전문적인 지도를 받을 수 있다는 것 등이 포함된다. 임상장학의 단점으로는 무엇보다 임상장학에 대한 부담 및 거부감이 크다는 것, 임상장학의 준비와 시행에 많은 노력이 요구된다는 것, 임상장학이 성공적으로 수행되기 위해서는 학교의 행·재정적인 지원이 요구된다는 것 등이 포함된다.

2) 동료장학

동료장학은 동료교사들 간에 그들의 교육활동의 개선을 위하여 공동으로 노력하는 과정이라고 할 수 있다. 동 학년 또는 동 교과 단위로 수업연구나 수업방법 개선을 위해 공동으로 협의하는 것이 전형적인 동료장학의 형태이나, 동료 상호 간에 정보·아이디어·도움 또는 충고·조언 등을 주고받는 공식적·비공식적 행위도 모두 동료장학에 포함된다(박병량, 주철안, 2005). 동료장학의 주요 특징은 다음과 같다(강영삼 외, 1995).

- 교사들의 자율성과 협동성을 기초로 한다.
- 교사들 간에 동료적인 관계 속에서 서로 가르치고 배우는 활동이다.
- 학교의 형편과 교사들의 필요와 요구에 기초하여 다양하고 융통성 있게 운영된다.
- 교사들의 전문적 발달뿐 아니라 개인적 발달, 그리고 학교의 조직적 발달까지 도모할 수 있다.

동료적 관계에서 장학을 실행하려면 교사는 서로 도와줄 수 있는 자질과 기술을 가지고 있어야 하며, 동료에게 조력을 제공하고 교수방법의 개선을 돕기 위해서 교사는 기술적·인간적·비평적 자질을 보유하고 있어야 한다. 또한 관찰하고 자료를 분석하는 기술이 필요하고, 문제를 발견하고 대안을 제시할 수 있어야 한다. 그리고 대화하고 라포를 형성하고 협의를 원활하게 수행할 수 있는 기술이 있어야 하며, 장학의 원리와 규칙에 대한 기초적 이해도 필요하다(김정한, 2002).

이러한 동료장학의 장점으로는 임상장학에 비해 상대적으로 교사들이 부담 및 거부감을 적게 갖는다는 것, 동료교사들 간에 인간관계가 돈독하고 장학에 대한 이해와 기술이 갖추어져 있을 경우에는 큰 비용을 들이지 않고서도 긍정적인 효과를 가져올 수 있다는 것, 동료교사의 수업관찰 및 비판을 통해 자신의 수업 개선을 도모할 수 있다는 것 등이 포함된다. 동료장학의 단점으로는 동료교사라 하더라도 쉽게 서로의 수업을 관찰하고 비판하기가 쉽지 않다는 것, 장학에 대한 기술과 이해가 뒷받침되지 않은 상태에서 시행하면 노력한 것에 비해 효과를 거두기가 어렵다는 것 등이 포함된다.

3) 자기장학

자기장학은 교사 개인의 장학계획을 스스로 세우고 실천하는 것을 원칙으로 하나, 장학과정에서 장학사나 교장 또는 경험이 많고 능력 있는 동료교사로부터 도움을 받는 것도 유효한 방법이다. 교사가 자신의 전문적 발달을 원한다면 자기장학은 다른 어떤 장학방법에 못지않게 효과가 있을 것이다. 교장을 비롯한 동료교사와 장학담당자는 자기장학을 선택한 교사를 위해서 행·재정적 지원, 전문적 자문, 심리적 지원을 통해 여러 가지 도움을 제공해 주어야 한다(박병량, 주철안, 2005).

학교현장에서 활용될 수 있는 자기장학의 주요 방법은 다음과 같다.

- 자신의 수업을 녹음 또는 녹화하여 이를 스스로 분석·평가
- 자신의 수업이나 생활지도, 특활지도, 학급경영 등과 관련하여 학생들과의 만남이나 학생들을 대상으로 한 의견조사
- 교직·교양·전공과목과 관련된 서적 및 잡지, 연구논문 등 문헌연구와 다양한 정보자료 활용
- 야간대학, 방송통신대학 등의 과정 또는 대학원 과정의 수강을 통하여 전공교과 영역 또는 교육학 영역의 전문성 신장
- 교육연구기관, 교원연수기관, 교직전문단체, 학술단체 등 전문기관 또는 교육청 등을 방문하여 교육전문가나 교육행정가·장학담당자들 당사자들과의 면담을 통한 지도·조언과 정보 입수
- 각종 연수, 교과연구회, 학술발표회, 강연회, 연구·시범수업 공개회,

학교 상호방문 프로그램에 적극 참석 또는 참여
- 텔레비전, 라디오 등 방송매체가 제공하는 교원연수와 관련된 프로그램이나 비디오테이프 등의 시청

이러한 자기장학의 장점으로는 자신의 개성과 적성에 맞는 방법으로 자유롭게 수업 개선을 도모할 수 있다는 것, 다른 장학에 비해 부담감이 덜 하다는 것, 자기성취감과 자기만족을 가질 수 있다는 것 등이 포함된다. 자기장학의 단점으로는 자신에게 장학을 맡겼다가 자칫 노력하지 않을 수도 있다는 것, 수업 개선을 위한 다양한 길을 잘 알지 못할 경우에는 실패할 수 있다는 것 등이 포함된다.

4) 약식장학

약식장학은 단위학교의 교장이나 교감이 간헐적으로 짧은 시간 동안에 학급순시나 수업참관을 통하여 교사들의 수업 및 학급경영 활동을 관찰하고, 이에 대해 교사들에게 지도·조언을 제공하는 과정을 의미한다. 약식장학은 외부 장학담당자, 예컨대 교육청의 장학담당자를 포함하는 경우가 있으나 일반적으로 교장이나 교감의 계획과 주도로 이루어지며, 다른 장학에 대하여 보완적이고 대안적인 성격을 갖는다(박병량, 주철안, 2005). 약식장학의 주요 특징은 다음과 같다(강영삼 외, 1995).

- 원칙적으로 학교행정가인 교장이나 교감의 계획과 주도하에 전개된다.
- 간헐적이고 짧은 시간의 학급순시나 수업참관을 중심활동으로 한다.
- 다른 장학형태에 대하여 보완적이고 대안적인 성격을 갖는다.

또한 교장과 교감이 수행하는 약식장학은 다음과 같은 의미를 갖는다(박병량, 주철안, 2005).

- 약식장학은 교장이나 교감에게 교사들의 수업활동과 학급경영 활동을 포함한 학교교육 및 경영의 전반에 관련하여 이의 개선을 위한 적극적인 의지와 노력, 그리고 지도성의 좋은 표현방식이 된다.
- 약식장학을 통하여 교장이나 교감은 교사들이 미리 준비한 수업활동이나 학급경영 활동이 아닌 평상시의 자연스러운 수업활동이나 학급경영 활동을 관찰할 수 있으며, 이에 대하여 의미 있는 지도·조언을 제공할 수 있다.
- 약식장학을 통하여 교장이나 교감은 학교교육, 학교경영, 학교풍토 등 전반적인 영역에 걸쳐 학교를 전체적으로 파악하는 데 필요한 정보를 수집할 수 있다. 그러나 교사들은 일반적으로 약식장학에 대해서 거부 반응을 보인다. 그들은 그들이 관찰되고 평가되는 것을 싫어한다. 따라서 약식장학이 효과적으로 이루어지기 위해서는 약식장학에 대한 교사들의 긍정적 인식과 협조가 필수적이다.

이러한 약식장학의 장점으로는 장학을 히는 교장 또는 교감이 그게 부담을 갖지 않고 상대적으로 편안하게 장학을 시행할 수 있다는 것, 여러 학급을 단기간에 수업관찰하고 평가할 수 있다는 것 등이 포함된다. 약식장학의 단점으로는 교사의 사전 동의를 받지 않고 무리한 약식장학을 할 경우에는 반감을 살 수 있다는 것, 짧은 시간 동안 학급을 관찰한다고 하지만 자칫하면 수업을 방해할 수 있다는 것 등이 포함된다.

3. 선택적 장학

선택적 장학(differentiated supervision)이란 효과적인 장학은 기계적으로 어느 하나가 정해져 있는 것이 아니라 교사의 상황과 특성에 따라 적합한 장학이 선택되어야 한다는 점을 강조하는 장학이다. 이러한 선택적 장학은

Glatthorn(1984)이 주장하였고, 초기에는 〈표 9-1〉과 같이 교사의 특성에 따라 그것에 적합한 장학을 제시하였다.

〈표 9-1〉 **선택적 장학**

장학의 종류	교사의 특성
임상장학	초임교사, 경험 있는 교사 중 특별한 문제가 있는 교사
자기장학	경험 있고 능숙하며, 자기분석 및 자기지도의 기술을 가지며, 혼자 일하기 좋아하는 교사
동료장학	동료의식이 있고 경험 있는 교사
약식장학	모든 교사에게 해당되지만, 임상장학이 필요치 않은 경험 있고 능숙한 교사, 다른 장학 방법을 원하지 않는 교사

* 출처: 주삼환(2003). 장학의 이론과 기법, p. 164.

하지만 이후에 Glatthorn(1997)은 선택적 장학에 대한 새로운 변화를 반영하였다. 즉, 이전에 강조하였던 교사의 특성에 따른 다섯 가지 장학 방법 대신, 집중적 개발, 협동적 전문성 개발, 자기주도적 개발이라는 세 가지로 구분하여 제시하였다. 이에 대해 간단히 살펴보면 다음과 같다(진동섭 역, 2004).

1) 집중적 개발

집중적 개발(intensive development)은 정년보장을 받지 않은 모든 교사와 정년보장을 받았지만 심각한 문제를 경험하고 있는 모든 교사에게 제공되는 '임상장학'의 특수한 형태이다. 임상장학과 집중적 개발은 다음과 같은 측면에서 차이가 있다. 첫째, 임상장학은 일반적으로 교수방법에 관심이 있지만, 집중적 개발은 학습 성과에 관심을 갖는다. 둘째, 임상장학은 모든 교사에게 제공되지만, 집중적 개발은 그것을 필요로 하는 교사에게만 제공된다. 셋째, 임상장학은 모든 교사를 대상으로 제공되기 때문에 피상적인 영향(1년에

1~2번만 관찰)을 주지만, 집중적 개발은 소규모 그룹의 교사들에게만 활용되기 때문에 여러 차례의 수업관찰과 함께 5회 이상의 주기로 이루어지는 것이 보통이다. 넷째, 임상장학은 분석과 협의회로 이어지는 한 가지 형태의 수업관찰에 의존하지만, 집중적 개발은 더 다양한 일련의 도구들로부터 자료를 추출한다.

그리고 집중적 개발은 다음과 같은 세 가지 특징을 지닌다. 즉, 첫째, 집중적 개발은 교사의 성장에만 관심이 있고 교사평가와는 거리가 멀다. 개발 과정의 구체적인 내용들은 교사가 허락하지 않는 한, 교장과 공유해서는 안 된다. 개발과 평가 간의 견고한 장벽을 유지하는 일이 대단히 중요하다. 둘째, 만약 개발과 평가를 구분한다면, 평가를 담당한 사람은 집중적 개발을 담당해서는 안 된다. 학교의 규모와 가용한 인적 자원에 따라 교육청 장학사, 평가의 책임을 맡고 있지 않은 행정가, 교과 부서의 부장, 팀 지도자, 멘토 교사 중 한 사람이 집중적 개발을 책임질 수 있다. 셋째, 집중적 개발에서의 관계는 협동적 탐구의식으로 맺어져야 한다. 장학사는 모든 정답을 가지고 있는 것처럼 행동하기보다는 탐구와 반성의 정신으로 교사와 함께 협력적으로 일해야 한다.

또한 집중적 개발은 다음과 같은 여덟 가지 요인으로 구성되어 실시된다.

- **사전조사 회의**: 한 학년을 시작할 때, 학년도 말, 또는 장학사와 교사가 무엇을 성취했는지 그리고 그 관계가 어디로 향하고 있는지 등에 관해 반성이 필요한 학년도 초와 말 사이에 여는 회의
- **관찰 전 협의회**: 관찰 대상 수업에 대한 교사의 계획을 검토하고 관찰의 목표를 결정하기 위한 회의
- **진단적 관찰**: 교사의 요구를 진단하기 위한 목적으로 교수–학습의 모든 양상에 관한 전체적인 자료를 수집하기 위해서 하는 수업관찰
- **진단적 관찰의 분석**: 개발의 초점을 결정하기 위해 장학사와 교사가 개별적 혹은 공동으로 진단적 관찰 자료를 분석하는 것

- **진단적 보고회**: 수업분석 그리고 교사개발에 그것이 얼마나 중요한지에 관해 반성하기 위해 장학사와 교사 간에 이루어지는 회의
- **코칭 회의**: 진단 과정을 통해 확인한 구체적 기술에 대해 지도하는 회의 로서 기술에 대한 기본 지식 제공, 기술에 대한 설명, 기술의 시범, 피드 백과 함께 이루어지는 실습 안내, 피드백과 함께 이루어지는 독립적인 실습 등이 지도에 포함된다.
- **초점을 맞춘 관찰**: 교사가 당해 기술을 사용하는지에 관한 정보를 수집하기 위해, 고안된 양식을 사용해서 하나의 기술에 초점을 맞춘 관찰
- **초점을 맞춘 보고회**: 초점을 맞춘 관찰의 결과를 검토하고 분석하는 보고회

2) 협동적 전문성 개발

협동적 전문성 개발(cooperative professional development)은 선택적 장학 체제에서 제공되는 방법들 중 하나로서, 동료들 간의 체계적인 협동을 통해 교사들의 발달을 촉진하는 과정을 의미한다. 이러한 협동적 전문성 개발은 본질적으로 교사들에 의해 운영되고 통제된다. 하지만 장학사는 자원을 확 보하고, 필요한 전문성을 제공하고, 문제해결을 위해 그 집단과 함께 일을 함으로써 대단히 중요한 지원적 역할을 수행할 수도 있다. 협동적 전문성 개 발은 교사들로 하여금 전문적인 문제들에 관해 상호작용을 하게 함으로써 소외감을 줄여 주는 역할을 한다. 또한 교사들 간의 새로운 아이디어, 도움, 기여 등이 자유롭게 상호작용할 수 있도록 해 준다.

협동적 전문성 개발의 형태로는 동료 코칭, 전문적 대화, 교육과정 개발, 현장연구 등의 네 가지가 포함된다.

동료 코칭　교사들이 서로를 관찰하고 회의를 하는 체제이다. 이러한 동 료 코칭은 세 단계로 이루어진다. 첫째, 외적인 지식, 즉 전문가들이 개발한

정보를 강조한다. 지도자는 연구와 전문가들의 조언을 요약해서 선택된 연구가 편견이 없는 것임을 분명히 한다. 둘째, 교사들의 개인적 지식에 초점을 둔다. 교사들은 주제에 대한 자신들의 경험을 반성하고 공유한다. 셋째, 토론에서 나온 지식이 어떻게 계획과 교수에 영향을 줄 것인지 예상하고 조사한다. 이 단계에서 각 참가자로 하여금 전체를 종합하고, 그간의 대화를 앞으로의 의사결정에 연결시키게 한다.

전문적 대화   교사들의 인지수준 향상을 위해 계획된 그리고 전문적 문제들에 대한 구조화된 토론이다. 이러한 전문적 대화는 첫째, 교사의 이론과 신념, 둘째, 교사의 계획, 셋째, 교수 중에 이루어지는 교사의 상호작용적 의사결정 등에 영향을 주기 위해 이루어진다. 또한 전문적 대화는 그 주제가 매우 중요하다(예: 학습 양식, 다문화 교육, 숙제, 잠재적 교육과정, 특수한 요구를 가진 학생의 통합교육 등).

교육과정 개발   교사들은 서로 간에 협동적으로 다음과 같이 교육과정 개발에 활용할 수 있다. 첫째, 교육과정을 시행하기 위한 연간 계획을 수립한다. 둘째, 교육청의 교육과정 지침에 기초해서 수업의 단위들을 개발한다. 셋째, 교육청의 교육과정을 풍부하게 한다. 즉, 모든 학습자에게 요구되는 내용의 범위와 깊이를 확대하는 수업 단위의 개발에 구체적인 관심과 지식을 확보한다. 넷째, 교정을 제공한다. 학생들의 특성에 따른 특수한 자료들을 준비한다.

현장연구   이해의 심화와 실제적 개입을 위해 교육 실제의 문제들에 대해 실무자들이 종종 대학 교수들과의 협력하에 수행하는 체계적 탐구이다. 이러한 현장연구는 문서 분석, 면담, 질문지 조사 등과 같은 여러 가지 연구 방법을 사용하여 이루어진다. 현장연구는 일반적으로 교사-학생 관계의 변화, 교사의 지식 발전, 교수(teaching)의 향상, 교사의 반성 촉진, 협력의 촉진, 지식 기반의 확대, 교사훈련을 위한 효과적인 수단 제공 등과 같은 긍정적 결과를 가져온다. 현장연구가 이러한 긍정적인 결과를 수반하기 위해서는 행동이 너무 많고 연구는 너무 적게 수행되어서는 안 된다.

3) 자기주도적 개발

자기주도적 개발(self-directed development)은 교사들이 자신들의 성장을 촉진하기 위해 독립적으로 노력하는 전문성 개발 과정을 의미한다. 또한 자기주도적 개발은 일반적으로 경험이 많고 유능한 교사들이 자신들의 전문성 개발을 위해 자발적으로 노력하는 것을 뜻한다. 이러한 자기주도적 개발은 다음과 같은 세 가지 원리를 따른다. 첫째, 전문성의 개념은 자기 모니터링에 대한 책임을 의미하기 때문에 전문적 관점에서 형성되고 교사의 자율성을 강조한다. 둘째, 자기주도적 개발은 교사 경험의 분석과 반성을 강조하는 성인학습의 원리를 반영한다. 셋째, 자기주도적 개발은 모든 교사들에게 대단히 소중한 자원인 시간을 최소한으로 투자하도록 한다.

4. 우리나라 장학의 문제점

우리나라의 장학은 장학이 갖는 본래의 취지대로 인식되거나 인정받지 못하고 부정적인 이미지로 간주되는 경향이 있다. 그 원인에 해당하는 장학의 문제점을 살펴보면 다음과 같다.

전시행정　　　장학이 원활하면서도 효과적으로 이루어지기 위해서는 장학을 받는 학교 및 교사의 자발적인 요청과 참여가 있어야 한다. 하지만 일반적으로 장학을 받는 학교 입장에서는 반드시 해야 하는 행사 차원에서 장학을 받아들이고, 장학을 받는 교사 입장에서도 진정한 마음에서 비롯된 장학의 필요성으로 참여하는 것이 아니라 누군가는 장학을 받아야만 하기 때문에 장학을 받는 것이 일반적이다. 사정이 이렇다 보니, 학교 차원에서는 장학을 앞두고 대청소를 하고, 교사 차원에서는 장학사 앞에서 보여 줄 상황을 미리 학생들과 약속하는 촌극이 벌어진다.

비전문성　　장학사는 장학에 관한 전문가이어야만 교사들로부터 존경을 받을 수 있다. 하지만 우리나라의 장학사는 장학사로 선발되는 조건에서부터 장학에 관한 전문적인 지식과 경험을 가진 교사를 중심으로 선발하는 것이 아니라 경력 및 교육전문직 시험 중심으로 선발한다. 또한 장학사가 된 이후로는 일반적으로 장학에 관한 전문적인 일을 하기보다는 일반 행정에 관한 일을 더 많이 한다. 그리고 장학사가 된 이후 이들에게 장학의 전문성을 증진시키기 위해 제공되는 프로그램들이 매우 빈약한 상태이다. 이런 상황에서 교사들은 장학사의 전문성을 불신할 수밖에 없고, 장학을 불필요한 것으로 인식하게 된다.

승진을 위한 수단　　장학사는 장학에 관한 전문가이어야 하므로 장학사에 도전하는 교사들은 무엇보다 장학사가 자신의 적성에 맞고 그 전문성을 신장시켜서 자신의 자아실현뿐만 아니라 우리나라의 교육발전에 공헌을 하기 위한 목적에서 시작해야 한다. 하지만 일반적으로 장학사가 되는 목적은 승진을 위한 유리한 조건을 갖추는 데 있다. 교사에서 교감 및 교장으로 승진하는 것은 매우 어렵기 때문에 남다른 경력 또는 조건을 갖추어야 유리한데, 그것이 바로 장학사라는 직위이다. 따라서 원활한 승진을 위해서는 '교사 → 장학사 → 교감 → 장학관 → 교장'이라는 계보를 따라야 한다는 말이 공공연한 사실로 인정될 정도이다.

제 **10** 장

학교경영

1. 학교경영의 개념

학교경영의 정의에 대한 주요 학자들의 견해를 정리하면 다음과 같다.

- 학교경영은 단위학교, 특히 초·중등학교에서 교육목표를 설정하고 그것을 달성하기 위한 프로그램 및 인적·물적·기타 지원 조건을 정비·확립하여, 목표 달성을 위한 계획과 결정, 집행과 지도, 통제와 평가 등을 포함하는 일련의 봉사활동을 지칭하며, 학교조직 내에서의 집단적 협동행위를 위하여 효과적으로 지원하는 것을 본질로 하는 작용이다(김종철, 진동섭, 허병기, 1996b).
- 학교경영은 학교의 교육목표를 달성할 수 있도록 제반 자원들을 확보하여 이를 배분하고 조정하며 평가하는 일련의 활동 또는 행위이다(서정화, 2002).
- 학교경영은 학교의 목적을 달성하기 위하여 인적·물적·기타 자원을

확보하고 활용하여 계획, 조직, 지시, 조정, 통제하는 일련의 활동과정
이다(박병량, 주철안, 2005).
- 학교경영은 교육조직의 특수성을 지닌 학교조직에서 학교장을 중심으
  로 학교교육의 목적 달성을 위하여 지원하고, 교직원 집단이 서로 협동
  하여 계획 · 실천 · 평가하는 조직적 활동이다(박세훈, 권인탁, 고명석, 유
  평수, 정재균, 2008).
- 학교경영은 일반적으로 단위학교에서 교육활동에 참여하는 구성원들
  이 교육목표를 달성하는 데 보다 효과적으로 일할 수 있도록 필요한 자
  원을 확보하고 여러 사람의 노력과 자원을 조화롭게 결합해 나가는 활
  동이다(주삼환 외, 2009).

이상에서 살펴본 학교경영의 정의들을 종합해 보면, 학교경영이란 '학교
교육의 목표를 달성하기 위하여 필요한 인적 · 물적 제반 조건들을 확보하
고, 실행하며, 평가하는 일련의 모든 체계적이고 조직적인 활동'이라고 정리
할 수 있다.

2. 학교경영의 원리

학교가 성공적으로 운영되기 위해서는 조직으로서, 제도로서, 사회체제
로서의 제반 특성 및 지배 원리가 잘 발휘되어야 한다. 학교경영이 추구하는
중요한 가치로서 학교경영의 원리를 정리하면 다음과 같다(박병량, 주철안,
2005).

민주성　　민주주의의 원칙을 추구하는 것이다. 인간존중, 자유, 평등, 참
여와 합의 등은 민주주의를 특징짓는 이상과 원칙이다. 민주적인 학교경영
은 학교 구성원 개개인의 인격이 존중되고, 학교운영과 관련된 각종 정보와

참여기회가 개방되고, 자유로운 의사표현과 의사소통이 이루어지고, 다수결의 원칙이 존중되는 방식으로 교직원 및 학생의 의견이 학교운영에 반영되고, 학교운영에 있어서 구성원의 자율성이 존중된다.

효과성   목적 달성을 의미한다. 학교의 목적은 교육을 통하여 학생 개개인의 성장과 발달을 촉진하여 그들이 자아실현된 인간이 되도록 돕는 데 있다. 따라서 효과성을 지향하는 학교는 인간 성향의 가변성을 믿고 학생 개개인의 지적ㆍ정의적ㆍ사회적ㆍ도덕적 성향을 발달시켜서 자아실현된 인간에 도달할 수 있도록 노력한다. 효과적인 학교는 교수–학습 활동을 통한 학생의 교육성취에 초점을 둔다.

공평성   분배가 말 그대로 공평하게 이루어지는 것이다. 그것은 돈, 권한, 기회, 이득 등 사람에게 중요하게 여겨지는 것이 공정한 방법으로 공평하게 분배되는 것이다. 따라서 공평성을 지향하는 학교경영은 인적ㆍ물적ㆍ재화적 자원, 그리고 기타 자원이 공평하게 배분되고, 권한, 기회, 이익과 불이익, 상ㆍ벌 등이 부당한 차별을 두지 않고 모든 구성원에게 공정하게 부여되고 배분된다.

규율성   규칙에 의해서 통제되는 것을 의미한다. 규칙에는 법과 규정과 같은 형식적 규칙과 사회적 원리, 관습, 전통 및 집단 또는 조직의 규범과 같은 비형식적인 규범이 있다. 규율적인 학교경영에서는 학교와 학교 구성원의 행위가 헌법을 비롯한 각종 관련 법규에 어긋나지 않으며 사회적 원리, 문화와 전통 및 학교조직의 규범에 의해서 조정된다.

전문성   과업의 특수성으로 인하여 지적ㆍ기술적 탁월성을 지니고 과업을 수행하는 것이다. 전문성은 지식과 기술, 윤리성과 자율성, 전문적 분업을 특징으로 한다. 전문성을 지향하는 학교경영은 업무가 기능적으로 분업화되고(예: 국어, 수학, 상담 등), 각 해당 분야에는 전문적 지식과 기술을 지닌 교직원이 배치되고, 그들은 전문인으로서의 윤리와 자율성을 지니고 의사를 결정하고 업무를 수행한다. 전문적인 학교경영에서는 계속적인 학습과 연구를 통한 자기개발과 윤리성이 강조되고 자율성이 존중된다.

자율성 스스로 결정하고 스스로 통제하며 결과에 대해서 스스로 책임을 지는 것이다. 자율은 타율과 반대되는 개념이다. 자율적인 학교는 독자적인 권한과 책임하에서 학교의 제반 업무를 결정하고 수행한다. 또한 자율적인 학교는 학교의 권한과 책임이 하위 부서에 위임·분산되고, 각 부서의 업무가 자율적으로 수행된다. 자율성은 자율적 능력을 전제로 한다. 학교의 자율적 능력을 학교 구성원의 참여와 협동 그리고 그들의 전문성을 요건으로 한다.

책무성 수행된 과업이 일정한 기준에 따라 평가받고 그 결과에 대하여 책임을 지는 것이다. 책무성을 추구하는 학교는 책무성을 검토하는 체제를 갖추고 학교와 학교 구성원이 수행하는 과업의 타당성, 효과성, 능률성 등을 합의된 기준에 따라 평가하고, 평가 결과에 따라 과업 담당자에게 책임과 보상이 주어지며, 평가 결과는 공개되어 학교경영의 개선 자료로 활용된다.

발전성 바람직한 방향으로의 변화를 추구하는 경향성을 말한다. 발전적인 학교는 학교의 제반 조건을 개선시켜서 보다 좋은 학교가 되도록 노력하는 학교이다. 발전적인 학교는 학교발전의 비전을 가지고 학교 상태를 계속적으로 진단·평가하면서 개선이 필요한 경우 학교 구성원의 참여와 협동하에서 변화를 계획하고 프로그램을 개발하고 이를 실행하는 일련의 변화 과정을 반복함으로써 계속적으로 학교발전을 도모한다. 이러한 학교는 학생의 교육적 성취, 구성원의 참여와 협동, 구성원의 능력 개발이 강조된다.

3. 학교경영의 합의적 기구: 학교운영위원회

학교운영의 자율성을 높이고 지역의 실정과 특성에 맞게 다양한 교육을 창의적으로 실시할 수 있도록 하기 위하여 국·공립 및 사립의 초등학교·중학교·고등학교 및 특수학교에 학교운영위원회를 구성·운영하여야 한다. 우리나라의 「초·중등교육법」 및 「초·중등교육법 시행령」에 나타나 있는 학교운영위원회의 주요 내용을 정리하면 다음과 같다.

1) 학교운영위원회의 구성

국·공립학교에 두는 학교운영위원회는 당해 학교의 ① 교원대표, ② 학부모대표, ③ 지역사회 인사로 구성한다. 국·공립 및 사립학교에 두는 학교운영위원회의 위원정수는 5~15인의 범위 안에서 학교의 규모 등을 고려하여 다음과 같은 기준에 의해 정한다.

- 학생 수가 200명 미만인 학교: 5~8인
- 학생 수가 200~999명인 학교: 9~12인
- 학생 수가 1,000명 이상인 학교: 13~15인

국·공립학교에 두는 운영위원회 위원의 구성 비율은 학부모위원(40~50%), 교원위원(30~40%), 지역위원(10~30%) 구분에 의한 범위 내에서 위원회 규정으로 정한다. 단, 이와 같은 규정에도 불구하고 국·공립의 산업수요 맞춤형 고등학교 및 특성화 고등학교 운영위원회 위원의 구성 비율은 학부모위원(30~40%), 교원위원(20~30%), 지역위원(30~50%) 구분에 의한 범위 내에서 위원회 규정으로 정할 수 있다.

2) 학교운영위원회의 기능

국·공립학교에 두는 학교운영위원회는 다음의 사항을 심의한다.

- 학교헌장 및 학칙의 제정 또는 개정
- 학교의 예산안 및 결산
- 학교교육과정의 운영방법
- 교과용 도서 및 교육 자료의 선정
- 교복·체육복·졸업앨범 등 학부모 경비 부담
- 정규학습시간 종료 후 또는 방학기간 중의 교육활동 및 수련활동
- 「교육공무원법」 제29조의3 제8항에 따른 공모 교장의 공모 방법, 임용, 평가
- 「교육공무원법」 제31조 제2항의 규정에 의한 초빙교사의 추천
- 학교운영지원비의 조성·운용 및 사용
- 학교급식
- 대학입학 특별전형 중 학교장 추천
- 학교운동부의 구성·운영
- 학교운영에 대한 제안 및 건의 사항
- 기타 대통령령, 시·도의 조례로 정하는 사항

국·공립 및 사립학교에 두는 학교운영위원회는 학교발전기금의 조성·운용 및 사용에 관한 사항에 대하여 심의·의결한다. 또한 학교운영위원회는 학교발전기금을 조성할 수 있다. 학교발전기금은 ① 기부자가 기부한 금품의 접수, ② 학부모 등으로 구성된 학교 내·외의 조직·단체 등이 그 구성원으로부터 자발적으로 갹출하거나 구성원 외의 자로부터 모금한 금품 접수의 방법에 의하여 조성한다. 그리고 학교발전기금은 다음의 목적을 위하여 사용한다.

- 학교교육시설의 보수 및 확충
- 교육용 기자재 및 도서의 구입
- 학교체육활동, 기타 학예활동의 지원
- 학생복지 및 학생자치활동의 지원

학교운영위원회는 학교발전기금을 학교운영위원회 위원장의 명의로 조성·운용하여야 한다. 또한 학교운영위원회는 발전기금의 관리 및 집행과 그 부수된 업무의 일부를 당해 학교의 장에게 위탁할 수 있다. 이러한 업무를 위탁받은 학교의 장은 학교발전기금을 별도회계를 통하여 관리하고, 매 분기마다 발전기금의 집행계획 및 집행내역을 학교운영위원회에 서면으로 보고하여야 한다. 학교운영위원회는 이 같은 보고를 받은 경우에 이를 검토하여 그 결과를 학부모에게 통지하여야 한다. 그리고 학교운영위원회는 학교발전기금에 관한 업무를 당해 학교의 장에게 위탁한 경우에 학교발전기금의 집행상황 등에 관하여 감사할 수 있다. 학교운영위원회는 학교의 회계연도 종료 후 3개월 이내에 발전기금에 대한 결산, 결산 결과의 관할청 보고 및 학부모 통지를 완료하여야 한다.

3) 학교운영위원회 위원의 선출

국·공립학교의 장은 학교운영위원회의 당연직 교원위원이 된다. 학부모위원은 학부모 중에서 민주적 대의절차에 따라 학부모전체회의에서 직접 선출한다. 이 경우 학부모전체회의에 직접 참석할 수 없는 학부모는 학부모전체회의 개최 전까지 가정통신문에 대한 회신, 우편투표 등 위원회 규정으로 정하는 방법 및 절차에 따라 후보자에게 투표할 수 있다. 다만, 학교의 규모·시설 등을 고려하여 학부모전체회의를 통하여 학부모위원을 선출하기 곤란하다고 위원회규정으로 정한 사유에 해당하는 경우에는 위원회규정으로 정하는 바에 따라 학급별 대표로 구성된 학부모대표회의에서 학부모위원

을 선출할 수 있다. 당연직 교원위원을 제외한 교원위원은 교원 중에서 선출
하되, 교직원전체회의에서 무기명투표로 선출한다. 지역위원은 학부모위원
또는 교원위원의 추천을 받아 학부모위원 및 교원위원이 무기명투표로 선출
한다. 그리고 학교운영위원회에는 위원장 및 부위원장 각 1인을 두되, 교원
위원이 아닌 위원 중에서 무기명투표로 선출한다. 국·공립학교에 두는 운
영위원회 위원이 그 지위를 남용하여 해당 학교와의 거래 등을 통하여 재산
상의 권리·이익을 취득하거나 다른 사람을 위하여 그 취득을 알선한 경우
에는 운영위원회의 의결로 그 자격을 상실하게 할 수 있다.

4) 학교운영위원회의 심의

국·공립학교의 장은 학교운영위원회의 심의결과를 최대한 존중하여야
하며, 그 심의결과와 다르게 시행하고자 하는 경우에는 이를 학교운영위원
회와 관할청에 서면으로 보고하여야 한다. 또한 국·공립학교의 장은 학교
운영위원회의 심의를 거치는 경우 교육활동 및 학교운영에 중대한 차질이
발생할 우려가 있거나 천재지변, 기타 불가항력의 사유로 학교운영위원회를
소집할 여유가 없는 때에는 학교운영위원회의 심의를 거치지 아니하고 이를
시행할 수 있다. 그리고 국·공립학교의 장은 이 같은 사정에 의하여 학교운
영위원회의 심의를 거치지 아니하고 시행한 때에는 관련 사항과 그 사유를
지체 없이 학교운영위원회와 관할청에 서면으로 보고하여야 한다.

5) 사립학교의 학교운영위원회

사립의 초등학교·중학교·고등학교 및 특수학교에 두는 운영위원회는
당해 학교의 교원위원·학부모위원 및 지역위원으로 구성한다. 그리고 당연
직 교원위원을 제외한 교원위원은 정관이 정한 절차에 따라 교직원전체회의
에서 추천한 자 중 학교의 장이 위촉한다. 국·공립학교에 두는 학교운영위

원회가 '심의'하는 기능이 사립학교의 학교운영위원회에서는 '자문'하는 기능에 그친다.

6) 학교운영위원회의 의의

우리나라에서 지방교육자치제도의 중요성과 필요성의 시대적 흐름에 맞물려, 기존에 학교에서 교장 중심으로 대부분의 의사결정이 이루어져 오던 것을 넘어서 학교운영의 주체들이 함께 논의하고 결정하도록 하는 학교 의사결정의 민주적인 기구가 요청되었다. 이에 학교운영위원회는 1995년에 그 필요성이 본격적으로 제기되었고, 2000년부터 모든 초·중등학교에 학교운영위원회를 설치·운영하도록 시행해 오고 있다. 따라서 아직까지 모든 학교에서 학교운영위원회가 그 본래의 취지에 맞도록 운영되는 것은 아닐지라도 그 이전에 비해서 학교조직 운영의 과정 면에서든 결과 면에서든 좀 더 민주적으로 변화되었다는 점에서는 큰 의의가 있다.

하지만 현재까지 학교에서 운영되고 있는 학교운영위원회는 문제점도 도출하고 있다. 대표적인 문제점으로는 ① 교원위원을 제외한 학교운영위원회 위원들의 학교운영에 대한 전문성이 부족하다는 것, ② 교원위원을 제외한 학교운영위원회 위원들의 대표성이 결여된다는 것, ③ 학교운영위원회 위원들의 전문성 신장을 위한 노력이 미약하고 위원이 되었다는 것에 만족한다는 것 등이 포함된다. 좀 더 완성적인 학교운영위원회가 되기 위해서는 이러한 문제점을 개선시키려는 노력과 실천이 요구된다.

4. 학교경영의 조직: 교무분장조직

학교경영이 성공적으로 이루어지기 위해서는 학교교육의 목표를 달성하기 위해 필요한 여러 활동이 효율적이고도 효과적으로 이루어지도록 분업과 전문화를 도모할 필요성이 제기된다. 이러한 필요성에 입각하여 교장 및 교감, 부장교사, 교사 등이 교육활동의 여러 사무를 분담하는 것을 교무분장조직이라 한다. 또한 초·중등학교의 교무분장조직의 권한과 책임은 일차적으로 교장에게 있다.

각 학교에 조직되어 있는 교무분장조직은 공통된 부분도 있고 차이가 있는 부분도 있다. 즉, 교무분장조직은 모든 학교에서 획일적으로 적용되는 것이 아니라 학교의 특성과 사정에 따라 융통성 있게 조직될 수 있다. 학교급별 교무분장조직의 예를 들면, 〈표 10-1〉〈표 10-2〉〈표 10-3〉과 같다.

〈표 10-1〉 초등학교의 업무 분장

부서	업무	추진 업무
교무기획부	교무기획	교무기획 및 총괄, 학교행사 및 학사 관리, 학교연혁지, 학교 규칙 및 제규정 관리, 취학 및 학적 관리, 학교홍보, 일과운영, 학교평가, 법정장부관리(생활기록부, 건강기록부, 졸업대장), 학교공개계획, 결·보강, 행사·계기교육
	학부모회	학부모회 조직, 학부모 연수, 학부모회 지원, 녹색어머니회 조직 운영
	학생자치	전교/학급 임원 선출, 전교/학급어린이회 조직 운영, 학생자치활동 지원
	학교방송	학교방송반 운영, 학교방송계획 수립 운영
	특수교육	특수교육과정 편성운영, 특수교육자료 관리, 통합학급 연계 교육, 특수교육연수 등 관련 업무
교육연구부	교육과정	학교교육과정 기획 총괄, 학급교육과정 편성 운영, 학교특색·역점사업, 각종연구대회, 연수, 학력향상계획, 학력평가계획 및 운영, 교원능력계발 평가, 교육기부, 전문적 학습공동체 운영, 진로교육과정 기획 및 총괄
	연구부	연구기획 및 총괄, 수업연구 추진, 학부모초청 공개수업
	교원능력개발평가	교원능력개발평가 계획 수립 및 운영, 교원능력개발평가위원회 조직 및 기획, 결과보고서 등 교원평가업무 총괄
	학생평가	기초학력진단평가, 기초학습부진아 지도, 기초학력향상 계획 수립 운영, 학생 평가 계획 수립 및 추진
	영어교육	영어교육계획 수립 추진, 영어캠프, 영어 행사, 원어민 보조교사 관리 및 지도, 영어실 관리, 교내외 영어 행사
	문예교육	문화예술교육, 문예교실, 평생교육 운영, 예능교육, 대외 예능대회 참가, 교육한마당(학예회 운영)

과학 정보 교육부	과학교육	과학·영재교육, 과학 관련 행사(경진대회), 과학동산, 과학실 관리, 융합교육, 교구선정위원회(과학, 전산, 일반교구), 과학 및 정보 기자재 구입, 영재학급 운영
	정보교육	정보화 교육기획, 개인정보 및 정보 보안, S/W 교육, 스마트 교육 및 교실 활용, 밀레니엄꿈나무, PC 통신비 지원, 교단 선진화 기자재 관리, 학교 무선망 관리 및 서버 교실, 학교홈페이지, 정보공시
	나이스 운영	사이버 가정학습, NEIS 관리
	환경교육	환경전반업무, 환경교육계획, 실내환경구성계획, 환경정리, 청소담당구역, 환경정화구역 관리
생활 안전 기획부	생활안전 교육	인성 생활 교육 계획 및 운영, 교내·외생활지도, 봉사활동, 경제교육, 안전교육, 소방교육 학생안전교육, 재난/재해 대비교육 기획(소방교육, 재난대비훈련, 민방위 훈련 등), 배움터지킴이 운영
	상담	상담지도, 학부모 학생 상담 주간 운영, Wee-class 운영, 학생 심리 검사
	학교폭력	학교폭력예방(성폭력, 아동학대, 가정폭력 등), 학교폭력대책자치위원회 운영, 학교폭력전담기구, 자살예방 및 위기관리시스템
	민주시민	인성 및 인권 교육, 생명교육, 통일교육, 인성교육, 다문화교육, 학생자치회 조직 및 운영
방과 후 복지부	방과 후 교육	방과 후 학교 조직 운영, 방과 후 학교 활동 지원(부서 선정 및 강사채용 및 관리), 교육급여 신청
	돌봄 복지	돌봄교실 운영 기획 및 총괄, 강사 관리, 돌봄교실 관리, 교육복지 지원사업 운영
체육 교육부	체육교육	체육교육, 체육행사, 체육시설안전점검, 체육교육, PAPS 운영, 운동부 운영, 각종 스포츠 클럽 운영, 토요스포츠데이 운영, 체육 교구 및 시설 관리
	보건교육	보건위생, 보건실 관리, 약품 구매 및 관리, 신체검사(체격, 체질), 예방접종, 건강진단, 성폭력예방/양성평등교육, 음주흡연예방교육, 자살예방교육, 방역소독(화장실/교실), 수질/공기질 검사, 정수기 관리
	영양	급식 관련 업무, 우유급식, 급식소위원회 운영, 급식지도(식사예절지도), 저소득층 급식 지원, 급식실 청결·유지 관리

〈표 10-2〉 중학교의 업무 분장

교무 기획부	교무기획 부장	부서업무 총괄, 각 부 업무지원 및 조정, 교육계획 수립, 학사일정, 교사수급, 학교교육과정 편성 및 운영, 교권보호(업무처리), 교원근태
	교무기획	공문 처리, 교육계획서 작성, 입학식, 신입생업무, 교원실태조사, 학교평가, 학교요람, 학교컨설팅, 학교현황, 교원인사, 지원장학, 기간제강사 채용공고·관리, 다면평가, 교원인사 업무 및 교육과정 관계 회의록, 시상보조
		행사계획(월중, 방학), 학교운영규정집, 학교행사(졸업식), 졸업·진급 사정회, 표창 관련 인사위원회(회의록 작성), 교원 표창, 교사 성과상여금 관련 업무
	일과 (수업시간)	수업시간표 작성, 일과시간, 수업 통계, 고사감독 배치, 시간강사 시수 관련 업무, 결·보강 업무, 나이스 일일변동시간표 입력, 수준별 강사 수업시수 관리
	학적	학생 전입, 재취학, 생활기록부 점검 및 연수, 정원 외 관리, 학생이동 현황 보고, 학생이동부, 내교통지서 관리(학적), 위장전입확인, 대안학교 입교생 학적 관리
		학생 전출, 시상 및 수상 대장 관리, 출석 통계 및 관리(개인현장체험학습 출결 관리, 장기결석자 출결 관리)
교육 연구부 또는 교육 과정부	교육연구 부장	부서업무 총괄, 자유학기제 지원, 창의적체험활동 운영, 사교육 경감, 지구별 장학협의회, 자기주도학습반 관리 지원, 교과교실제 지원, 교원연구 활동지원(연구회, 교사동아리)
	교육연구 기획	교과교실제 운영, 초·중·고 연계교육, 교육실습 운영, 수업컨설팅 및 수업연구대회, 미이수·중복이수 학생관리
	장학	교내장학업무(수업지도안, 공개수업, 수업연구, 수업녹화 및 분석, 동료장학), 자율 및 직무연수, 교내자체연수, 명예교사 운영, 수업 커플제
	학력신장	학력신장 계획 및 운영, 각종 학력평가 분석 및 미달학생 보충학습 계획, 부진아지도, 대학생교사제(멘토링), 자기주도적 학습반 운영(학기 중, 방학), 또래교사 운영, 정독실 운영관리(자기주도적 학습반)
	자유학기제	자유학기제 계획 및 운영, 자유학기제 강사 관리, 교육과정 재구성 및 취합, 교과협의회 운영

생활 지도부	생활지도 부장	부서업무 총괄, 교권보호(학생지도), 학생생활규칙 관리, 배움터지킴이 관리, 교문지도 계획, 유해환경 정화 계도
	안전기획	생활지도 계획, 사진첩, 명찰·학생증·휴대폰 관리, 학생표창 및 임명, 아동학대·실종·유괴예방교육, CCTV, 교문지도, 안전교육계획 및 안전교육지도(교통, 질서, 재난대비), 학생회, 선거관리, 간부수련회, 선도위원회 개최, 분리수거, 내교통지서 관리(생활지도)
	특수	특수학급 운영, 장애이해교육, 통합교육, 한 끼 상담
	1학년 생활지도	1학년 업무, 교내 학생생활지도, 자유학기제 지원, 홈베이스 관리(1년), 학력신장 지원, 청소 점검 및 지도, 교칙위반학생 지도, 환경미화, 교복업무, 교문지도
	2학년 생활지도	2학년 업무, 교내 학생생활지도, 홈베이스 관리(2년), 학력신장 지원, 청소 점검 및 지도, 교칙위반학생 지도, 현장체험학습 총괄, 교문지도, 청소구역배당 및 청소용구 구입 및 지도
	3학년 생활지도	3학년 업무, 교내 학생생활지도, 홈베이스 관리(3년), 진학지도(졸업생), 학력신장 지원, 교복 물려주기, 급식당번 정하기, 급식지도 및 운영, 청소 점검 및 지도, 교칙위반학생 지도, 교문지도
	학교폭력 (비담임)	학교폭력대책자치위원회간사, 그린마일리지, 선도부 운영, 각종 캠페인, 교문지도, 학폭가산점 업무
	상담	Wee-class 관리, 학생상담(학폭 관련 학생 상담), 돌봄학생 지도, 자살예방교육, 생명존중교육, 고위험군 학생 관리, 학폭 관련 상담, 상담자원봉사자 관리, 각종 표준화 검사, 우산통 관리, 학교 내 대안교실, 학업중단숙려제
인문 교육부	인문교육 부장	부서업무 총괄, 독서·논술교육, 독서경진대회, 독서동아리 활동(학생, 학부모, 교사), 도서관 관리, 한글날 기념 백일장, 학부모 총회 주관, 평생교육(학부모)
	인성교육 기획	인성교육, 다정다감 고운말쓰기 지도, 학부모회, 계기교육, 세계시민교육, 영어교육 활성화(아침영어듣기, 점심영어독서, 영어팝송대회, 영어웅변대회 등), 영어듣기시험 주관, 국제교류
	영어 (회화강사, 원어민)	수준별 이동수업 지원, 영어과 관련 업무, 교과교실 업무 및 관리, 원어민 영어 보조교사 관련 업무, 국제교류 관련 업무(영어과)
		영어 수업 보조, 생활영어화화, EBS 아침영어교육 방송

과학교육부	과학교육부장	부서업무 총괄, 과학실 관리, 환경의 날 행사, 녹색성장환경체험프로그램, 과학경진대회교육(탐구, 토론, 관찰대회), 환경 및 해양 교육, 교과서 관련 업무(e-교과서), 메이커 교육
	과학교육기획	교구 및 실험재료 구입 및 검수 관리, 수학·과학경시대회, 발명 관련 업무, 융합교육, 영재선발관리운영 및 영재교육, 과학자율동아리 운영
예체육교육부	예·체육부장	부서업무 총괄, 테니스부 관리, 체육교구 안전 점검 및 관리, 대학생교사제(테니스부), 동원(전체모임, 학생질서, 민방위 등)
	체육기획	학교체육소위원회, 교내체육대회, 토요스포츠클럽, 학교스포츠클럽 연간계획 및 관리, 1인1기 운영, 사제동행 체육프로그램, 축구부 관리, PAPS
	학예	학예전, 문화예술교실, 동아리 활동
	보건	보건교육, 건강이상자 관리, 성교육(성폭력, 성매매, 성희롱, 양성평등), 미세먼지, 전염병예방, 약물 오·남용예방, 응급처치교육, 금연교육 및 캠페인, 안전공제회
진로복지부	진로복지부장	부서업무 총괄, 진로교육, 창체(진로) 운영, 진로동아리, 자유학기제 지원, 에듀팻, 우리 마을 체험처 개발, 선진대학탐방, 진로상담, 직업인 특강, 진로코칭 학부모연수 안내, 꿈길 사이트 관리
	진로 기획	진로체험 및 교육복지 운영 협조, 봉사활동, 장학금 및 교육기부
	교육 복지	교육복지 우선지원사업, 다문화, 불우이웃돕기(알뜰실 운영), 각종 성금
교육정보부	교육정보부장	부서업무 총괄, 학내전산망 관리, 학교정보공시 학교관리자, 소프트웨어교육 연구학교 운영 총괄, 정보인프라 고도화 3개년 계획, 방송
	정보 기획	정보화교육 및 정보윤리교육, 교육정보인프라 관리, 학교 홈페이지 관리, 밀레니엄 꿈나무, 교육용 소프트웨어 관리, 정보보호 및 개인정보보호, 청렴
	나이스	학교기관 마스터 관리, 나이스 업무 권한 관리, 연구학교 행정처리, 사이버스쿨, 교원능력개발평가
방과후학교부	방과후부장	부서업무 총괄, 문화예술교육, 학예제(발표, 전시)
		방과후 교육 관리, 동아리 활동
학년부	1학년부업무	자율학습지도 감독, 1학년 관련 업무 홈페이지 탑재, 자유학기제 지원, 명찰, 학생증 발급
	2학년부업무	자율학습지도 감독, 2학년 관련 업무 홈페이지 탑재, 개인현장체험학습 관리
	3학년부업무	3학년 관련 업무 홈페이지 탑재, 자율학습지도 감독, 학업성적관리위원회 협의록(석차연명부 관련)

〈표 10-3〉 **고등학교의 업무 분장**

3학년부	3학년 부장	부서업무 총괄, 중·석식지도 지원, 학년 생활지도 총괄, 학년별 학습플래너 점검 및 관리
	3학년 기획	3학년 관련 공문 처리, 학부모 업무 지원, 추수지도, 졸업앨범, 직업위탁교육, EBS 진학지도비 관리 및 총괄, 정독실 관리
	3학년 진학	학력평가·모의고사채점 관리 및 성적 분석, 진학자료 수집 및 진학 상황 통계, 대입 요강 분석 및 대책 수립
2학년부	2학년 부장	부서업무 총괄, 2학년 토요프로그램 운영, 학부모 업무 지원, 국가수준학업성취도 평가, 중·석식지도 지원, 학년 생활지도 총괄, 학년별 학습플래너 점검 및 관리
	2학년 기획	2학년 관련 공문 처리, 학력평가·모의고사채점 관리 및 성적 분석, 2학년 진로교육·진학지도 계획 수립 및 추진, 학업성취도 평가
1학년부	1학년 부장	부서업무 총괄, 1학년 토요프로그램 운영, 학부모 업무 지원, 중·석식 지도 지원, 학년생활지도 총괄, 학년별 학습플래너 점검 및 관리
	1학년 기획	1학년 관련 공문 처리, 학력평가·모의고사 채점 및 성적 분석, 교육방송 관련 업무 총괄, 1학년 진로교육·진학지도 계획 수립 및 추진
교무기획부	교무기획부장	부서업무 총괄, 부장교사협의회, 교육과정위원회 운영, 교권보호위원회, 기간제교사 및 수준별강사 채용, 타 부서에 속하지 않는 업무
	교무기획	교육계획서, 학교평가 및 장학, 교원인사, 퇴임 및 포상, 교원단체, 다채널평가, 학교규정관리, 신입생 업무, 인사자문위원회, 교육정책 업무, 성과급
		월중행사, 학교일지, 주간업무, 동창회, 교원실태조사, 학교요람, 학교홍보, 중고연계교육, 자율활동(행사), 학교프로파일 관리, 청렴 및 혁신, 역사관 자료(연혁) 관리, 장학금, 학생 시상
	일과 (수업시간)	시간표, 일과운영, 수업시수 및 출결 통계, 보강교사(교과, 동아리) 배정 통보, 결강·보강 자료 수합, 고사 시간표, 학년별 창체시수 입력
	NEIS	NEIS 운영 및 연수, 신입생 입학 및 진급 졸업 사무처리(NEIS상), 학교교구관리(총괄), 학교정보공시제도총괄, 결석계, 출석부관리
	학교생활기록부	1, 2학년 생활기록부 총괄 및 기록 점검 담당, 생활기록부 연수 및 관련 문서 총괄, 생활기록부 정정업무(성적관리위원회)
		3학년 생활기록부 총괄 및 기록 점검 담당, 대입전형 관련 업무, 생활기록부 정정업무(성적관리위원회)
	교육과정	학교교육과정 편성 및 운영, 교과서 수급, 교과교실, 수준별 이동수업 운영계획 수립 및 운영

교육 연구부 (또는 교육 과정부)	교육연구부장	부서업무 총괄, 주5일 수업제(토요스쿨 프로그램) 운영 총괄, 대학 탐방
	교육연구기획	수업컨설팅(공개수업, 수업연구, 학습지도안), 자율장학(교내, 지 구별), 교과협의회, 교원능력개발평가, 창의력 산출물 활동, 교직원 연수
	동아리활동	창의적 체험활동 총괄, 동아리활동 조직운영 및 동아리집 발간, 현장 체험학습(소풍), 문화예술교육, 학예제
	1, 2학년 성적	성적처리 총괄, 1, 2학년 평가계획, 평가원안, 1, 2학년 성적처리 및 결과물 보관, 1, 2학년 사전사후 협의록, 전입생 성적처리, 성취평가 제 업무
	3학년 성적	학업성적관리위원회개최, 3학년 평가계획, 평가원안, 3학년 성적처 리 및 결과물 보관, 3학년 사전사후 협의록, 전입생 성적 처리, 신입 생 배치고사, 정보공시(성적), 성취평가제 업무
	영재교육	1학년 영재학급(인문, 사회) 운영, 영재교육, 썸머윈터스쿨 운영
		2학년 영재학급(수학, 과학) 운영 및 영재학급 업무 총괄, 영재교육, 썸머윈터스쿨 운영
	특수교육	특수학급 운영, 장애이해교육, 전시 및 학예제 협조
안전 생활부 (학생 인성부)	안전생활부장	부서업무 총괄, 배움터지킴이, 학교위기관리위원회, 학생지도(동원)
	안전생활기획	신고함 관리, 학생수련활동(간부수련회), 모범학생 추천, 청소년 단 체, 푸름이 활동, 교외생활 지도, 기타 학생 복지업무, 교복공동구매, 학교흡연예방교육사업 추진, 생명존중 및 자살예방 업무, 학급·학 생회 운영, 학교폭력업무, 학교폭력대책위원회, 학교폭력사안조사, 지구별선도협의회, 선도위원회 준비, 3년 교내생활지도
	1학년 생활지도	1년 교내생활지도, 금연·안전 지도, 복도·화장실 순시, 중·석식지 도, 질서지도, 선도학생 지도, 선도위원회 사안조사, 학생증 발급
	2학년 생활지도	2년 교내생활지도, 금연·안전 지도, 복도·화장실 순시, 중·석식지 도, 질서지도, 선도학생 지도, 선도위원회 사안조사
	안전교육	안전교육 종합계획 수립 및 운영, 청소구역 배당, 청소지도 총괄, 전 자게시판 및 게시판 관리, 학교주변유해환경 정화, CCTV 화면 관리

방과후 교육부	방과후교육부장	부서업무 총괄, 사상구 학력신장 프로젝트 운영, 일반고 교육역량강화 프로그램 운영, 튜터링, 대학생 멘토링, 다행복학교 관련 업무 지원, 무학년 특강 지원
	방과후학교 기획	1학년 방과후 학교 학력신장 프로젝트, 방과후 외부 강사 관련 업무, 특색사업 꿈자락, 자유수강권 관리
		3학년 방과후 학교 학력신장 프로젝트, 무학년 특강, 토요스쿨, 방과후 활동 시상
		2학년 방과후 학교 학력신장 프로젝트, 다행복학교 관련 업무, 또래 멘토링
정보 교육부	정보교육부장	부서업무 총괄, 학교홈페이지 관리, 교육정보화인프라 고도화, 컴퓨터실 관리, 학내망 관리, 정보화수준 측정
	정보교육기획	개인정보보호 업무, 정보보안, SMS, 정보화 관련 연수, 정보대회, e-smart 교육, S/W관리, 쿨메신저, 정보통신윤리교육, 청소년 인터넷·스마트폰 이용습관 관련 업무
	정보화 기자재 방송	교단선진화 기자재 관리, 정보시스템대장 관리, 학교 홍보(행사사진, 캠코더) 협조, 전산소모품, 방송실 관리(전체 모임 시 방송통제, 방송기자재 관리, 타종 관리, 방송반 학생 관리)
진로 진학 상담부	진로진학부장	부서업무 총괄, 진로특강 운영, 진로의 날 행사 추진, 진로진학 맞춤형 개별상담, 진로진학실(학나래실) 관리
	진로진학기획	봉사활동 업무, 진로게시판 관리, 평생교육, 학업중단숙려제 운영, 고교-대학연계 진로체험교육
	상담	상담 관련 업무, Wee-class(일지 포함) 운영, 요선도(결손)학생 결연지도, 각종 심리검사 실시, 요상담학생 Wee-class 연결 상담 업무, 정서행동특성검사 후 상담 및 보고
인문 교육부	인문교육부장	부서업무 총괄, 인문교실 운영, 도서관 운영 총괄
	인문교육기획	인문교실 운영, 독서논술교육(윤독, 가을독서한마당), 계기교육, 경제통일교육, 인성교육, 인문경시활동, 교내토론활동, 세계시민교육, 공모사업
	도서·문예	교지편집부 지도, 교지 발간, 교내백일장, 문예 관련 업무, 도서 구입 및 정리, 도서관 운영(진급 처리)
	외국어교육	외국어과 문서 및 교구 관리, 국제이해교육(다문화교육), 영어듣기, 영어경시, 원어민과 함께하는 영어인터뷰, 외국인과 함께하는 문화교실

과학 교육부	과학교육부장	부서업무 총괄, 과학실 관리, 수학과학체험전
	과학교육기획	과학의 날 행사, 과학탐구활동 운영, 과학·수학경시활동
	과학교육업무	실험·실습 연간 계획, 과학교구관리, 환경교육 관련 업무, 과학동아리 업무
예체능 교육부	예체능부장	부서업무 총괄, 체력단련실 관리, 체육관 및 체육시설 안전점검 및 기자재 관리
	예체능기획	교내체육활동 행사, 학교스포츠클럽, 학생건강체력평가제(PAPS) 관련 업무, 토요스포츠데이 운영, 교내스포츠리그 운영, 사제동행 둘레길 탐방, 7560+인증제 운영, 교직원체육대회 및 교사스포츠동아리 운영, 교외 출전 관련 업무
	보건	학생건강검사, 보건교육(성교육 포함), 약물 오·남용예방교육, 성폭력예방교육, 심폐소생술 및 응급처치교육(학생, 교직원), 건강기록부 관리, 정서행동 특성 검사 및 통계 보고, 아동학대 및 가정폭력

학교현장에서 이루어지고 있는 교무분장조직은 문제점도 갖고 있다. 대표적인 문제점을 정리하면 다음과 같다.

- **행정업무 중심의 편성**: 학교교육의 핵심적인 초점은 교수-학습, 즉 수업과 학생의 인성지도에 맞추어져야 한다. 따라서 교무분장조직도 수업의 원활함, 역동성, 효율성, 효과성 그리고 학생의 바람직한 인성지도 등에 초점을 맞추어 편성되어야 하지만, 실제로는 행정업무 중심으로 편성되어 있다. 이것은 학교현장에서 수업 및 학생의 인성지도보다 행정업무가 더 중요한 것으로 간주한다는 비판을 받는다.
- **불공평한 업무 분배**: 업무를 편성할 때에는 업무의 특성, 어려움, 부담감 등을 고려하여 교사들에게 공평하게 분담하여야 한다. 하지만 실제로는 교무분장조직의 부서에 따라 그리고 교사의 특성에 따라 불공평하게 업무가 분배되어 있어 교사들 간에 직·간접적인 불만이 나타난다. 예를 들면, 교직경력이 적은 교사에게 힘들고 맡기 꺼려지는 업무가 과

중되는 것이 일반적이다.

● **업무량의 과다**: 교사의 본연의 임무는 수업과 학생지도에 있다. 이를 위해서는 교사가 수업과 학생지도에 집중할 수 있는 여건을 마련해 주는 것이 무엇보다 요구된다. 하지만 현실적으로 교사는 과중한 업무로 인해 많은 피로와 스트레스를 경험하며, 그로 인해 수업과 학생지도에 집중하는 데 어려움을 겪고 있다.

5. 학교경영의 기법

학교경영을 체계적이고, 효율적이며, 효과적으로 수행하기 위해서는 우선적으로 과학적이면서도 합리적인 학교경영 기법이 요구된다. 대표적인 학교경영 기법을 정리하면 다음과 같다.

1) 목표관리기법

목표관리기법(Management by Objectives: MBO)은 분명한 목표를 설정하고 책임 한계를 규정하며, 조직 구성원의 참여와 협조를 얻어서 조직원들의 업적을 평가하고 피드백을 통하여 관리계획을 개선하고 구성원의 동기를 유발하며 나아가 조직체의 효율성을 증진시키려는 일련의 과정이다(주삼환, 신재흡, 2006). 즉, 목표관리기법은 체제이론을 기초로 하여 명확한 목표설정, 권한의 위임과 책임의 규정, 참여와 상하 협력 및 최종 산출의 평가 등을 통하여 관리계획과 업적평가 방법을 개선하고, 조직 구성원의 동기유발을 도모함으로써 궁극적으로는 조직의 효율성을 증진시키려는 것이다(박세훈 외, 2008).

학교경영에서의 목표관리기법은 학교경영 목표의 설정에 교장 및 교감뿐만 아니라 전 교직원이 공동으로 참여하여 목표를 명확하게 설정하고, 이렇게 설정된 목표를 효과적으로 달성하기 위하여 사무분장조직에 따른 책임을 명확하게 설정하고, 각 담당부서는 이러한 기준에 입각하여 업무를 공동으로 협력하여 추진하고 그 결과를 평가받으며, 개인 교사들은 자기통제의 원칙 아래 자신의 임무를 수행하는 과정이다(주삼환, 신재흡, 2006). 목표관리기법의 과정은 조직 전체의 목적을 규정하는 것부터 시작된다. 조직 전체의 목적은 하위 부서의 목표로 구체화되고, 다음으로는 개인의 목표로 설정된다. 요컨대, 학교경영의 목표관리기법은 무엇보다도 목표설정의 과정이 중요하며, 이 목표설정이 어떻게 수행되었는가에 따라 이 기법의 성공 여부가 결정된다(박세훈 외, 2008).

목표관리기법의 요소는 ① 목표설정, ② 참여, ③ 피드백이라는 세 가지로 구성된다. 이에 대해 간단히 살펴보면 다음과 같다(오석홍, 1990).

- **목표설정**: 효과적인 조직관리를 위해서는 장기적인 차원에서의 일반적인 조직목적과 함께 단기적인 차원에서의 구체적인 조직목표가 있어야 한다. 무엇을 해야 하는가를 뜻하는 구체적인 목표를 조직과 개인이 잘 알게 되면 목표 달성 가능성이 더욱 높아진다.

- **참여**: 목표는 상급자와 하급자가 함께 참여하고 협력하여 설정해야 한다. 참여와 협력 과정을 통해 설정된 목표는 더욱 타당하고 실현 가능성이 높으며, 참여자들의 적극적인 협조를 얻을 수 있게 됨으로써 조직구성원의 직무만족을 높일 뿐만 아니라 조직의 효과성에도 긍정적인 영향을 미친다.

- **피드백**: 명확한 피드백은 조직의 문제해결 능력을 증진시키고 개인의 직무수행 능력을 향상시킨다. 따라서 목표설정도 중요하지만 목표 달성을 위한 과정과 결과를 평가하고, 그것에 대한 피드백을 구하는 것이 중요하다. 이러한 피드백은 문제점에 대한 보완과 개선을 위한 중요한 자료로 활용할 수 있다.

이러한 목표관리기법은 다음과 같은 장점과 단점을 갖는다(윤정일, 송기창, 조동섭, 김병주, 2008). 즉, 학교교육의 활동을 목표에 집중시킴으로써 교육의 효율성을 제고시킬 수 있다는 것, 교직원들의 참여의식을 높이고 인력자원 활용의 효율성을 도모할 수 있다는 것, 목표와 책임에 대한 명료한 설정으로 교직원의 역할 갈등을 해소하고 학교관리의 문제나 장애를 조기에 발견 및 치유할 수 있다는 것 등의 장점을 갖는다. 하지만 목표에 대한 지나친 강조와 단기적이고 구체적인 목표에 대한 강조 때문에 과정을 중시하고 장기적이며 전인적인 목표를 내세우는 학교교육 활동에는 부적합한 측면이 있다는 것, 측정 가능하고 계량적인 교육목표의 설정과 평가 때문에 학교교육을 왜곡할 가능성이 있다는 것, 목표설정과 성과보고 등은 많은 노력과 시간을 필요로 하기 때문에 교직원들의 잡무 부담 가중과 불만의 원인이 되기 쉽다는 것 등의 단점을 갖는다.

2) 정보관리체제

경영활동에는 각종 정보가 필요하다. 문제를 분석하고 대안을 검토하고 결정을 내리고, 결정된 사항을 실천·관리하는 경영활동이 합리적이고 효율적으로 되기 위해서는 각종 정보가 그 기반이 된다. 따라서 계획의 수립과 실천에는 필요한 자료를 신속히 제공해 주는 정보관리체제(Management Information System: MIS)가 필요하다. 정보관리체제는 합리적이고 효율적인 경영관리를 위해서 정보를 수집, 처리, 보관하였다가 필요한 정보를 적시에 제공하는 체제이다. 정보관리체제의 핵심적인 과제는 자료를 정보화하는 일이다. 정보관리체제가 제공하는 정보는 필요한 시간에 맞추는 적시성이 있어야 하고, 착오가 없어서 정확성이 높고 신뢰성이 있어야 하며, 아울러 얻으려는 정보가 문제해결에 바로 관련성을 갖고 있어야 한다(박병량, 주철안, 2005).

정보관리체제의 핵심적인 과제는 필요한 자료들을 정보화하는 일이다. 자료가 실제로 유용성을 갖기 위해서는 반드시 정보화하는 과정이 필요하다. 자료를 정보화하는 과정은 체제의 요구조건을 확인하는 과정과 본격적으로 정보관리체제를 설계하는 과정으로 구분된다. 먼저, 체제의 요구조건을 확인하는 과정에는 ① 알아야 할 것이 무엇인가, ② 자료는 어디에서 얻을 수 있는가, ③ 누가 자료를 수집할 것인가, ④ 자료는 어떻게 수집할 것인가, ⑤ 누가 자료를 분석하고 해석할 것인가, ⑥ 어떻게 자료를 저장할 것인가, ⑦ 어떻게 전달할 것인가, ⑧ 어떠한 보호 및 안전조치가 필요한가가 포함된다. 다음으로, 정보관리체제를 설계하는 구체적 과정은 다음과 같다(주삼환, 신재흡, 2006; Cleland & King, 1972).

- **목적과 목표의 분석**: 체제의 목적과 목표가 무엇인지를 분석한다.
- **의사결정목록의 개발**: 조직 내에서 이루어져야 할 의사결정들이 어떤 것인가를 밝혀내고 이를 체계적으로 목록화한다.
- **필요한 정보의 분석**: 의사결정을 위해 필요한 특정 정보들에는 어떤 것들이 있는지를 분석하여 진술한다.
- **자료수집체제의 구안**: 필요한 정보를 충족시킬 수 있는 자료들을 수집하기 위한 체제를 구안한다.
- **소프트웨어의 개발**: 정보관리체제 구축을 위한 프로그램을 개발한다.
- **하드웨어의 요구조건 설계**: 개발된 프로그램을 실행시키는 데 필요한 하드웨어와 환경조건에 대해 기술한다.

이러한 정보관리체제를 학교경영에 적용해 보면, 학생들의 수업관리, 성적관리, 재정관리, 물품관리, 인사관리 등을 전산화 처리하여 정보화하는 것을 들 수 있다. 또한 최근에 시행하고 있는 NEIS(교육행정정보시스템)도 정보관리체제의 한 부분이라고 할 수 있다.

3) 기획예산제도

기획예산제도(Planning-Programming-Budgeting System: PPBS)는 계획의 재정적 측면(예산편성)과 실질적 측면(목적과 목표)을 결합시키는 것이다. 즉, 기획 수립과 단기적 · 장기적 예산편성을 유기적으로 연관시킴으로써 자원 배분에 관한 의사결정을 합리적으로 일관성 있게 행하려는 제도이다. 이러한 기획예산제도의 방법과 절차는 다음과 같다(김윤태, 1982; 윤정일 외, 2008).

- **기획**: 조직과 그를 둘러싼 주위환경의 제반 조건에 대한 철저한 분석을 토대로 조직의 기본적인 목적과 목표, 기본사업항목 등을 구체적으로 설정한다. 그런 다음, 목표를 달성하기 위한 대안적 프로그램을 구안하고, 비용-효과 혹은 투입-산출 분석에 의해 최선의 프로그램을 선정한다. 교육에 적용할 때에는 교육의 효과가 계량적인 지표를 통해 나타날 수 있지만, 많은 경우 비계량적인 것으로 나타나기 때문에 신중한 판단을 필요로 한다.
- **실행계획의 수립**: 목표 달성을 위한 최선의 프로그램이 선정되면 이를 구체적인 실행계획으로 작성한다. 이는 추상적인 아이디어 수준의 기획안을 누가, 무엇을, 누구에게, 언제, 어디에서, 어떻게 할 것인가 등으로 체계화하는 일이다. 구체적인 프로그램이 체계화되면, 분류를 위해 프로그램 수준에 따라 파일로 정리해 두거나 컴퓨터 프로그램으로 처리해 두는 일이 필요하다.
- **중 · 단기 실천계획의 수립**: 기획예산제도는 장기계획의 성격을 띠고 있기 때문에 프로그램의 목표에 따라 연도별 프로그램과 중 · 장기 예산계획을 작성해야 한다. 즉, 장기적 안목으로 향후 일정 기간(보통 5년)의 필요성을 추정하고, 이에 따라 프로그램과 예산계획을 구분하여 작성한다. 예산계획은 프로그램별로 장기 자원 소요와 세입을 포함한 가용자

원을 추정하고 이들을 절충하여 자원을 배분하는 것이다. 이때 예산계
획은 의사결정자에게 비용에 대한 정보뿐만 아니라 프로그램의 실효성
과 자원에 대한 정보를 제공하기 때문에 별도로 구분해 두는 것이 매우
필요하다.

- **예산편성**: 이것은 연도별 프로그램과 예산계획을 기초로 목표 달성을
  위한 활동에 대한 첫해의 자금지출을 조직적으로 짜는 과정이다. 즉,
  각 활동에 필요한 자원을 자세하게 조사하고 그것을 가격으로 환산하
  여 조직이 첫해에 부담하지 않으면 안 되는 자금의 총액을 계산하고 이
  를 체계화하는 일이다. 이러한 예산 편성과 집행을 통해 조직은 필요한
  활동을 수행할 수 있으며, 그 집행결과는 추후 심사분석을 통해 피드백
  되어 계획을 수정·보완하는 자료로 활용한다.
- **분석 및 평가**: 이것은 프로그램의 목표 달성도를 통해 프로그램의 가치
  를 평가하는 과정이다. 즉, 예상한 성과와 실제의 성과를 비교하여 프
  로그램을 평가하고 문제점과 개선점을 발견하는 과정이다. 이 과정은
  1년 내내 순환과정을 거치게 되며, 이 과정을 통해 프로그램의 목표, 성
  과, 비용 등이 평가된다. 아울러, 평가 결과는 프로그램에 피드백되어
  프로그램 자체를 수정·보완하며, 후속 프로그램 계획 수립과 작성에
  활용된다.

이러한 기획예산제도는 다음과 같은 장점과 단점을 갖는다(윤정일 외,
2008). 즉, 학교경영에서 기획예산제도를 활용할 경우 학교의 목표, 프로그
램, 예산을 체계화할 수 있다는 것, 연도별 교육목표와 이를 달성하기 위한
교육 프로그램의 소요자원을 확인할 수 있다는 것, 교육목표의 우선순위에
따라 자원을 합리적으로 조정할 수 있어서 예산을 절약할 수 있다는 것 등의
장점을 갖는다. 하지만 학교체제를 기업이나 공공기관처럼 간주하여 학교교
육에서 중요한 정서적·심리적 교수-학습체제를 단순화할 가능성이 있다는
것, 교육활동은 복합적이고 자기적인 효과를 나타내는 것이기 때문에 중간

단계의 단기적 실적을 평가하기가 어렵다는 것, 중앙집권화를 조성하여 교수-학습활동을 위축시킬 가능성이 있다는 것 등의 단점을 갖는다.

4) 과업평가계획기법

과업평가계획기법(Program Evaluation and Review Technique: PERT)은 하나의 사업을 세부 작업 활동과 작업 수행 단계 등으로 세분하고 이들의 선후 관계와 인과관계를 따져서 사업추진 공정을 도표화하여 사업을 보다 합리적이고 체계적으로 수행하도록 계획하는 기법이다. 이를 보다 구체적으로 정의하면, 과업평가계획기법은 달성하여야 할 목표와 이 목표를 달성하기 위한 활동과 과업 및 이들에 선행해서 이루어져야 할 여러 사항을 논리적 순서와 관계로 배열하여, 진행과정을 시간단계나 비용 측면에서 직선적 혹은 병렬적 선망 조직으로 작성하는 사업계획도라 말할 수 있다. '시간단계에 따른 과업평가계획기법(PERT/Time)'은 설정된 목표를 달성하는 데 필요한 시간을 결정하고 계획하고 관리하는 기법이고, '비용 단계에 따른 과업평가계획기법(PERT/Cost)'은 계획된 사업활동과 사업결과 그리고 계획된 자원활동과 사용된 자원을 비교하여 일치시키려고 하는 관리기법이다(박병량, 주철안, 2005).

과업평가계획기법은 두 가지 중심적인 요소로 구성된다. 즉, 과업을 수행하는 데 필요한 구체적 작업활동인 '활동(activity)'과 특정한 활동과 다른 활동을 구별해 주는 시점인 '단계(event)'로 구성된다. 또한 이 기법의 중요한 특징은 활동과 단계를 명료하게 도표화한다는 것이다. 과업평가계획기법의 절차는 다음과 같다(윤정일, 송기창, 조동섭, 김병주, 2002a).

- ● **플로차트 작성**: 과업의 달성에 필요한 활동들을 선정하고, 단계와 활동을 작업 순으로 표시한 활동목록표를 작성한다. 그런 다음, 활동목록표에 의해 단계와 활동을 서로 관련 있는 것끼리 연결한 네트워크를 작성

하고, 네트워크가 완성되면 단계와 활동의 명칭을 구체적으로 기입하고 각 단계에 번호를 기입함으로써 네트워크 모형을 완성한다.

- **각 작업활동의 소요시간 추정**: 플로차트가 완성되면 단계와 단계 사이의 구체적인 활동에 대하여 소요시간을 추정해야 한다. 소요시간은 '최단시간(일이 가장 순조롭게 진행되리라고 가정했을 때 걸리는 가장 적은 시간의 추정치)' '최장시간(가장 악조건하에서 걸린다고 생각되는 가장 긴 시간의 추정치)' '최적시간(정상적 여건하에서 걸린다고 생각되는, 확률이 가장 높은 시간의 추정치)' 등으로 구분하여 추정한다.

- **전체 과제수행시간 추정**: 특정한 활동들에 대한 기대시간이 추정되면, 다음은 전체 활동과 단계들을 수행하는 데 필요한 과제수행시간을 추정하게 된다. 시간 추정의 방법은 '최단기대시간(earliest expected time, 어떤 과제를 시작해서 그 작업활동 또는 단계가 완료될 때까지 가장 빨리 일을 끝낼 수 있는 시간)' '최장허용시간(latest allowable time, 과제수행을 위한 계획과 관련해서 그 시간까지 늦추어도 괜찮다고 생각되는 가장 긴 시간)' '여유시간(slack, 한 단계를 끝내는 데 늦추어도 되는 시간과 실제로 소요되는 시간과의 차이의 시간)'으로 한다.

- **예측**: 소요시간 추정을 완료한 후에는 과업을 제때에 완성할 수 있을지에 관해 예측한다.

과업평가계획기법을 활용하게 되면, 특정한 과업을 추진하기 위한 세부 작업 활동의 순서와 상호관계를 유기적으로 파악할 수 있기 때문에 계획을 보다 신중하고 체계적으로 수립할 수 있고, 계획에 대한 분석과 평가를 신속하고 정확하게 할 수 있다. 그리고 작업과정에 대한 구체적인 계획과 정밀한 분석에 기초하여 작업계획을 수시로 수정할 수 있고, 상황의 변화에 쉽게 대처할 수 있다는 장점을 갖는다. 이러한 유용성 때문에 학교경영에서는 교육계획이나 행사계획을 수립 및 추진할 때 이 기법을 자주 활용한다. 과거에는 교장실에 갠트 도표나 간단한 플로차트 위주의 계획표가 주로 전시되었으나, 최근에는 PERT를 활용하여 활동 간의 선후-인과관계가 표시되고, 단계별 및 활동별 소요시간이 나타나 있는 PERT 활용 도표들이 많이 사용된다(주삼환, 신재흡, 2006).

5) 영기준예산제도

영기준예산제도(Zero-Based Budgeting System: ZBBS)는 예산편성 시 전년도 예산에 구애받지 않고 모든 사업이나 활동에 대해 새롭게 검토하여 우선순위를 설정한 후 이에 따라 자원을 배분하는 방식을 말한다. 이 제도는 예산을 편성할 때 종래의 전년도 답습 점증주의적 예산편성 방식에서 벗어나 전년도 예산은 아주 없는 것으로 보거나 전혀 고려하지 않고 모든 사업을 계획목표에 맞추어 재평가하며, 그 우선순위에 따라 예산을 편성하는 예산편성기법을 의미한다. 영기준예산제도의 적용 절차는 다음과 같다(박종렬, 1994; 윤정일 외, 2008).

- **의사결정단위의 설정 및 확인:** 의사결정단위란 예산단위를 말하는 것으로, 다른 활동과 중복되지 않고 상호 비교할 수 있는 개개의 활동단위, 즉 단위사업을 말한다. 각 조직체는 이와 같은 의사결정단위의 설정을 통하여 조직의 주요 활동 요소가 무엇인가를 확인하고 결정해야 한다.
- **의사결정 패키지 작성:** 의사결정단위가 설정·확인된 뒤에는 의사결정단위를 의사결정 패키지에 근거하여 철저히 분석하는 절차에 들어간다. 의사결정 패키지란 관리자가 각각의 의사결정단위를 체계적인 분석을 통하여 평가한 후 우선순위를 결정한 다음, 어느 단위에 어느 정도의 예산을 배정할 것인가를 결정하는 데 도움을 주기 위한 일종의 문서이다. 여기에는 목적 또는 목표, 업무의 내용, 비용과 수익, 업무량과 실적측정 단위, 목표 달성을 위한 선택적 수단, 투입될 노력 수준 등에 관한 정보가 포함되어야 한다.

- 우선순위 결정: 의사결정 패키지가 결정되면 자원을 가장 효율적으로 사용할 수 있는 순위와 수준을 결정하는 과정에 들어간다. 즉, 각 관리계층에서는 업무와 권한의 범위 내에서 우선순위가 높은 것부터 차례로 의사결정 패키지를 배열하게 되며, 하급 관리층과 중간 관리층의 순위를 검토한 상급 관리층은 이를 종합한 순위를 결정하여 최고관리자에게 제출한다. 이 과정은 영기준예산제도에서 가장 중요한 과정이다. 최종적으로 만들어지는 사업순위 결정표에는 사업순위와 자금지출누계, 전년도 및 현년도의 활동 내용과 예산의 증감 등이 포함된다.
- 실행예산의 편성: 의사결정 패키지의 우선순위가 결정되어 수행해야 할 사업 및 활동이 확정되면, 각 조직체는 그에 대한 실행예산을 편성한다. 이렇게 편성된 예산은 예산심의 과정에서 삭감되기도 한다.

이러한 영기준예산제도는 다음과 같은 장점과 단점을 갖는다(윤정일 외, 2008). 즉, 우선순위가 낮은 사업에서 우선순위가 높은 사업으로 재원을 전환함으로써 합리적인 예산배분을 가능하게 해 준다는 것, 전년도 예산을 그대로 답습하지 않기 때문에 재정의 경직성을 극복할 수 있다는 것, 예산편성 과정에서 계층 간 의사소통이 원활하고 참여의 폭이 확대된다는 것 등의 장점을 갖는다. 하지만 모든 사업과 활동을 영(zero)의 상태에서 분석해야 하므로 시간과 노력의 부담이 가중된다는 것, 최고관리자가 충분한 시간을 가지고 의사결정 패키지를 분석하여 우선순위를 검토할 수 없는 경우가 많다는 것 등의 단점을 갖는다.

6. 학교경영평가

1) 학교경영평가의 개념

학교경영평가란 학교경영의 전체적인 과정을 대상으로 하여 교육목표를 얼마나 달성하였는가를 알아보고, 그 결과를 피드백으로 활용하여 학교경영이 개선될 수 있도록 하는 체계적인 활동을 의미한다. 이러한 학교경영평가는 학교경영의 실태 및 문제점을 파악할 수 있도록 해 주고, 학교경영의 개선에 필요한 정보를 제공해 주며, 학교 구성원들로 하여금 학교경영에 대한 책무성을 갖도록 해 주는 기능을 갖는다.

학교경영평가의 개념을 이해하는 접근방식은 ① 목표지향 평가, ② 체제지향 평가, ③ 가치판단지향 평가로 구분할 수 있다. 이에 대해 간단히 살펴보면 다음과 같다(박병량, 주철안, 1999).

목표지향 평가 목표성취도의 결정을 평가의 주된 활동으로 한다. 즉, 평가대상의 목표를 확인하고 그것의 달성도를 측정하여 대상의 가치를 판정한다. 따라서 목표지향 평가의 접근으로 학교경영평가를 한다고 하면, 학교경영평가는 학교경영목표의 달성도를 결정하여 학교경영의 가치를 판단하는 활동이 된다.

체제지향 평가 목표 달성뿐만 아니라 목표 달성에 이르는 제 요소의 관계도 평가대상에 포함시키는 평가 방식이다. 이 접근방식은 평가대상의 가치를 충분히 판단하기 위해서는 결과뿐만 아니라 수단, 즉 과정을 평가해야 한다는 입장이다. 그리고 체제지향 평가는 결과와 과정, 즉 제 요소의 관계를 투입-과정-산출 과정으로 이론화된 체제모형으로 수렴하여 평가한다. 따라서 체제지향 평가의 접근으로 학교경영평가를 한다고 하면, 학교경영평가는 학교의 투입, 과정, 산출, 환경의 모든 부분에 걸쳐서 가치를 체계적으로 조사하고 판단하는 활동이 된다.

가치판단지향 평가   가치판단을 평가의 본질적 속성으로 파악한다. 이 접근방식은 가치판단이 배제된 평가는 평가라고 할 수 없다는 입장이다. 즉, 평가활동은 단순히 비교 또는 수치상 등급을 산출할 수 있도록 실행 자료를 수집하여 가중 준거 평가척도에 결합시킴으로써 '자료수집도구' '가중치' '준거의 선택'을 정당화할 수 있다는 입장이다. 이러한 가치판단지향 평가는 가치 있는 속성을 확인하는 준거와 가치 수준을 결정하는 기준의 개발과 선택의 다양성을 인정하면서, 그 선택의 정당성을 요구하는 특징을 가지고 있다.

2) 학교경영평가의 준거와 준거체제

평가의 준거 또는 준거체제는 다음과 같은 특성을 지니고 있으며, 그러한 특성들은 학교경영평가의 준거체제를 개발하는 요건이 된다. 이에 대해 간단히 살펴보면 다음과 같다(박병량, 1988).

첫째, 준거는 가치를 함유한 대상의 속성을 지칭하는 개념이다. 평가준거는 평가대상이 소유하고 있으면 가치 있다고 여겨지는 양적·물적 성질, 상태, 행위 등의 속성이다. 그리고 그것은 대상에서 단순히 발견되는 성질이라기보다는 사람들에 의해서 가치를 부여받는 성질이다. 학교경영평가의 준거는 학교경영을 좋게 만드는 속성으로 궁극적으로 학교 구성원에게 이익을 가져다주는 속성을 가져야 한다. 즉, 학교경영평가의 준거는 학교경영이 그것을 지님으로써 '효과적인' '성공적인' 또는 '좋은' 학교가 될 수 있는 속성을 가져야 한다.

둘째, 한 준거는 추상성-구체성의 수준에 따라 구체화되어 준거 계층을 이룬다. 예를 들면, 하나의 준거는 구체화의 수준에 따라 준거-준거변인-준거지표로 구분되어 동일한 준거계통을 이룬다. 이러한 준거체제는 수준 간에 논리적 일관성을 유지하면서 통일성을 갖는다. 학교경영평가에서 어떤 수준의 준거를 선정하든지 간에 그 준거를 명료하게 규정하기 위해서는 그 준거가 속한 준거계통의 수준 간의 개념적 관계가 파악되어야 한다.

셋째, 준거는 측정이 가능하여야 한다. 평가에서 준거는 가치의 유무나 수준을 확인하는 데 사용되는 변인이므로 준거가 내포한 성질은 경험적으로 확인할 수 있어야 한다. 준거 중에는 그 성질상 객관적으로 관찰하기 어려운 것이 있을 수 있겠으나 과학성을 지향하는 형식적 평가에서는 가치내용을 어떤 방법으로든 객관적으로 확인하고자 한다. 준거를 보다 조작적으로 '가치를 획득하기 위해서 평가 대상이 수행을 잘해야 할 측면들' '판단의 측정 측면' '잘 정의된 행동 영역' 등으로 기술하는 것은 경험적으로 확인할 수 있는 내용으로 준거를 정의하고자 한 것이다.

넷째, 평가 대상은 보통 복수준거(multiple criteria)로 평가된다. 하나의 평가대상도 보통 복합적 성질로 구성되어 있기 마련이므로, 그 대상을 충실하게 평가하기 위해서는 복수준거를 사용하게 된다. 학교조직은 여러 측면의 성질 또는 여러 하위체제의 기능으로 구성되어 있고, 각 측면 또는 하위체제는 그들 나름대로의 평가준거를 가질 수 있기 때문에 학교조직 전체를 평가하기 위해서는 복수준거를 사용하지 않을 수 없게 된다. 따라서 학교경영을 평가하는 데 있어서 학교경영의 각 측면에서 도출된 준거들을 묶어 하나의 준거체제를 구성하여 평가하는 것은 평가에 있어서 포괄성과 융통성을 부여해 주는 방법이 된다.

다섯째, 복수준거체제에서 준거와 준거 상호 간에는 상충성이 존재할 수 있다. 복수준거체제는 대상의 가치를 다원적인 측면에서 종합적으로 평가할 수 있게 해 준다는 점에서 준거와 준거 간에는 상호보완적인 관계가 있다. 그러나 대부분의 평가대상은 각각의 측면들이 그 성질을 달리하는 것이 일반적인 현상이기 때문에 각 측면과 관련된 준거 간에는 상호 모순되거나 상충되는 경우가 일반적인데, 각 요소 간의 상충성을 인정하여 분석적으로 평가하는 것이 바람직하다.

여섯째, 준거의 도출에는 준거 관련 지식이 필요하다. 준거는 가치의 속성이므로 준거 도출에는 대상에 가치가 부여되는 속성에 관한 지식이 필요하게 된다. 일반적으로, 학교효과성에 관한 연구들은 가치 있는 학교의 특성을 밝혀 주고 있다. 따라서 효과적인 학교의 특성에 관한 지식은 학교경영평가의 준거 도출의 원천이 된다.

일곱째, 준거는 연역적 방법과 귀납적 방법으로 도출된다. 연역적 방법은 평가대상이 마땅히 지녀야 할 특성 혹은 준거를 이론적으로 도출한다. 귀납적 방법은 평가대상의 특성이나 준거에 대한 기술적(descriptive) 자료를 수집하여 이를 어떤 방식으로 묶어 준거로 설정한다. 어떠한 방법으로 준거가 도출되든 준거는 구체성의 수준에 따라 준거체제를 이룬다.

여덟째, 준거는 평가대상, 평가자, 상황의 함수관계로 결정된다. 이들은 준거를 결정하는 데 관련된 대요인이라고 할 수 있다. 즉, 준거는 평가대상에 따라, 평가자에 따라, 상황에 따라, 이들의 상호관계에 따라 결정된다. 예를 들면, 학교경영의 어떤 측면을 평가대상으로 하느냐, 평가자가 어떤 사람이냐, 어떠한 의사결정 상황에서 평가가 이루어지느냐 등의 변수는 준거의 설정에 많은 영향을 미친다.

3) 학교경영평가 준거 도출의 원천

학교경영평가의 준거 도출의 원천을 살펴보면 다음과 같다(박병량, 주철안, 1999).

첫째, 학교경영의 원리는 학교경영평가 준거 도출의 원천이 된다. 학교경영의 원리는 학교경영이 지향하고자 하는 방향, 이상, 가치를 의미하므로, 학교경영의 가치 준거 성질을 지니고 있다. 다만, 원리 자체가 엄격한 과학적 과정보다는 문화적 또는 상식적 수준에서 결정될 수 있다는 한계를 지닌다.

둘째, 학교경영의 이론은 학교경영평가에서 준거 도출의 바탕이 된다. 어떤 대상에 관한 이론은 그 대상에 관한 체계적인 지식을 의미한다. 따라서 평가대상에 관한 이론은 준거 관련 지식체가 되어 준거의 원천이 된다. 이론은 다른 어떤 지식보다도 과학적이고 논리적이기 때문에 신뢰성과 타당성이 높다고 하겠다.

셋째, 평가적 조직 개념에 의거하여 학교경영평가의 준거를 도출할 수 있다. 조직을 진단하거나 평가하는 데 사용될 수 있는 조직 개념이 설정되고, 그것과 관련된 요소 또는 요인들로 구성된 개념적 틀은 평가적 준거의 성질을 지니게 된다. 학교조직효과성, 학교조직건강, 학교조직풍토 등의 개념은 학교조직을 평가하는 데 사용할 수 있는 평가적 개념이며, 이런 개념이 포함하는 변인들은 학교조직평가의 준거로 사용될 수 있다.

넷째, 학교와 관련한 이해집단의 필요나 요구는 학교경영평가 준거의 중요한 원천이다. 예를 들면, 교육과학기술부, 지방교육행정기관, 정책결정자, 행정가, 학부모, 지역사회, 학생 등이 바라는 바는 학교평가의 준거가 된다.

4) 학교경영평가의 영역

학교경영평가의 영역을 ① 투입평가 영역, ② 과정평가 영역, ③ 산출평가 영역으로 구분하여 살펴보면 다음과 같다(박세훈 외, 2008).

(1) 투입평가 영역
투입평가의 내용으로는 다음과 같은 것들이 포함된다.

- 학생 1인당 교원 수, 사무직원 수, 시설 투자액 및 증가 면적, 도서구입비, 납입금, 실험·실습비, 장학금, 학교운영비 등
- 교원 1인당 연구 및 연수비, 교원보수 등
- 주당 교과시간 수, 수업일 수, 교원의 전문성 능력, 학생의 질적 수준, 전년도 교육목표 달성도 등

⑵ 과정평가 영역

과정평가의 내용으로는 다음과 같은 것들이 포함된다.

- **학급경영 영역**: 교과진도, 학습자료의 이용, 교재연구 및 학습준비, 생활지도, 부진아지도, 특활지도, 과외활동지도
- **학년경영 영역**: 학년경영계획 실천과정, 교육과정 시간 운영, 학년 내 교과진도 조정, 교수-학습 자료 및 매체의 활용, 교재 연구 및 발표, 시간표 운영, 교사 간의 협조 등
- **학교경영 영역**: 학교조직의 적합성, 학교경영에 대한 교원 및 학생의 참여 정도, 교육과정 운영의 합리성, 지원 및 관리 이용 자료의 효율성, 대외 협조관계 등

⑶ 산출평가 영역

산출평가의 내용으로는 다음과 같은 것들이 포함된다.

- **학급경영 영역**: 학업성취도, 학습태도 및 행동발달, 학습 흥미도, 기초학습능력 등
- **학년경영 영역**: 학년 교육목표 달성도, 학업성취도, 기초학습능력, 교사의 수업기술, 학년경영 참여도, 교수-학습 자료 및 매체 활용도 등
- **학교경영 영역**: 교육경영 목표 달성도, 학업성취도 및 진로지도 성과, 행동발달 및 체력증진 성과, 교사 연구 및 연수 성과, 학교시설 및 설비의 확충 성과, 예산관리의 적합성 및 관리제도의 과학성, 교직원의 사기와 학교경영 참여의 성과, 학부모 및 지역사회의 반응도 등

제**11**장
학급경영

1. 학급경영의 개념

무엇을 학급경영이라고 규정할 것인지에 대해서는 많은 학자가 다양한 관점을 나타내고 있다. 대표적인 학자들의 견해를 살펴보면 다음과 같다.

- 학급경영이란 학생의 학습과 생활지도를 위한 학급 목표를 효과적으로 달성하기 위해 교사와 학생이 상호작용하는 것이다(김종철, 진동섭, 허병기, 1991).
- 학급경영이란 학생의 학습과 생활지도를 위한 학교의 가장 기본적 구성단위인 학급의 목표를 효과적으로 달성하기 위한 학급 구성원, 즉 교사와 학생의 협동적 행위를 조성하는 집단과정이다(남정걸, 1991).
- 학급경영이란 단위학급 수준에서 학급담임이 학교교육에 관하여 공동목표를 설정하고 목표 달성을 위한 제반 조건을 정비ㆍ확립하여 목표 달성을 위한 지도ㆍ감독을 포함하는 일련의 봉사활동이다(문락진,

1995).

- 학급경영이란 학급의 목적을 효율적으로 달성하기 위하여 인적·비인적 자원을 활용하여 계획·조직·지도·통제하는 일련의 활동이다(박병량, 주철안, 1999).
- 학급경영이란 효과적인 교수-학습이 가능하도록 하기 위하여 긍정적인 학급분위기를 만드는 담임교사의 제반 활동이다(Martin, Sugarman, & McNamara, 2000).
- 학급경영이란 교사가 학급이라는 조직을 통해 교수-학습의 목적을 달성하기 위하여 수행하는 제반 업무와 활동이다(박남기, 2008).

이상에서 살펴본 학급경영의 정의들을 종합해 보면, 학급경영이란 '학교교육의 목적 달성을 위해 설정된 학급목표를 달성하기 위하여 필요한 인적·물적 제반 조건들을 확보하고, 실행하며, 평가하는 일련의 모든 체계적인 활동'이라고 정리할 수 있다.

그리고 제도로서 학교교육은 학년 및 학급이라는 구체적·실천적 단위를 중심으로 발달해 왔다. 역사적으로, 연령을 기준으로 한 학년제가 먼저 발달했으며, 동일 학년의 학생 수의 증가로 인해 교육실천의 기본단위로서 학급제도의 발달이 촉진되었다. 말하자면, 다수의 학생을 교육하는 근대 학교에 있어서 교육은 학교의 기본단위인 학급을 통해서 전개되어 왔다고 볼 수 있다. 이러한 학급의 중요성을 몇 가지 살펴보면 다음과 같다(박병량, 2003).

- 학급은 교육이 실제로 이루어지는 곳이다. 즉, 공식적인 조직으로서 학급의 성격은 학교의 교육목적을 직접적으로 수행하는 교수-학습조직의 기본단위로 볼 수 있다.
- 학급은 학생들이 매일 생활하는 장소이다. 학생들은 학급에서 학습활동뿐만 아니라 집단생활을 통한 사회적·심리적 활동을 한다.
- 교사의 학급경영 방식이 학생의 학업성취도(성적)와 인격 형성에 크게

영향을 미친다. 학급경영과 수업은 분리하기 어렵지만, 분리하는 입장의 연구들도 수업보다 교사의 학급경영 방식이 학생의 학업성취도와 사회성 발달에 크게 영향을 미친다는 점을 밝히고 있다.

- 학급은 교사의 전문성을 신장·발전시키는 곳이다. 교사는 학급에서 자신의 전문적 지식과 기술을 사용하여 학급을 경영하고 학생을 지도하며, 또한 이들 경험과 연구를 통해서 자신의 전문적 지식과 기술을 발전시킨다.
- 학교교육의 발전은 학급을 기반으로 한다. 즉, 학급의 바람직한 변화를 수반하지 못한 교육개혁은 진정한 교육개혁이라고 할 수 없다.

2. 학급경영의 원리

담임교사는 자신이 맡은 학급을 1년 동안 어떻게 이끌어 나갈 것인지에 대한 전반적인 비전과 아이디어를 미리 구상하고 전개할 수 있어야 한다. 이 때 각별히 요구되는 것이 어떠한 원칙에 입각해서 할 것인가이다. 즉, 학급경영에 필요한 아이디어와 비전 등을 제대로 구상하고 실현하기 위해서는 학급경영에 관한 지침 및 원칙이 필요하다. 이를 학급경영의 원리라고 한다. 학급경영의 원리를 살펴보면 다음과 같다.

1) 교육적 학급경영

교육적 학급경영은 모든 학급경영 활동이 교육의 본질과 목적에 부합되도록 운영하는 것이다. 이는 학급경영 그 자체가 교육활동이기 때문이다. 교육은 인간 성향의 가변성을 믿고 개인이 지닌 잠재적 가능성을 최대로 발전시키고자 하는 노력이다. 따라서 학급경영은 인간이 교육을 통해서 성장·발전한다는 신념 아래, 학생 개개인의 흥미, 적성, 능력과 창의성을 최대로 계발하여 자아실현된 인간에 도달할 수 있도록 운영되어야 한다. 특히 학급경영 방식이 학생들에게 교육적으로 긍정적 또는 부정적 영향을 미치기 때문에 학급경영 방식 자체가 교육적 본질과 목적에 벗어나지 않아야 한다(박병량, 2003).

2) 공정한 학급경영

공정한 학급경영은 학생들의 성적, 지위, 성, 외모, 가정배경 등에 상관없이 모든 학생과 공정하게 상호작용해야 한다는 것이다. 예를 들면, 학급의 반장이라서, 공부를 잘해서, 학생의 부모가 높은 사회경제적 지위를 가진 사람이라서 등의 이유로 다른 학생들과 다르게 대우해서는 안 되며 똑같이 대해야 한다는 것이다. 학생들이 비록 어릴지라도 자신이 부당하게 차별대우를 받는다는 것을 느낄 수 있게 되고, 이러한 감정이 누적되면 교사와 학교 그리고 교육에 대한 불신을 가질 수 있다. 특히 학생의 가정배경에 따라 사교육 및 여러 교육 조건이 불평등하게 제공될 수밖에 없는 현실을 감안한다면, 오히려 가정배경이 열악한 학생들에게 교사가 역차별적으로 더 많은 교육기회, 배려, 칭찬 등을 해 주는 것이 요구된다고 할 수 있다.

3) 민주적 학급경영

민주적 학급경영은 민주주의의 원칙에 입각하여 학급을 경영하는 것을 말한다. 인간존중, 자유, 평등 및 참여와 합의 등은 민주주의를 특징짓는 이상과 원칙들이다. 따라서 민주적 학급경영은 이러한 민주주의의 기본 원칙에 의하여 학급을 조직하고 운영하는 것을 의미한다. 즉, 민주적으로 운영되는 학급에서는 학급 구성원 개개인의 인격이 존중되고, 자유스러운 학급 분위기가 조성되며, 학생 스스로 결정할 수 있고 책임질 수 있는 자율적 행동이 조장된다. 또한 평등하고 공정한 처사에 의하여 학급이 운영되고, 학급 구성원이 학급운영에 참여할 수 있는 절차와 과정이 마련되고 존중된다. 이러한 민주적 학급운영은 학급이 민주주의의 학습장이라는 의미에서도 그 의의가 크다고 할 수 있다(박병량, 2003).

4) 윤리적 학급경영

윤리적 학급경영은 교사가 높은 윤리적 기준에 부합하도록 학급을 경영하는 것을 말한다. 예를 들면, 학생들에게 모범이 될 수 있는 용모를 갖춘다든지, 학교 및 학급 규칙을 교사가 솔선수범하는 모습을 보인다든지, 학급운영비는 학급 및 학생들을 위해 모두 사용한다든지, 학급에 필요한 물품을 반강제적인 방식으로 학부모에게 부담시키지 않는다든지, 학부모들로부터 촌지를 받지 않는다든지 등을 실천하는 것이다. 오히려 학급의 모든 학생 및 특히 가정배경이 어려운 학생들을 위해 교사의 개인적인 돈을 지출하여 학생 및 학급의 사기를 높이는 것 등도 이에 포함된다. 이것을 도덕적 리더십이라고도 부를 수 있다. 즉, 교사는 도덕적 리더십으로 학생들에게 긍정적인 영향을 미침으로써 학생들로부터 진정한 존경을 받고 학급을 훌륭하게 이끌어나갈 수 있다.

5) 학생 이해의 학급경영

학생 이해의 학급경영은 학급경영의 구상과 전개가 학생의 이해를 기반으로 하여 이루어져야 한다는 것이다. 학급경영은 학생을 대상으로 전개하는 활동이므로, 경영의 제 활동이 학생 행동심리의 이해를 바탕으로 하여 구상되고 전개되는 것은 당연한 일이다. 학생의 심리적 욕구 충족, 학습동기의 유발, 부적절한 행동의 수정, 과업수행을 극대화하는 집단 운영, 집단의 갈등 해소와 사기 진작 등의 경영과업은 학생 심리에 대한 이해 없이는 효율적으로 수행될 수 없을 것이다. 따라서 효과적인 학급경영을 위해서는 학생의 발달 단계에 따른 지적, 정서적, 신체적, 사회적 발달의 제 특징과 학습능력 및 준비도, 그리고 집단 역학과 사회적 심리의 이해를 근거로 하여 학급의 제 활동이 구성되고 운영되어야 한다. 이런 맥락에서 학생 이해의 학급경영은 학급경영의 심리적 원칙이라고 부를 수 있을 것이다(박병량, 2003).

이상과 같은 학급경영의 원리들을 담임교사가 학급에서 제대로 실현시킬 수 있을 때, 그 학급은 보다 바람직하고도 훌륭한 학급이 될 수 있다.

3. 학급집단사회의 활동

Thelen(1981)은 학급을 큰 사회의 축소판으로 보고, 큰 사회와 마찬가지로 학급사회는 심리적 집단활동, 과업활동, 사회적 집단활동의 세 가지 집단활동을 한다고 하였다.

심리적 집단활동(psycho-group activity)　　학급 구성원이 그들의 사회적·심리적 욕구를 기반으로 하는 개인적인 필요에 의해 자발적으로 집단을 만들고 활동하는 것이다. 즉, 개인의 가치관, 취미, 흥미, 기호 또는 사고방식에 따라 인간관계를 맺어 형성된 집단이다. 학생들은 심리적 집단활동을 통해 학급에서 친구들을 만들고 재미있는 시간을 보내기도 하지만 때로는 갈등을 일으키기도 한다(박병량, 2003).

과업활동(task activity)　　외부세계 및 지식-상징체계로 이루어진 집단 구성원 밖에 존재하는 환경을 탐구하는 활동이다. 사회화 과정이 외부세계를 내면화하는 과정이라면, 과업활동은 외부세계를 객관화하는 과정이라고 할 수 있다. 이러한 과정에서 학생은 감각으로 경험할 수 있는 실제 환경과 지식-상징으로 표현되는 환경을 접촉한다. 그리고 과업활동을 수행하는 학생은 작업자, 문제해결자, 창조자, 탐구자, 생산자로서의 역할을 한다(박병량, 2003).

사회적 집단활동(socio-group activity)　학급 구성원이 학급집단의 행동양식을 배우고 적응하는 활동이다. 즉, 학생이 학급사회의 규범과 가치 및 행동양식을 학습하는 사회화 과정이라고 할 수 있다. 사회적 집단활동에는 학급의 규율과 규칙을 지키는 일, 교사와 학생 사이의 권위관계를 인식하고 이에 적합한 행동을 하는 일, 자신의 역할을 지각하고 수행하는 일, 상벌 행위를 식별하는 일 등 집단생활에 요구되는 행동양식을 학생이 자신의 언어, 사고, 감정, 태도 면에서 학습하는 활동이 포함된다.

사회적 집단활동을 통해 학생들 사이에는 역할 획득과 역할 수행에 따라 영향력 내지 권위의 차이가 나타나고, 이런 구성원 간의 관계로 인해 학급의 사회적 구조가 형성된다. 그리고 일반적으로 학생들은 자신들의 사회적 집단활동에 의거하여 평가되는 경향을 보인다. 즉, 학급활동에 적극적으로 참여하고 활동적으로 공헌하면서 집단 규범을 잘 지키는 학생은 좋은 평가를 받는 반면, 그렇지 못한 학생은 낮은 평가를 받는 경향이 있다. 여기에서 교육적인 측면에서 고려되어야 할 점은 학급의 사회적 구조 형성에 있어서 학생의 가정환경 내지 가정에서의 사회화 과정의 결과가 영향을 미칠 수 있다는 점이다(박병량, 2003).

즉, 학교에서 요구되는 언어, 사고, 가치관, 태도 등의 행동양식을 가정에서 학습한 학생은 사회적 집단활동 등에 잘 적응하게 되고 그 결과로 학교 사회구조의 상위부를 차지하게 되지만, 그렇지 못한 학생은 학교생활에 부적응하게 되어 하위부에 위치하게 되거나 고립되는 경향이 있다는 것이다. 여기에서 말하는 '학교에서 요구되는 언어'는 Bernstein의 정교한 어법과 제한적 어법으로 설명될 수 있고, '학교에서 요구되는 사고, 가치관, 태도'는 Bourdieu의 문화자본으로 설명될 수 있다.

Bernstein(1977)은 일련의 연속된 그림(학생들이 정원에서 공놀이하는 장면,

공이 이웃집 유리창으로 날아가 깨지는 장면, 깨진 유리창 너머로 주인이 야단치는 장면, 학생들이 놀라서 도망가는 장면)을 학생들에게 보여 주고, 이 그림을 보지 않은 사람이 이해할 수 있도록 이야기해 보도록 요구하였다. 그 결과 학생들을 두 집단으로 분류할 수 있었는데, 즉 그림을 보지 않은 사람이 학생의 이야기만 듣고도 그 의미를 잘 이해할 수 있도록 말하는 학생집단과 학생의 이야기만 듣고서는 연속된 그림의 의미를 제대로 연상할 수 없도록 말하는 학생집단으로 분류할 수 있었다. 여기에서 전자에 해당되는 것을 정교한 어법(elaborated code)이라 하고, 후자에 해당되는 것을 제한된 어법(restricted code)이라 한다. 조사 결과, 정교한 어법을 사용한 학생들은 중·상류 계층에 속했고 성적도 높은 반면, 제한된 어법을 사용한 학생들은 하류 계층에 속했고 성적이 낮았다.[1] 중요한 것은 학교에서 요구되는 언어가 정교한 어법이라는 데 있다. 교사는 정교한 어법으로 학생들을 가르치고 상호작용하기 때문에 이러한 언어에 익숙한 중·상류 계층의 학생들이 적응을 쉽게 하게 되어 상위부를 차지한다.[2]

Bourdieu(1973)는 개인이 가지고 있는 문화가 자본의 역할을 한다고 보고, 문화자본 이론을 제시하였다. 문화자본 이론은 계층의 불평등한 재생산이 이루어지고 있지만 왜 사회 구성원들은 그것에 대해 비판하거나 문제로 삼지 못하고 불평등한 현실 구조에 순응만 하게 되는가를 설명하는 데 도움이 된다. Bourdieu는 문화자본으로 아비투스(Habitus, 습관, 포부), 객관화된 문

---

1) 학업성취도(성적)에 결정적으로 영향을 미치는 요인은 가정환경(사회경제적 배경, 구체적으로는 부모의 학력)이라는 것이 Coleman Report(1966)에 의해 규명되었지만, Bernstein은 여기에 언어적 맥락을 연계시켰다는 데 또 다른 의미가 있다. 언어는 학교에서 배우는 것이 아니라 가정에서 배운 상태로 학교에 가게 된다. 따라서 가정환경의 또 다른 측면이 학생들의 학교생활과 삶에 영향을 계속 미친다는 것을 알 수 있다.
2) 우리나라에서는 계층에 따라 사용하는 언어가 크게 다르지 않다고 할 수 있으나, 영어권에서는 중·상류 계층의 백인이 사용하는 언어와 하류 계층의 흑인이 사용하는 언어가 매우 다르다. 그렇지만 학교에서 교사가 사용하는 언어는 백인의 언어이기 때문에 흑인 및 소수민족 학생들은 불리한 위치에 있다. 우리나라에서도 교사에게 표준어와 교양어 사용을 강요하는데, 이러한 것도 사회학적 시각으로 볼 때 지배계급의 이데올로기를 반영하고 있다고 파악할 수 있다.

화자본(서적, 예술품, 골동품), 제도화된 문화자본(자격증, 졸업증, 학위)을 포함시켰는데, 이 중에서 아비투스가 가장 중요하다고 보았다. 아비투스는 개인이 태어나면서부터 가정환경에 의해 자연스럽게 은연중에 형성되는 습관인데, 이러한 습관은 개인의 포부에도 영향을 미치며 가치관과 태도에도 영향을 미치게 된다. 극단적인 예로, 지배계급의 자녀들은 실업계 고등학교를 빨리 마치고 돈을 벌어서 가정에 보탬을 주어야 한다는 아비투스를 형성하지 않게 되고, 반대로 노동자 계급의 자녀들은 해외여행이나 유학 같은 아비투스를 형성하지 못한다. 어릴 때에는 누구나 대통령, 과학자 등의 꿈을 갖지만 차츰 철이 들면서 자신의 현실(형편)에 맞는 꿈을 자연스럽게 갖게 된다.[3]

Apple, Young 등의 신교육사회학자들에 의해 밝혀졌듯이, 교육과정의 내용은 지배계급의 가치관으로 판단된 지식과 교양으로 구성되기 때문에 지배계급의 자녀들이 유리한 위치를 차지하게 된다. 즉, 학교의 교육과정은 지배계급이 만들고, 지배계급의 자녀들이 혜택을 본다. 학교에서 요구하는 지식은 지배계급의 지식이며, 학교에서 요구하는 가치관 및 태도에 재미있게 잘 적응하기 위해서는 가정환경이 어느 정도 뒷받침되어야만 한다. 따라서 우리는 학교에서 적응하지 못하는 학생들을 사회적 약자의 아픔으로 볼 필요가 있고, 이러한 학생들에게 오히려 교사가 더 많은 관심과 사랑을 주어야 한다. 긍정적인 사고와 웃음을 학생들에게 맹목적으로 요구하기 전에 많은 것을 생각해 볼 필요가 있다.

---

3) 가슴 아픈 우리나라의 현실이라고 할 수 있는 예를 들어 보자. 중학교에서 고등학교로 진학할 때 크게 인문계와 실업계로 구분할 수 있다. 일반적으로 공부 잘하는 학생은 인문계로, 성적이 안 되는 학생은 실업계로 선택한다고 생각한다. 그러나 현실은 반드시 그런 것만은 아니다. 성적은 충분하지만 실업계로 선택하는 학생들이 존재한다. 그 이유는 단적으로 경제적 여건이 여의치 않기 때문이다. 그러나 이렇게 능력은 되지만 실업계 고등학교를 선택할 수밖에 없는 학생들은 사회체제의 문제 또는 모순이라고 생각하지 못하고 개인 또는 가정환경 탓으로 정당화하게 된다. 이것이 아비투스의 문화적 재생산 기능이라고 할 수 있다.

4. 사회성 측정[4)]

사회성 측정을 이해하기 위해 사회성 측정의 개념, 사회성 측정에 영향을 미치는 요인, 사회성 측정의 구조 분석, 사회성 개선을 위한 기법 등을 살펴보면 다음과 같다(김달효, 2009).

1) 사회성 측정의 개념

사회성 측정(sociometry)이란 사회성 또는 동료관계를 측정한다는 것을 의미한다. 이는 집단 내에서 개인 상호 간의 매력, 배척, 무관심의 정도를 파악함으로써 개인이 사회적으로 수용되는 정도를 평가하고, 집단의 응집력을 알아보고자 할 때 이용하는 방법이다(박도순, 2005). 한마디로, 사회성 측정법은 집단 구성원 간의 관계에서 개인의 사회적 지위를 평가하고 집단의 사회적 구조를 파악하는 방법이다. 이와 같은 사회성 측정법은 학급의 사회적 구조를 기술하는 방법으로 활용되어 왔다(박병량, 2003). 사회성 측정에는 대표적으로 두 가지 방법이 있다. 하나는 사회성 측정 행렬표(sociometric matrix)이고, 다른 하나는 사회성 관계도(sociogram)이다.

먼저, 사회성 측정 행렬표는 어떤 사람이 어떤 사람을 선호하고 배척하는지의 전체적인 정보를 표에 기록함으로써 사회성 정보를 일목요연하게 파악하는 사회성 측정의 한 방법이다. 그리고 사회성·측정 행렬표를 작성할 때의 요령은 일반적으로 다음과 같다. 즉, ① 행은 선택하는 쪽의 학생들의 이름과 번호를 나열하고, 열은 선택받은 학생들의 번호를 나열한다. ② 기록과 정리의 편리를 위해서 남녀를 구분한다. ③ 학생들의 반응을 각 학생별로 열로 기입해 나간다. ④ 모든 학생의 선택을 표에 기입한 후에 행렬의 합계를

---

4) 이 부분은 저자의 연구물 「사회성 측정을 활용한 학생의 사회성 개선에 관한 연구」(2009)의 일부분을 발췌한 것이다.

낸다. ⑤ 1, 2, 3, …은 해당 학생이 각각 첫 번째, 두 번째, 세 번째, …로 선택되었다는 표시이고, ○는 상호선택, ×는 배척받았다는 표시이다. ⑥ OS칸은 이성 간의 선택 수, SS칸은 동성 간의 선택 수를 나타낸다. 이러한 요령을 따른 사회성 측정 행렬표의 예를 나타내면 〈표 11-1〉과 같다(박병량, 2003).

그리고 사회성 관계도는 원래 Moreno(1934)가 창안한 것으로, 특정 사회집단의 구성원으로부터 각각 서로에 대한 선호, 중립, 무관, 배척의 반응을 확인하여 그 결과를 도식으로 나타내는 방법이다. 이 방법은 학급의 교우관

〈표 11-1〉 **사회성 측정 행렬표의 예**

선택자		피선택자									
		1	2	3	4	5	6	7	8	9	10
A	1		3		×	×	1	2			5
B	2			②	×	×		①	4	③	5
C	3		③				1	②		④	5
D	4					①	2		3		4
E	5				①		3	4	2		
F	6							①	②		③
G	7		②	④	5	×	①		×	③	
H	8	4					①	3			②
I	9		②	③		5	4	①	×		
J	10					5	②		①	3	
피선택수	SS	1	4	3	2	3	8	7	5	4	6
	OS	0	0	0	0	1	4	0	2	0	2
피배척수	SS	0	0	0	2	3	0	0	2	0	0
	OS	0	0	0	0	1	0	0	0	0	0
상호 선택수	SS	0	3	3	1	1	3	4	2	3	2
	OS	0	0	0	0	0	2	0	0	0	0

계와 집단구조를 파악하는 데 널리 사용되어 왔다. 사회성 관계도 작성 방법
의 절차를 간단히 살펴보면, 교사는 학생들에게 급우에 대한 선호와 배척에
대한 질문을 하고 그 반응을 얻는다. 대표적 질문의 예로는, '누구와 친구가
되고 싶은가?' '누구와 앉고 싶은가?' '누구를 싫어하나?' 등을 들 수 있다. 학
생의 반응을 얻은 후 학생을 나타내는 번호판에 긍정적 반응에는 직선 화살
표를, 부정적 반응에는 점선 화살표를 화살표 방향이 선택한 학생에게 향하
도록 선을 긋는다. 이러한 절차를 따른 사회성 관계도의 예를 나타내면 [그
림 11-1]과 같다(박병량, 2003).

　사회성 관계도는 집단 구성원 간의 역동적인 관계를 전체적으로 쉬우면
서도 뚜렷하게 파악할 수 있도록 해 준다. 이러한 사회성 관계도의 대표적인
것이 Northway(1940)의 표적도를 Bronfenbrenner(1954)가 보완한 표적 사회
성 관계도(target sociogram)이다. 이러한 표적 사회성 관계도는 쉽게 누가 누
구를 선택하였는지, 학생들 간의 사회성 지위가 어떠한지, 그리고 그러한 관
계가 전체적으로 어떠한 역동성을 갖는지를 명확하게 알 수 있도록 해 준다.

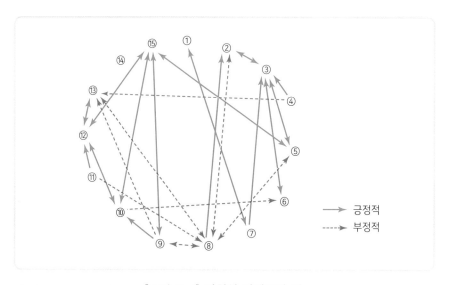

[그림 11-1] **사회성 관계도의 예**

* 출처: 박병량(2003). 학급경영(개정판), p. 127.

　　표적 사회성 관계도는 다음과 같은 절차에 의해 만든다(박도순, 2005). 즉,
① 동심원을 4개 정도 그린다. ② 개인별로 얻은 모든 선택 득점을 종합한
다. ③ 종합된 득점을 '최고점-최저점+1'의 공식에 따라 범위를 정하고 그
점수를 4등분한다. ④ 4등분한 결과를 점수가 높은 순서대로 가장 가운데 원
에서 바깥 원에 이르기까지 1/4씩 분배한다. ⑤ 방향 표시는 제1의 선택에
따라 표시한다. ⑥ 필요에 따라 성별 등의 특성을 구분해서 표시한다.

　　표적 사회성 관계도의 기본 도식은 [그림 11-2]와 같다. 이 절차에 의해 만
들어진 표적 사회성 관계도의 예는 [그림 11-3]과 같다. 중심원은 22개 이상
의 선택을 받은 인기자를 표시하기 위한 것이고, 가장 바깥 원은 9개 이하의
선택을 받은 격리자를 표시하기 위한 것이다. 그리고 중심원과 가장 바깥 원
사이의 원들은 기타 다른 학생들의 관계를 나타내기 위한 것이다.

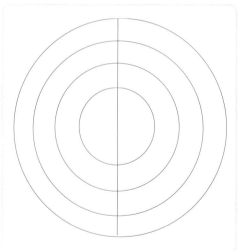

[그림 11-2] **표적 사회성 관계도의 기본 도식**

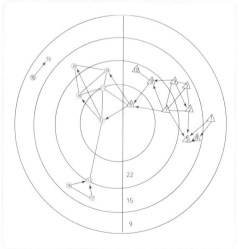

[그림 11-3] **표적 사회성 관계도의 예**

2) 사회성 측정에 영향을 미치는 요인

학생의 사회성 발달에 영향을 미치는 요인은 크게 가정의 사회·경제적 측면, 부모의 양육태도 측면, 교사 측면 등으로 분류할 수 있다. 이에 대해 간단히 살펴보면 다음과 같다.

- 가정의 사회·경제적 측면에서는 학생이 속한 가정의 사회·경제적 능력이 높을수록 사회성이 발달하는 것으로 나타난다. 이것은 Gottman, Gonzo, Rasmussen(1975)의 연구 결과에 잘 나타난다. 즉, 그의 연구 결과에 의하면 중위층의 자녀들이 하위층의 자녀들보다 사회성이 더 발달하는 것으로 나타났다.
- 부모의 양육태도 측면에서는 애정적이고 합리적이며 일관성 있는 방식으로 자녀를 양육할수록 자녀의 사회적 행동이 긍정적인 경향을 보이고(임귀성, 1999), 부모의 양육태도가 온정적인 경우가 통제적인 경우보다 사회적 능력이 높게 나타나며 친사회적 행동을 많이 하는 경향이 있고(김상희, 1998), 부모가 수용적인 양육태도를 보일수록 자녀의 사회성이 높고 부모가 거부적인 양육태도를 보일수록 자녀의 사회성이 낮은(이지윤, 2000) 것으로 나타났다.
- 교사 측면에서는 교사가 학생들을 애정적, 합리적, 성취적으로 상호작용할수록 학생의 사회성이 높은 것으로 나타났고(최근영, 2007), 교사가 학생에게 놀이 등의 방법으로 친근하게 접근하여 상호작용하면 학생의 사회성이 개선되는 것으로 나타남(윤세은, 이규남, 신수경, 2004)에 따라 교사의 애정적 학급운영태도가 학생의 사회성에 영향을 준다는 것이 확인되었다. 특히 Harter(1990)는 학생이 초등학생 시기일 때에는 학교에서 사회화가 중대하게 형성되기 때문에 교사의 영향을 많이 받을 수 있음을 강조하였다.

학생이 안정적·장기적·일반적으로 생활하는 곳은 가정과 학교이다. 따라서 학생의 사회성 발달에 영향을 미치는 것은 크게 이 두 곳에서 비롯된다고 볼 수 있다. 학생의 사회성 발달에 있어 부모의 양육태도나 가정의 사회·경제적 지위 등의 가정환경적 요인이 많은 영향을 미치는 것은 분명하다. 그러나 이러한 가정환경적 요인은 사회 및 학교(또는 교사)에서 쉽게 교정할 수 있는 범주가 아니다. 하지만 많은 연구에 의하면, 교사가 사회성 측정 결과 소외형, 배척형, 격리형 등으로 분류되는 학생들에게 부가적인 배려, 기회, 관심 등을 꾸준히 제공하게 되면, 이 학생들의 사회성이 점차 개선되는 것으로 나타난다. 이러한 연구 결과는 학교현장의 교사들에게 시사하는 바가 크다.

3) 사회성 측정의 구조 분석

사회성 관계도를 통해서 학급사회의 구조를 여러 가지 측면에서 분석할 수 있다. 이에 관해 살펴보면 다음과 같다.

먼저, 교우관계의 기본 유형들로, 김병성(2000)과 박도순(2005)은 ① 인기형(star: 상당수의 집단 구성원들로부터 선호 선택을 받는 사람), ② 소외형(isolate: 누구의 선택이나 배척도 받지 못하는 사람), ③ 격리형(neglectee: 상대적으로 거의 선택을 받지 못한 사람), ④ 배척형(reject: 집단 내에서 부정적 선택만을 받는 사람), ⑤ 상호 선택형(단짝형; mutual choice: 두 사람이 서로 선택할 경우)으로 분류하였다. 그리고 박병량(2003)은 이에 덧붙여 ⑥ 연쇄형(chain type: 선택이 한쪽으로만 향하는 경우), ⑦ 삼각형(triangle type: 세 사람의 선택이 연쇄적이거나 상호 선택된 경우)을 추가하여 분류하였다.

이러한 일곱 가지 교우관계의 기본 유형 중에서 담임교사가 바람직한 학급경영 차원에서 학생들의 바람직한 인성 지도를 위해 특히 신경을 써야 하는 유형은 소외형, 배척형, 격리형이다. 이들 유형의 학생들은 학급에서 급우들과 원만하게 생활하지 못한다는 것을 나타내어 주는 것이기 때문에 담임교사가 칭찬, 관심 표명, 배려, 역할 부여 등을 제공해 줌으로써 학생들 간의 사회성을 향상시켜 주는 것이 요구된다.

교사의 학생에 대한 태도는 자연스럽게 학급의 사회관계에 영향을 미친다. Flanders와 Havumaki(1960)의 현장실험연구에 의하면, 교사가 소수의 학생들을 선택적으로 선호하여 긍정적 반응(격려와 칭찬)을 보이는 집단은 교우관계가 선택적으로 집중되는 집중적 구조(centralized structure)가 형성된 반면, 교사가 특정 학생에게 선택적 선호를 보이지 않는 비교 집단에서는 급우들 간의 선택이 보다 균등하게 분산되는 확산적 구조(diffused structure)가 형성되었다. 이 연구는 교사의 학생에 대한 선호 형태가 그대로 학생의 급우 선택에 반영됨을 보여 준다. 즉, 교사가 학생에게 선택적 선호를 보일 때 학생들의 교우관계도 선택적으로 이루어지고, 교사가 학생들에게 균등하게 선호를 보일 때 학생들의 교우관계도 균등하게 이루어지고 있음을 보여 준다. 또한 교사가 사회성 측정 지위가 낮은 학생에게 특별한 관심을 보여 줌으로써 그 학생의 사회성 측정 지위를 높여 주는 연구들(Edwards, Manstead, & Macdonald, 1984; Kosir & Pecjak, 2005)도 있다. 이와 같은 연구들은 교사가 학생들에게 어떻게 상호작용하는가가 학생들 간의 교우관계에 영향을 미친다는 점을 보여 준다.

교사-학생의 관계와 학생의 사회성 발달이 밀접한 관련이 있다는 것은 많은 연구 결과(예: 박현옥, 김정현, 2007)에 의해 입증되고 있다. 그리고 이러한 연구들에서 공통적으로 발견되는 점은 교사-학생의 관계가 친밀하고 갈등이 적을수록 학생의 사회적 활동성이 높게 나타난다는 점이다.

4) 사회성 개선을 위한 기법들

교사가 수업시간 및 기타 학급활동 시간에 학생의 사회성을 개선시키는 데 도움이 되는 여러 가지 기법에 대해 학자들마다 공통된 것들도 있지만 조금씩 다른 것들도 있다. 이에 대해 살펴보면 다음과 같다.

먼저, 박병량(2003)은 학생에 대한 교사의 특별한 관심, 높은 기대 전달, 대화기회 마련, 보상해 주기, 참여시키기, 격려하기 등을 강조하였고, Stephens(1992)는 질문하고 대답하기, 참여하기, 도움 주기 등을 제안하였으며, Gottman 등(1975)은 긍정적인 미소 짓기, 신체 접촉, 도움 주기, 참여하기, 정보 나누기 등을 제안하였다. 또한 Kontos와 Wilcox-Herzog(1997)는 교사와 학생 간의 애정적인 신체 접촉, 지속적인 대화, 활동에의 적극적인 참여 등을 제시하였고, Zanolli, Saudargas, Twardosz(1990)는 학생에 대한 교사의 미소, 애정적인 신체접촉, 다정한 말, 긍정적인 기대 등을 제시하였으며, Mahoney(1999)는 학생의 말과 행동에 대한 일관성 있는 즉각적인 반응, 학생에게 친밀감과 애정의 표시로서 긍정적인 정서의 표현, 학생의 흥미나 발달 수준을 고려하여 놀이나 활동에의 적극적인 참여, 학생의 행동지도를 위해 통제적인 지시나 요구보다 관대한 행동 표현 등을 제시하였다. 그리고 강인숙(2003)은 교사의 학생에 대한 개별적인 관심, 칭찬하기, 애정적인 신체 접촉, 함께 놀아 주기 등을 강조하였다.

중요한 것은 이러한 사회성 개선을 위한 다양한 기법이 존재한다는 것을 교사가 알아야 하고, 또한 그러한 기법들을 사회성 개선 대상(소외형, 배척형, 격리형)의 학생들 및 소외계층의 학생들에게 수업시간, 쉬는 시간, 점심시간, 청소시간, 조례 및 종례 시간 또는 방과 후 시간(방학 포함) 등에 교육적으로 활용할 수 있고 또 해야 한다는 것을 절실히 깨닫고 실천해야 한다는 것이다.

5. 학급 규모

학급당 학생 수는 학생의 학습과 행동에 가장 밀접하게 관련되어 있기 때문에 중요한 교수-학습조직의 구조 영향 변수가 된다. 따라서 교수-학습조직의 규모에 대한 주된 관심은 학급 규모가 교육 효과에 어느 정도 영향을 미칠수 있으며, 적정 학급 규모는 어느 정도인가에 모아지고 있다(박병량, 2003).

공은배, 한만길, 이혜영(1984)은 최적 학급 규모를 교육 효과의 극대화, 교수–학습활동의 적정화, 교사의 직무수행의 적정화, 교육예산 운영의 효율화를 기할 수 있는 학급당 학생 수로 규정하고, 교사의 의견 조사를 토대로 30명 이내를 적정 학급당 학생 수로 제시하였다. 또한 Blatchford와 Mortimore(1994)는 보통 학급당 학생 수가 20명 이하를 소규모 학급으로, 20~30명을 보통 학급으로, 30명 이상을 대규모 학급으로 구분하였고, 연구 결과를 통해 학급당 학생 수를 줄이는 것이 학습효과를 높이며, 특히 초등학교에서 학급당 학생 수를 20명 이하로 대폭 줄일 때, 저학년에서 그 효과가 크다고 하였다. 그리고 구체적으로 학급당 학생 수를 줄임으로써 개별화 학습기회의 증대, 교수 질의 향상, 교육과정의 다양화, 폭과 깊이의 심화, 학생의 학습주의력의 증대, 교사의 학생 관리의 용이성, 교사의 보다 많은 자기 시간의 확보와 시설·설비의 비용, 교사의 사기 증대, 학생 간의 인간관계 향상 등의 변화를 수반한다고 강조하였다.

또한 Finn, Pannozzo, Achilles(2003)는 학급 규모에 따라 학생들의 학급참여 정도가 다르고, 이에 따라 학생들의 행동이 달라지며, 그 결과 소규모 학급에서 학생들의 학업성취도가 높아진다고 주장하였다. 그리고 Molnar 등(1999)은 소규모 학급에서 교사들이 다양한 형태로 학생 개개인에게 집중하며 보다 개별화된 수업이 이루어진다는 점을 확인하였다.

이렇듯 학급 규모가 작을수록 교육효과에 긍정적이라는 이러한 연구 결과들은 우리나라의 맥락에서도 입증된다. 즉, 장수명과 최형주(2004)의 연구 결과에 의하면, 학급 규모가 큰 학급에서보다 소규모 학급에서 교사들은 학생들이 학업내용을 단순히 암기하기보다 진정으로 이해하기를 원했고, 시험문제의 정답을 알려 주기보다 내용과 연계하여 설명하였으며, 학생들의 질문에 진지하게 응답하였다. 또 소규모 학급에서 학생들은 교사의 설명으로 교과서를 보다 쉽게 이해할 수 있으며, 수업 중에 이해가 되지 않을 때 질문하기가 쉬운 것으로 나타났다. 그리고 교사들은 대규모 학급에서보다 소규모 학급에서 시청각 자료를 보다 자주 활용하고, 소집단 토의를 자주 진행하며, 학생과의 질의와 응답 시간을 많이 갖는 것으로 나타났다. 또 소규모 학급에서 학생들은 소집단 연구를 보다 많이 하며, 보고서 작성과 보고서 구술 발표를 자주 경험하는 것으로 나타났다.

적정 학급 규모를 추출하는 데에는 어떤 절대적인 준거나 방식이 있을 수 없다. 그것은 사람들의 인습과 인식에 따라 크게 달라지기 때문이다. 그러나 적정 학급 규모를 생각할 때 고려하여야 할 변인들로서, 허숙(2003)은 다음의 네 가지를 제시하였다.

- **교육과정의 운영 측면**: 학생의 수준, 교과목의 특성, 교수–학습방법 등
- **학생의 생활지도 측면**: 학급 내 공간 확보, 학급 내 인간관계, 인성교육 등
- **학급경영 및 교사의 업무 측면**: 학생 통제, 학급 사무, 학생평가 업무 등
- **교사 · 시설 · 재정의 확보 측면**: 교원 확보, 학교 규모, 소요 예산 등

이러한 네 가지 측면은 적정 학급 규모를 논의하기 위한 교육 내적인 요인들이다. 이 외에도 교육 외적인 요인들, 특히 우리나라의 경제적 여건의 변화와 학령인구의 변화 추이 등이 함께 고려되어 종합적인 판단이 이루어져야 할 것이다.

제 **12** 장 | 교사론

1. 교사와 교직관의 변화

우리나라의 전통적인 사도론에는 가치판단의 기준으로서의 교사, 군자로
서의 교사, 교사와 학생의 인격적 관계가 포함되어 왔었다. 그러나 사회문화
및 기술의 발전과 삶의 수준의 향상, 개성과 다양성의 문화, 개인주의의 팽
배로 인해 학교교육과 환경의 변화, 교직과 교사에 대한 인식의 변화, 교사
의 역할과 기대의 변화가 수반되었다.

학교교육과 환경의 변화   과거에는 학교가 학생들에게 지식과 정보를 체
계적으로 전달하는 거의 유일한 곳이었지만, 정보기술의 발전과 삶의 수준
향상으로 인해 학교 외에도 학원, 과외, 인터넷, 기타 도서 등으로 지식과 정
보를 획득할 수 있게 됨으로써 학교교육의 중요성에 대한 인식이 상대적으
로 약화되었다. 또 보다 효과적이고 바람직한 학교를 만들기 위해 학급당 학
생 수의 감소, 냉난방 시설, 급식 시행 등이 이루어짐으로써 학교환경이 학

생들에게 과거보다 쾌적한 곳으로 변화되었다.

　　교직과 교사에 대한 인식의 변화　　과거에 교직과 교사는 많은 사람에게서 거의 맹목적인 존중과 존경을 받았으나, 학부모들의 평균 학력의 상승, 교직에 대한 교사 자신이나 다른 사람들의 노동직관, 문제 많은 일부 교사들로 인한 교직과 교사에 대한 불신과 권위 상실 등의 이유로 교직과 교사를 변화의 대상으로 인식하게 되었다.

　　교사의 역할과 기대의 변화　　과거에는 학생들의 지도에 대한 교사의 역할에 대하여 신뢰하였기 때문에 '사랑의 매'를 존중하였고, 교사의 수업전문성에 대해서도 별로 문제시하지 않는 등 교사의 역할에 대해 거의 전적으로 교사에게 일임하였다. 그러나 자녀교육에 대한 관심도가 높아지고 또 학부모의 학교교육 참여가 가능하게 됨으로써 좀 더 전문성을 갖춘 교사가 되기를 바라고, 학생들을 공정하고 인간적으로 지도해 주기를 기대하게 되었다.

　　그리고 교직관의 유형은 흔히 성직관, 전문직관, 노동직관으로 분류된다.

　　성직관　　교직은 세속적인 직업과는 다르며, 승려, 신부, 수녀와 같은 성직이라 보고 정신적 봉사활동을 강조하는 직업관이다. 여기에는 교사의 사랑, 헌신, 봉사, 희생의 정신이 포함되며, 우리가 진정으로 존경하는 '스승'이 해당된다.

　　전문직관　　교사가 자신의 일에 대한 전문적인 기술과 이해를 가지고 있어야 한다는 관점을 의미한다. 즉, 단순한 노동직이 아니고 지적·정신적 활동을 위주로 하는 직업이며, 그 활동은 이기적 활동이 아니고 애타적 활동으로 규정하고 있다. 고도의 자율성과 윤리성을 강조하는 점에서는 성직관과 가깝지만, 교원의 자질 향상과 교권의 확립, 경제적·사회적 지위 향상을 위해서는 교원단체를 구성하여 보다 적극적으로 교원의 권리 신장과 지위 향상을 추구해야 한다는 점에서는 노동직관과 동일하다. 따라서 성직관과 노동직관의 중간에 위치한다고 볼 수 있다.

노동직관　교사의 교육활동을 노동이라고 보고 교사도 노동자로 보는 입장이다. 즉, 보수를 받고 학생들을 가르치는 입장으로서, 생계수단으로 교직을 맡고 있으며 자신의 노동에 대한 보다 나은 대우와 여건을 성취하기 위해 노동 3권의 보장과 행위를 요구한다.

오늘날의 교직이 앞에서 설명한 교직관의 세 가지 유형 중에서 어디에 해당되는가를 정확히 규명하기는 어렵다. 시대와 장소 그리고 문화에 따라 조금씩 다르게 인식될 것이다. 그러나 교사와 학생 간, 그리고 교사와 학부모 간의 불신과 갈등이 팽배한 오늘날 우리의 교육현실을 감안할 때, 그러한 문제를 극복하기 위해 교사가 무엇을 할 수 있는가를 생각해 볼 필요가 있다. 그 방안으로서 교사에게 여러 가지를 요구할 수 있겠지만, 기본적으로 교사는 무엇보다 자신의 행위에 대한 적합한 자성을 우선적으로 할 수 있어야 하고, 대가 없는 보살핌과 기다림을 실천하고, 그리고 그 보살핌과 기다림의 과정에서 삶의 의미와 보람을 느끼려는 마음과 자세를 갖출 필요가 있다고 하겠다.

2. 교원의 전문성

교사는 교직에 종사하는 전문가이다. 교직은 학교에서 학생을 가르치는 것을 생업으로 하는 직업이며 전문직으로 간주된다. 전문직은 고도의 지식과 기술, 장기간의 준비교육, 봉사정신과 사회적 책임 및 자율성을 특징으로 하는 직업이다(박병량, 2003; Liberman, 1956).

전문가로서 교사에 대해 말할 때, 우리는 다음의 서로 다른 세 가지를 염두에 두는 경향이 있다(소경희, 2003; Carlgren, 1999). 하지만 일상적으로는 세 가지 의미를 두루 포함하여 사용하기도 한다.

첫째, 교사의 '전문적 지식(professional knowledge)'에 대한 것으로, 교사가 가져야 할 전문적 지식이 무엇이며, 그것이 어떻게 조직되고 개발될 수 있는지에 관심을 갖는 것이다.

둘째, 교사들의 '전문화(professionalization)'에 대한 것으로, 교사라는 직업이 사회학적인 의미에서 직업이 되는 과정, 예컨대 다른 직업과 구분되는 상당한 정도의 자율성을 가져야 한다거나 장기간의 대학교육을 거쳐야 한다는 것 등에 관심을 갖는 것이다.

셋째, 교사 '전문성(professionalism)'에 대한 것으로, 주로 교사가 수행하는 일의 질(quality)에 관심을 갖는 것이다.

또한 전문직으로서 교원의 특성을 요약하면 다음과 같다(박병량, 2003; Liberman, 1956).

- 교직은 고도의 지적 능력을 필요로 하며 교직수행을 위하여 계속적으로 연구해야 한다.
- 교원이 되기 위해서 장기간의 준비교육이 필요하며 교원이 된 후에도 계속적인 자기 성장을 위하여 노력하여야 한다.
- 교원은 봉사지향적이어야 하며 사회적 책임이 강조된다.
- 교원은 자신들이 지켜야 할 윤리강령을 가지고 있다.
- 교원은 자율권을 가지며 단체교섭활동을 위한 자치적인 단체를 조직한다.

그리고 전문직의 특성과 조건을 간단히 살펴보면 다음과 같다. 먼저, Hoyle(1980)은 전문직의 특성으로 다음과 같은 것을 들었다.

- 본질적인 사회봉사의 수행
- 체계적인 지식의 근거
- 지식이나 기술의 습득에 있어 장기적이고 실제적인 훈련의 필요
- 업무수행상 고도의 자율성
- 일정한 윤리규정
- 연수를 통한 성장

또한 김종철(1992)은 전문직이 갖춰야 할 조건으로 다음과 같은 것을 포함시켰다.

- 고도의 지성을 요구하는 정신적 활동
- 엄격한 자격 기준
- 심오한 학문의 이론과 응용에 기초
- 애타적 동기를 중요시하는 봉사활동
- 고도의 자율성과 사회적 책임감
- 자체 행동을 규율하는 윤리강령
- 자율적인 조직체를 통해 사회경제적 지위를 향상시키고 전문성을 제고하기 위한 노력

3. 교원의 권리와 의무

1) 교원의 권리

교원의 권리는 적극적 권리와 소극적 권리로 구분할 수 있다. 적극적 권리에는 자율성, 생활보장, 근무조건 개선, 복지 · 후생제도의 확충이 있다. 그리고 교원은 개인적 권익을 옹호하기 위한 소극적 권리로서 신분보장권, 쟁

송제기권, 불체포특권, 교원단체 활동권 등을 가진다. 교원의 소극적 권리를 간단히 살펴보면 다음과 같다(김달효, 2006a).

(1) 신분보장권

교원은 교직의 전문성과 특수성을 인정받아 「국가공무원법」에 의한 신분 보장은 물론이고 「교육공무원법」에 의하여 일반공무원보다 더 강력하게 신분보장을 받게 되어 있다.

「교육기본법」 제14조 제1항에는 "학교교육에서 교원(敎員)의 전문성은 존중되며, 교원의 경제적 · 사회적 지위는 우대되고 그 신분은 보장된다."라고 명시되어 있으며, 「교육공무원법」 제43조에는 "교육공무원은 형의 선고나 징계처분 또는 이 법에서 정하는 사유에 의하지 아니하고는 본인의 의사에 반하여 강임 · 휴직 또는 면직을 당하지 아니한다(제2항). 또한 교육공무원은 권고에 의하여 사직을 당하지 아니한다(제3항)."라고 규정되어 있다.

사립학교 교원은 그 임무와 특수성에 있어 교육공무원과 같이 국가와 공법상의 관계에 있지 않고 학교법인 등과 같이 사법상 관계에 있다는 점에서 차이가 있다. 그러나 사립학교 교원의 복무에 관해서는 국 · 공립학교 교원에 관한 규정을 준용하게 되어 있고(「사립학교법」 제55조), 신분보장에 있어서도 특별한 사유가 아니고서는 신분이 보장되며(「사립학교법」 제56~58조), 교원의 불체포특권도 보장되고 있어 교원의 법적 지위 내지 신분상의 권리에 있어서도 공 · 사립 간에 거의 동일하다.

(2) 쟁송제기권

징계의 사유는 법령 위반, 직무 태만, 위신 손상 등이 있다. 한편, 교원이 부당한 처분을 받았을 때는 징계처분에 대하여 재심을 청구할 수 있는 소청이나 기타 행정상 쟁송제기권을 가질 수 있다. 징계처분을 할 경우 교육기관 또는 교육행정기관의 장이 징계위원회에 회부하고, 징계위원회는 징계 대상자와 징계 요구자에게 구두 또는 서면으로 해명하거나 진술할 수 있는 기회를 주도록 하고 있다.

교원이 징계처분, 기타 그 의사에 반하는 불리한 처분에 대하여 불복이 있을 때에는 처분이 있는 것을 안 날부터 30일 이내에 교원소청심사위원회에 재심을 청구할 수 있다. 교원소청심사위원회는 재심 청구를 접수한 날부터 60일 이내에 결정을 하여야 한다. 교원은 교원소청심사위원회의 결정에 대해 그 결정서를 송달받은 날부터 60일 이내에 행정소송법이 정하는 바에 의하여 소송을 제기할 수 있다.

(3) 불체포특권

교원에게는 불체포특권이 있다. 「교육공무원법」 제48조와 「사립학교법」 제60조에는 "교원은 현행범인 경우를 제외하고는 소속 학교장의 동의 없이 학원 안에서 체포되지 아니한다."라고 되어 있다. 이것은 비록 수사기관이 형사소송법상 교원을 체포할 요건을 갖추었다 해도 학교장의 허락 없이는 학교 안에서 교원을 체포할 수 없도록 하고 있는 것으로서 교원의 신분을 보호하는 것이다.

(4) 교원단체 활동권

현행 「교육기본법」 제15조 제1항에는 "교원은 상호 협동하여 교육의 진흥과 문화의 창달에 노력하며, 교원의 경제적 · 사회적 지위를 향상시키기 위하여 각 지방자치단체와 중앙에 교원단체를 조직할 수 있다."라고 명시되어 있다. 또한 「교원의 지위 향상 및 교육활동 보호를 위한 특별법」 제11조 제1항에는 "교원단체는 교원의 전문성 신장과 지위 향상을 위하여 교육감 또는 교육부장관과 교섭 · 협의한다."라고 명시되어 있다. 그리고 제12조에는 "교섭 · 협의는 교원의 처우 개선, 근무조건 및 복지후생과 전문성 신장에 관한 사항을 그 대상으로 한다. 다만, 교육과정과 교육기관 및 교육행정기관의 관리 · 운영에 관한 사항은 교섭 · 협의의 대상이 될 수 없다."라고 교섭 · 협의 대상의 범위를 한정하고 있다.

이렇듯 「교육기본법」은 교원단체의 단결권을 보장하고, 「교원의 지위 향상 및 교육활동 보호를 위한 특별법」은 교원단체의 교섭권을 보장하고 있다. 그러나 정치적 목적을 가지는 정치단체 또는 정당과는 구별되며 파업과 같은 극단적인 단체행동권은 허용되지 않는다.

2) 교원의 의무

교원의 의무는 권리 못지않게 중요성을 가진다. 교사의 성실한 의무 준수는 곧바로 학생의 권리보호 및 권익신장과 이어지기 때문이다.

교원에게 주어지는 의무는 근본적으로 학생의 교육받을 권리를 충족시키기 위한 것으로서, 여기에는 법적인 의무는 물론이고 도덕적 필요성에 의해서 요구되는 당위나 규범이 주는 강제성까지 포함된다. 법률로 명시된 교사의 의무를 적극적 의무와 소극적 의무로 구분할 수 있다. 적극적 의무에는 권장 사항들이 포함되는데 교육 및 연구 활동의 의무, 선서·성실·복종의 의무, 품위유지의 의무, 비밀 준수의 의무 등이 있고, 소극적 의무에는 금지된 사항들을 지켜야 하는 것들이 포함되는데 정치활동 금지의 의무, 집단행위 제한의 의무, 영리업무 및 겸직 금지의 의무 등이 있다.

이렇게 많은 교원의 의무들 중에서 가장 핵심이 되는 것은 교육 및 연구 활동의 의무와 품위유지의 의무이다. 학교 및 교사의 본질적인 역할 중 하나가 학생들을 잘 가르치는 것이기 때문에 이를 위해 선행되어야만 하는 교육 및 연구 활동에 시간과 노력을 아끼지 않아야 함은 당연한 일이다. 학생들에게 다양한 내용을 이해하기 쉽고 흥미롭게 전달하려고 노력을 해야 한다. 그리고 항상 공정하고 청렴한 품위를 유지하려고 애써야 한다. 스승의 날, 추석 또는 설과 같은 명절, 학교행사 등에 촌지 또는 금품을 수수하거나 식사 접대 등을 받음으로써 교사의 품위를 떨어뜨리는 일을 해서는 안 된다.

4. 교사의 책임감

1) 자신에 대한 책임감

교사는 본인 스스로가 부끄러움이 없도록 매사에 정직하게 행동해야 하고, 자신에게 진술해야 하며, 자신의 지식과 성장을 위해 계속 노력해야 한다. 또한 교사 개인적 필요와 욕구를 인식하고, 그러한 필요와 욕구가 다른 책임들과 언제 갈등이 있는지를 인식하며, 개인적 필요와 욕구 및 다른 책임 모든 것이 충족될 수 있는 해결방안을 추구해야 한다. 그리고 교사 자신에게 공정하고 공평한 방식으로 자신의 주장을 펼칠 수 있어야 한다.

교사는 교육에 대한 자신의 처신이 올바르고 적합하였다고 확신할 수 있도록 온당한 노력을 해야 한다. 만약 자신의 처신에 문제가 있다면, 자신의 행동에 따른 결과에 책임을 지는 모습을 보여야 한다.

2) 전문성에 대한 책임감

교사는 개인적 역량을 개발하고 유지하며, 다른 전문가들과 협동적인 관계를 가져야 한다. 예를 들면, 리더십, 경영, 행정, 조직 행동, 체제 행동, 조직/체제의 개발, 단체교섭, 계약, 근무의 질 등과 같은 이론과 쟁점에 대해 알아야 한다. 또한 학습경험의 창작을 포함하는 이론을 명확하게 하고 그 이론의 응용(적용)을 지도할 수 있어야 한다. 그리고 교사 자신의 발전에 관한 피드백 또는 제안을 받기 위해 그리고 자신의 단점을 최소화하기 위해 동료들 및 전문가들에게 전문성 발전에 대한 도움을 받을 수 있어야 한다.

3) 학생에 대한 책임감

교사는 자신이 가르치는 학생들에 대해 강한 책임감을 가져야 한다. 구체적으로, 학생의 행동에 대한 원인을 정확하게 진단하려고 노력해야 하고, 그 한 가지 방법 차원에서 학생의 가정환경을 파악하고 그것을 바탕으로 학생의 행동을 이해하려고 해야 한다. 또한 학생들의 사소한 말에도 경청해 주어야 하고, 도움을 필요로 하는 학생에게는 교사가 도와줄 수 있는 최선의 도움을 제공해 줄 수 있어야 한다. 그리고 학생의 보호자로서 책임감을 가져야 하고, 학생의 모델링으로서도 모범을 보여야 하며, 공평한 심판자로서도 최선을 다해야 한다. 특히 소외계층의 학생들에 대해서는 필요하다면 다른 학생들보다 오히려 더 많은 관심, 기회, 칭찬 등을 제공해 줄 수 있어야 한다.

4) 사회에 대한 책임감

자본주의의 가장 큰 문제점은 가진 자와 가지지 못한 자 간의 차등이 존재한다는 것이고, 또 그것으로 인해 실질적으로 영위할 수 있는 권리와 행복이 달라질 수 있다는 것이다. 학교에서 학생들은 자신의 잘함 또는 잘못함으로 인해 사회경제적 차등을 경험하는 것이 아니다. 구체적인 예로, 어떤 학생들은 밝게 웃으며 명랑하게 생활을 잘하지만 어떤 학생들은 침울하며 소극적으로 생활을 한다. 또 어떤 학생들은 맛있는 것을 마음껏 사 먹고 자랑하며 많은 것을 경험하고 누릴 수 있어 자신감과 우월감을 갖는 반면에, 어떤 학생들은 먹고 싶어도 참아야 하고, 하고 싶은 것도 하지 못함에 따라 상대적 소외감과 박탈감을 느끼게 된다.

이러한 원인에 대해서는 좁게 해석하면 부모의 사회경제적 배경 차이 때문이고, 넓게 해석하면 평등한 사회구현보다 차등적 사회를 추구하는 자본주의 사회체제 자체의 모순 때문이다. 교사는 이러한 우리 사회의 본질적인 문제에 대해 고민하고, 사회적 평등을 추구하는 사회가 되기 위해 또는 사회적 차등이 더 커지지 않도록 하기 위해 자기 자신은 무엇을 어떻게 할 수 있는가에 대해 반성해야 하며, 실천하려는 용기를 가져야 한다.

5. 교사의 갈등

교사가 경험하는 갈등의 원인과 유형을 살펴보면 다음과 같다.

1) 교사가 경험하는 갈등의 원인

교사가 경험하는 갈등의 원인을 구체적으로 살펴보면 다음과 같다(이성은, 2008).

교육관   교사가 교직에 대해 가지는 가치나 철학 등을 의미한다. 이것은 자신의 직업으로 말미암은 개인의 내적 갈등이 주원인이 될 수 있다. 개인의 내적 갈등에는 자신의 직업에 대한 확신의 부족, 학생지도, 체벌 등에서 무시할 수 없는 외적 영향력에 대한 교사 자신의 괴로움, 기대에 훨씬 못 미치는 교직의 보람 등이 포함된다.

의사소통   나와 타인과의 관계 혹은 자신의 의견을 표출하는 과정에서 발생한다. 교사가 학교행정가와 의견을 교환한다기보다는 교사들이 학교행정가들의 의견을 무조건적으로 수용하는 경향이 지배적이라는 것이 원인이다. 일부 교사들의 소극적, 폐쇄적인 성향으로 말미암은 의사소통의 부재 혹은 부족은 교사들 간에 갈등을 일으키고, 의사소통의 기회 부족 역시 교사와 학부모 간에 갈등을 일으키는 요인 중 하나이다.

권력행사   공적 또는 사적인 힘을 이용하여 필요 이상으로 간섭을 하려는 사람과 그것을 받아들이려 하지 않는 사람 간의 마찰로 인해 발생하는 것이다. 교사들은 자신들의 의견이 아무 이유 없이 교장, 교감 혹은 행정가들의 힘에 의해 차단되는 것에서 갈등을 느끼며, 업무와는 상관없는 필요 이상의 간섭, 즉 대학원 진학, 교사 모임의 관여 등에서 갈등을 느낀다.

근무여건   교사라는 직무를 수행하는 데 있어서 환경이 중요한 요소로 영향을 미치고 있음을 의미한다. 교사들은, 특히 교사 경력이 짧은 교사들의 경우 교사 1인당 처리해야 할 업무량을 갈등의 주요인으로 인식하고 있으며, 학습효과를 높일 수 있는 교재 지원의 미비, 업무에 지친 교사들이 편히 쉴 수 있는 공간 부족 등이 교사들이 느끼는 갈등의 원인이 된다.

제도   교사들의 지역 편중, 학교 급수의 편중을 막기 위한 순환근무제도, 교사들의 집과 학교 사이의 거리를 고려하는 근거리 원칙 등이 모두 교사들의 편의를 위한 제도임에도 불구하고 그것이 합리적으로 운영되지 않아 교사들의 갈등을 유발시킨다. 또한 객관적으로 평가하기 위해 만들어진 교사 평가 방법이 그 객관성을 상실하여 갈등의 원인이 된다.

교직 및 사회적 풍토   사회의 한 일원인 교사가 자신이 속한 사회의 분위기, 전반적인 경향, 무언의 압력 등으로 인하여 갈등을 겪는 것을 의미한다. 교직 사회 내에서 존재하는 일의 분담, 승진 등에서 학연, 지연, 촌지, 아부, 성차별 등이 갈등을 유발시킨다. 또한 순종을 미덕으로 간주하여 복종하면 긍정적인 평가를 하고, 이의를 제기하면 부정적인 평가를 하는 경향이 있어서 의욕적인 교사, 신규 교사들은 이로 인해 많은 갈등을 겪는다.

학생지도   교사가 학생에게 학업 또는 그 외의 것을 지도하는 과정에서 유발되는 갈등을 의미한다. 교사와 학생의 관계는 교사와 학생 관계뿐만 아니라 인간과 인간의 관계이기 때문에 갈등이 발생하고, 학교에서 배운 이상과 직접 교직에서 부딪치는 현실의 차이가 많은 갈등을 유발시킨다. 학생이 스스로 변화할 때까지 기다리는 것이 이상적인 것이라면 시간의 촉박함은 현실일 것이다. 그리고 교사들은 체벌의 사용 유무, 훈육과 자율, 평가의 객관성, 학생들과의 친밀도 유지 등에서 갈등을 경험한다.

2) 교사가 경험하는 갈등의 유형

교사가 경험하는 갈등의 유형은 ① 교사 자신, ② 교사-교사, ③ 교사-학생, ④ 교사-학부모, ⑤ 교사-행정가, ⑥ 교사-지역사회로 범주화하여 〈표 12-1〉과 같이 파악할 수 있다(이성은, 2008).

〈표 12-1〉 **교사의 갈등 내용의 범주화**

갈등의 범주화	갈등의 내용
교사 자신	• 교사 자신의 직업에 대한 소신과 보람에 회의적이다. • 자신의 의사소통 방법에 대해 회의적이다. • 편견에 따른 아동 평가와 체벌에 관해 고민한다. • 문제아 지도 시 훈육과 자율의 균형, 성교육 등에 대해 고민한다. • 학생들과 친숙해지기가 어렵다.
교사-교사	• 순수한 대학원 진학과 교직에 대한 열정에 편견이 있다. • 젊다는 이유와 남교사라는 이유로 힘든 업무를 도맡는다. • 전교조 소속 교사와 전교조 비소속 교사 간의 융화문제에 편견을 갖는다. • 학연, 지연이 업무수행에 영향을 준다. • 교사와 교사 간의 의사소통 미비로 인하여 문제가 생긴다.
교사-학생	• 학생들의 잘못을 교사 탓으로 돌려 정당화한다. • 모난 학생과의 대화가 어렵다. • 학생들이 다른 교사의 교육방식을 선호한다. • 학생들이 선생님에 대해 불만을 토로한다. • 교사들의 무의식적 언동이 학생들에게 상처를 준다.

교사-학부모	• 교사와 학부모 간에 직접적인 의사소통을 하지 않아 갈등이 발생한다. • 학부모는 교사가 자기 자녀를 특별히 대해 주기를 바란다.
교사-행정가	• 교장, 교감이 행정적인 권한으로 교사들의 의견을 차단한다. • 교장, 교감이 교사들의 복장, 모임, 대학원 진학 등에 지나친 간섭을 한다. • 교장, 교감은 비공개적 · 비객관적인 방법으로 교사를 평가한다. • 장학사의 역할은 형식에 그치는 경우가 많고, 장학사의 평가를 일선 학교에서는 지나치게 의식한다. • 교감은 교장과 교사 간의 교량 역할을 제대로 수행하지 못한다.
교사-지역사회	• 후원을 많이 할수록 학교문제에 간섭을 많이 한다. • 타 학교와 비교하여 타 학교의 교육방식을 강요한다. • 전체적인 교육방향과 역향하는 교육을 요구한다.

6. 교사의 윤리

교사의 윤리에 대한 중요성, 특성, 상호작용, 문제점 등을 살펴보면 다음과 같다(김달효, 2006a).

1) 윤리의 개념

윤리란 옳고 그른 것에 관한 비공식적 규칙으로 인간이 다른 사람과의 관계 속에서 삶을 영위해 나가는 데 있어서 개인으로서나 또는 집단의 성원으로서 지켜 나가야 할 것으로 기대되는 규범을 의미한다(서정화, 1994). 또한 윤리(ethics)란 일반적으로 '인간행동의 옳고 그름에 대한 표준규범'을 말하는 것으로서 공동체 생활을 하는 사람들이 무엇을 어떤 기준에 의해 행할 것인가에 대한 원리의 체계화 및 준거를 의미한다(정진환, 2003). 이 표준규범이 교사를 대상으로 지켜야 할 규범과 도리로 적용될 때에는 '교사윤리' 또는

'교직윤리'로 쓰인다.

이러한 윤리의 규범적 의미 외에 '의미론적 의의'를 세 가지 측면으로 제시할 수 있다(이상안, 2000). 첫째가 '좋다(good)'의 의미이고, 둘째가 '옳다(right)'의 의미이며, 셋째가 '해야 한다(ought to)'는 의미의 내재적 뜻이다.

첫 번째의 '좋다'의 의미는 '쓸모 있다'는 의미의 좋다는 것과 '즐겁고 기쁘다'는 의미의 '좋다'는 것도 있을 수 있다. 그러나 이 의미는 교직윤리상의 도덕성(morality)을 전제로 한 것이며, 이 도덕성 차원의 '좋다'는 문제는 '인간다운 인간' 사이에 이루어지는 관계 또는 '인간화'의 뜻을 내포한 것으로서, 이 도덕적인 '좋다'란 오직 사물이 아닌 인간만이 진정한 도덕적 행동주체가 될 수 있으며 인간만이 '좋다, 나쁘다'를 판단할 수 있다는 뜻이다.

두 번째의 '옳다'의 의미는 일하는 '방식·방향'이 옳다는 경우와 '선량한 행동' '양심적인 행동'을 뜻하는 경우가 있을 수 있으나, 도덕적인 것과 관련해서는 후자의 강요받지 않고 자유롭게 행한 선택적 행동을 옳은 행동이라고 하고 반대의 행동을 그른 행동이라고 한다. 이런 의미에서 도덕적으로 옳은 행동은 보편성을 지닌 원리 또는 규칙에 따르는 '인간다운 인간화 지향 행동'이라고 할 수 있다.

세 번째의 '해야 한다'의 의미는 앞의 두 번째 도덕적으로 옳다 또는 그르다의 행동과 맥을 같이하는 것으로서 옳기 때문에 해야 하고 그르기 때문에 해서는 안 된다는 금지의 뜻을 내포하고 있다. 다만, 이때 도덕적 진술인 '해야 한다' '하지 말아야 한다'는 것이 규범적이기 때문에 명령 의무로서 받아들여야 되느냐 아니면 이 도덕적 진술도 사실을 왜곡시키거나 독재자의 명령에서 비롯된 규범인 경우에는 의무로서의 '해야 한다'는 것 자체가 처음부터 부정될 수도 있다는 점이 유의사항으로 남는다.

윤리의 유사 개념인 도덕(morality)은 인간행동의 옳고 그름에 대한 표준 또는 규범을 의미하는 점에서는 윤리와 대체 가능한 것으로 사용되고 있으나, 엄밀한 의미에서는 차이가 인정된다. 도덕은 종교적인 판단기준을 토대로 개인성(덕행, 품행, 풍기 등), 구체성(이웃봉사, 헌신), 사실성(타인존중)의 성격을 띠지만, 윤리는 종교적 원천과는 관계없이 초월적인 것으로 추상성(선험적), 이론성(실천이성 법칙), 집단성(직업, 전문성)을 띤다(이상안, 2000). 그러나 일반적으로는 윤리와 도덕이 비슷한 개념으로 통용되고 있는 것이 현실이다.

2) 교사윤리의 중요성

모든 전문직에는 전문직 사회의 결속을 높이고 그 직종에 종사하는 사람들의 이익을 보장하기 위해 윤리가 필요하다. 한편으로는 전문직으로서의 독점적 위치 그리고 상당한 힘과 영향력의 남용이나 오용의 가능성을 막기 위한 장치로서 윤리가 필요하다(Goldman, 1992). 교사의 윤리가 중시되어야만 하는 이유를 살펴보면 다음과 같다.

첫째, 교원의 윤리가 중요시되는 이유는 교원의 직무, 즉 교직이 바로 전문직이라는 사실 때문이다. 전문직을 구성하는 요건 중의 하나는 그 직능 수행에 있어서 필수적으로 갖추어야 할 직업윤리 규정을 갖고 있어야 한다는 점이다. 이에 따라 세계 여러 나라의 교직단체에서는 교원들이 지켜야 할 윤리강령을 채택하여 지키도록 하고 있다(기순신, 2001).

둘째, 교사는 학생들을 가르치는 위치에 있기 때문이다. 교사는 학생들에게 지식만을 가르치는 것이 아니라 올바른 가치관과 인성교육도 함께한다. 학생들에게 올바른 가치관과 인성교육을 효과적으로 하기 위해서는 교사 자신이 학생들 앞에서 윤리적으로 떳떳해야 하고 부끄럽지 않아야 한다. 교사들은 자신들의 비윤리성을 학생들이 모를 것이라고 착각해서는 안 된다.

셋째, 교사의 윤리가 사회 구성원들의 믿을 수 있는 관계 형성에 중요한 역할을 하기 때문이다. 교사는 또 하나의 교육 주체인 학부모들과 관계를 맺고 있다. 그러나 교사와 학부모 간의 관계가 현재 불신의 관계가 된 데에는 여러 가지 요인이 있을 수 있지만 교사의 비윤리성을 그 하나의 요소로 생각할 수 있다. 비록 소수의 교사가 학부모들로부터 촌지 또는 금품 수수를 하는 것이라고 할지라도 학부모들 사이에서 전달되는 부담은 크고, 이로 인해 대다수의 교사에 대한 불신이 축적된다. 이러한 교사와 학부모 간의 불신의 관계가 존재할 때 그 파급효과가 사회 구성원들 전체에 전달되게 되며, 나아가 사회발전의 잠재적인 걸림돌이 된다.

3) 교사윤리의 특성

교사윤리의 특성은 교직의 특수성에 비추어 ① 비공식적 실천 규범의 특성, ② 교육 질의 결정적 특성의 두 가지로 설명될 수 있다.

첫째, 교사윤리는 교직행동의 비공식적 규범으로서의 성격을 지닌다. 법률이나 규정이 집단의 공동생활에서 지켜야 하는 행동 실천의 공식적 규범이라면, 윤리와 도덕은 사회·집단의 행동이나 실천의 비공식적 규범이다. 법률이나 규정은 위반하면 강제적으로 처벌받을 수 있지만, 윤리는 의무나 강제사항이 아니다. 윤리는 능동적이고 자율적이며 비공식적인 행동규범으로서 개인의 양심에 맡겨진 사항이다. 그러므로 윤리는 지키지 않는다고 벌을 받는 법률적인 강제성은 없으나, 공동체나 사회에 미치는 영향은 지대하다(윤종건, 정하찬, 1996).

둘째, 교사윤리는 교육의 질을 결정하는 요소로서의 성격을 지닌다. 교사의 윤리 확립 여부가 그 교사가 산출하는 교육의 질을 결정한다는 사실을 대부분 공감한다. 따라서 이 과정에서 필요한 것이 교사의 도덕적 리더십(moral leadership)이다. 이러한 도덕적 리더십은 교사가 갖추어야 할 가장 근본적인 자질이다. 아무리 수업을 잘 가르치고 능력이 우수한 교사라 하더라도 도덕적(윤리적)으로 문제가 있는 교사는 학생들에게 교육적으로 중요하고 진정한 의미를 전달하지 못하게 되고, 단지 수업내용을 효과적으로 전달만 해 주는 사람으로 인식될 수밖에 없다. 도덕성(윤리성)이 밑받침되지 못하는 교사는 결국 스스로 훌륭한 교사로서의 길을 포기하는 것뿐만 아니라 학생들에게도 직·간접적으로 나쁜 모델링이 됨으로써 악영향을 미치게 된다.

322 제12장
교사론

4) 교사윤리의 상호작용

교사윤리의 상호작용에 있어서 교사-학생 간의 윤리, 교사-학부모 간의
윤리, 교사 자신에 대한 윤리로 구분하여 살펴보면 다음과 같다.

(1) 교사-학생 간의 윤리

학교교육은 구체적으로 학급에서 교사와 학생 간의 상호작용을 통해 이루
어진다. 학급에서의 수업이나 기타 여러 가지 학급활동의 교사윤리로서 학
생에 대한 편애 또는 특정한 학생에 대한 낙인을 생각해 볼 수 있다. 한 학
급에 30명 내외의 많은 학생을 상대해야 하는 교사로서는 모든 학생을 평등
하게 대한다는 것이 어려울 수 있다. 그러나 교사가 '공부 잘하는 학생' 또는
'가정환경이 좋은 학생' 위주로 더 많은 관심과 대화 혹은 긍정적인 기대를
부여하고, '공부 못하는 학생' 또는 '가정환경이 좋지 않은 학생'에게는 관심
과 대화를 가지려 하지 않고 부정적인 기대를 부여하는 것은 문제가 된다.

가정환경이 학생의 학업성취도에 가장 결정적으로 영향을 미칠 뿐만 아니
라 학생의 학교생활에도 영향을 미친다는 점을 고려할 때, 교사가 모든 학생
들에게 골고루 관심과 사랑을 펼치기 어려우면 오히려 공부 못하고 가정환
경이 좋지 않은 학생들에게 역차별적으로 더 많은 관심과 기대를 부여해 주
어야 한다. '교사'라는 직업을 학생들에게 수업만 전달해 주는 단순한 노동으
로 보아서는 안 되고, 사회평등과 올바르고 공정한 사회를 만들기 위해 교사
의 위치에서 무엇을 할 수 있고 해야 하는가를 고민하고 실천해야 한다.

(2) 교사-학부모 간의 윤리

교사와 학부모 간의 윤리에서 현실적으로 가장 문제가 되는 것이 바로 촌
지였다. 그러나 「부정청탁 및 금품 등 수수의 금지에 관한 법률」(일명 '김영란
법')이 시행된 후 촌지 문제는 많이 개선되었다. 하지만 완벽하게 그 문제가
해결되었다고 확신할 수는 없기에 반드시 해결해야만 하는 것이 현실이다.

교사는 학부모의 '관심 표명'에 단호한 거절의 태도로 일관해야 한다. 또한 학교의 여러 가지 일로 바쁘더라도 학부모의 문의전화 혹은 학교방문에 공손하고 친절하게 맞이해야 한다. 그리고 학부모의 의견을 경청하고 존중하는 태도를 보여야 한다.

(3) 교사 자신에 대한 윤리

인간은 불완전한 존재이기 때문에 자기 자신에 대해 끊임없는 반성과 긴장을 하지 않으면 본분을 망각하고 더 편한 것을 지향하려는 모습이 나타나게 된다. 그래서 '늘 처음처럼'이라는 말이 쉽지만 어려운 것이다. 교사도 마찬가지인데, 초임교사 때의 올바른 교육에 대한 열정과 꿈을 지속하기는 어렵다. 그러나 교사가 윤리의식을 가질 때 그러한 열정과 꿈의 지속 시간은 더 길어질 것이다.

따라서 먼저, 교사는 교사로서의 많은 경로(교양 도서, 전문 도서, 연수, 장학 등)를 통해 전문성을 함양하는 노력을 해야 한다. 또한 자신의 언행이 교사의 직분에 올바른지에 대해 매일매일 자성해 보아야 하며, 인격수양에도 노력해야 한다. 이를 위해서는 '혼자만의 시간'을 가짐으로써, 성찰의 기회를 갖는 것이 필요하다.

5) 교사에게 요구되는 윤리 사고: 원칙주의

교사에게 요구되는 윤리적 사고로서 원칙주의에 대해 살펴보면 다음과 같다.

우리나라는 인간관계를 중시하는 관계문화의 특징을 갖고 있다. 또한 온정주의적 사고방식과 윗사람에 대한 공경을 나타내는 행동 등의 특징을 갖는다. 이러한 관계문화, 온정주의, 윗사람에 대한 공경 등의 특징은 사회 구성원들 서로에 대한 이해와 신뢰, 협조, 질서, 안정 등의 장점을 창출해 내지만, 또한 불공정성, 비합리성, 무비판성 등의 단점도 만들어 낸다. 중요한 것은 한 문화 속에서 태어나고 성장하면서 사회 구성원들은 자신이 뚜렷한 비판적인 시각을 갖지 않는 한 문제점을 직시하지 못하고 동화되기 쉽다는 점이다.

따라서 우리나라 문화의 특징을 감안할 때 학교에서 발생하는 교사의 윤리 문제를 극복하는 데 어떠한 윤리적 사고가 교사에게 가장 요구되는지 고려할 필요가 있다. 윤리와 관련하여 우리나라 문화의 대표적인 문제점은 인식과 행동에 있어서 명확한 원칙에 의하지 않는다는 것이다. 그렇기 때문에 자기편의주의 식으로 해석하고 정당화시키기 쉬우며, 다른 사람의 문제점은 비판을 많이 하여도 정작 자기 자신을 비롯하여 자신이 형성하고 있는 관계망에 대해서는 솔선수범하지 않는 경우가 많다. 그러므로 원칙주의적 윤리사고가 요구된다.

윤리문제를 극복하기 위해 요구되는 교사의 윤리 사고는 윤리문제와 관련해서 어떠한 예외도 인정하지 않고 일관성 있게 대처하는 원칙주의적 윤리사고이다. 학부모로부터 받는 촌지는 그것이 진심 어린 성의인지 아니면 대가성 또는 피해의식의 산물인지 구분히기 힘들다. 그러나 현실적으로 볼 때 진심 어린 성의라고 보기에는 무리가 따르는 것이 사실이다. 따라서 학부모로부터는 어떠한 행태의 촌지도 받지 않아야 한다는 원칙적 사고가 필요하다. 만약 교사가 더 이상 자기 자녀의 담임을 맡지 않고 가르치지 않는 상황 혹은 학생이 졸업한 후에도 그 교사에 대한 감사를 잊지 못해 표시하는 작은 정성은 촌지로 간주하지 않아도 될 것이다. '스승의 날이 현직교사의 날' 또는 '가르치는 사람(교사)은 있어도 스승은 없다.'는 등의 말이 자연스럽게 회자되지 않도록, 교사가 먼저 윤리에 대해 반성하고 실천하는 자세가 요구된다.

참고문헌

강영삼, 이윤식, 조병효, 주삼환, 진동섭(1995). 장학론(교육행정학 전문서 5). 서울: 도서출판 하우.

강인수, 박재윤, 안규철, 안기성, 정태수, 표시열(1995). 교육법론(교육행정학 전문서 8). 서울: 도서출판 하우.

강인숙(2003). 교사 반응성 증진 프로그램이 유아의 사회적 상호작용에 미치는 효과. 영유아교육연구, 6, 93-114.

강정애, 이상욱, 이상호, 이호선, 차동옥 공역(2009). 현대조직의 리더십(제6판). 서울: 시그마프레스.

공은배, 한만길, 이혜영(1984). 학교·학급의 적정 규모. 서울: 한국교육개발원.

교육부(2018). 2018년 시·도 교육청 평가편람.

교육부, 한국교육개발원(1999). 교육통계연보.

권기욱(1995). 교육행정학개론. 서울: 양서원.

기순신(2001). 교사론. 서울: 학지사.

김경근(2002). 학교선택제와 교육평등. 교육사회학연구, 12(3), 1-23.

김경식 역(2000). 학급의 사회심리학: 협력학습 조성을 위한 기초 이론과 실제. 서울: 원미사.

김기태, 조평호(2003). 미래지향적 교사론. 서울: 교육과학사.

김달효(2003). 고교평준화제도 정당화의 재조명. 한국교육, 30(1), 393-418.

김달효(2006a). 교육학개론. 서울: 시그마프레스.

김달효(2006b). 능력별 집단편성의 비판적 이해. 서울: 시그마프레스.

김달효(2009). 사회성 측정(sociometry)을 활용한 학생의 사회성 개선에 관한 연구. 한국학술진흥재단 신진교수지원 연구과제. 2008-B00321.

김달효(2010). 학교선택제의 시행에 대한 비판적 접근. 인문사회과학연구, 26, 141-172.

김달효(2019). 학교 공간에 관한 의미 탐색: 비판과 대안. 교육시설, 26(4), 3-10.

김병성(1996). 교육연구방법론. 서울: 학지사.

김병성(2000). 교육연구방법. 서울: 학지사.

김상희(1998). 애착이 아동전기의 사회성 및 인지발달에 미치는 영향. 교육연구, 14, 61-72.

김신일(1993). 교육사회학. 서울: 교육과학사.

김영우(1994). 교사교육 프로그램 연구. 교육학연구, 32(4), 39-66.

김영천(1997). 네 학교 이야기: 한국초등학교의 교실생활과 수업. 서울: 문음사.

김영철, 김남순, 김홍주, 이재림, 조진일, 한은숙(2009). 교육시설행정론. 경기: 교육과학사.

김영철, 김주훈, 이인효, 최돈민(1995). 고등학교 평준화 정책의 개선 방안. 서울: 한국교육개발원.

김용일(2007). 대학등록금 인상과 야만의 시대. 교육정책포럼, 147호, 12-15.

김윤섭(2001). 교육행정학의 기초. 서울: 양서원.

김윤태(1978). 고교평준화 정책의 평가연구-1차년도 보고서-. 서울: 한국교육개발원.

김윤태(1979). 고교평준화 정책의 평가연구-2차년도 보고서-. 서울: 한국교육개발원.

김윤태(1982). 교육계획과 기획예산제도. 한국교육행정학연구회 편. 교육행정이론. 서울: 형설출판사.

김윤태(1994). 교육행정·경영신론. 서울: 배영사.

김윤태(2000). 교육행정·경영 및 정책의 탐구. 서울: 동문사.

김윤태(2006). 교육행정·경영의 이해(수정판). 서울: 동문사.

김은수, 변순용(2016). 초등학교 교실 공간 구성에 관한 연구: 인간학적·도덕적 공간의 관점에서. 윤리교육연구, 42, 177-193.

김정규, 권낙원(1994). 교사와 교육. 서울: 형설출판사.

김정원(1999). 수업 내 교사의 아동 분류와 그 의미. 교육사회학연구, 19(2), 65-95.

김정한(2002). 장학론. 서울: 학지사.

김정혜 역(2006). 체인지 리더십. 서울: 아인북스.

김종철(1979). 교육정책의 개념. 한국교육해정학회 편. 한국교육정책의 탐색. 서울: 배영사.

김종철(1982). 교육행정의 이론과 정책. 서울: 교육과학사.

김종철(1989). 한국교육정책연구. 서울: 교육과학사.

김종철, 이종재(1997). 교육행정의 이론과 실제. 서울: 교육과학사.

김종철, 진동섭, 허병기(1991). 학교 · 학급경영론. 서울: 한국방송통신대학교 출판부.

김종철, 진동섭, 허병기(1996a). 교육정책(개정판). 서울: 한국방송통신대학교 출판부.

김종철, 진동섭, 허병기(1996b). 학교학급경영론. 서울: 한국방송통신대학교 출판부.

김창걸(1986). 교육행정학 및 교육경영. 서울: 형설출판사.

김창걸, 이봉우, 김창수, 배상만(2005). 교육인사행정의 이론과 실제. 서울: 형설출판사.

김천기(1995). 고등학교 평준화 정책 수정의 논리와 문제점: 전라북도 평준화 수정 안을 중심으로. 교육학연구, 33(3), 309-321.

김형관 역(1995). 교육행정: 이론, 연구, 실제. 서울: 성원사.

김형관, 오영재, 신현석, 박종필 공역(2003). 교육행정: 이론, 연구, 실제. 서울: 원미사.

남정걸(1986). 학교시설에 관한 연구. 정책연구, 46, 95-96.

남정걸(1991). 교육행정 및 교육경영. 서울: 교육과학사.

남정걸(2002). 교육행정 및 교육경영. 서울: 교육과학사.

남정걸(2003). 교육행정 및 교육경영(제3판). 서울: 교육과학사.

노경주(1999). 교사-학생 상호작용에서 교환되는 교실 언어의 유형 연구. 교육사회 학연구, 19(2), 97-119.

라연재, 엄준용, 정우진, 최상민 공역(2010). 분산적 지도성: 리더를 뛰어넘는 리더십. 서울: 학지사.

류현숙(2002). 유아의 자아개념과 창의성의 관계. 건국대학교 대학원 석사학위논문.

맹준호(2002). 지식정보화 사회에 대응하는 중등학교 건축계획에 관한 연구. 건국 대학교 대학원 박사학위논문.

문경희(2003). 인간관계 개선 프로그램이 과잉 행동성 중학생의 충동성 및 사회성 에 미치는 효과. 공주대학교 대학원 석사학위논문.

문락진(1995). 학교 · 학급경영의 이론과 실제. 서울: 형설출판사.

박경양(2001). 고교 평준화, 과연 오늘 우리 교육문제와 위기의 원인인가?. KEDI 교육정책포럼-한국교육의 현실과 대안(2). 서울: 한국교육개발원.

박고훈, 박분희(2002). 교사교육의 반성과 대안 탐색. 한국교원교육연구, 19(1),

245-272.

박남기(2008). 초등학급경영의 이론과 실제. 경기: 교육과학사.

박도순(2005). 교육연구방법론(개정판). 서울: 문음사.

박병량(1988). 학교경영평가의 준거체제 개발. 부산대학교 사범대학 논문집, 제17집, 101-140.

박병량(1997). 학급경영. 서울: 학지사.

박병량(2003). 학급경영(개정판). 서울: 학지사.

박병량(2006). 학교발전과 변화. 서울: 학지사.

박병량, 주철안(1999). 학교·학급경영. 서울: 학지사.

박병량, 주철안(2005). 학교·학급경영(개정판). 서울: 학지사.

박세훈(1998). 학교선택제의 가능성과 한계. 교육행정학연구, 16(3), 191-210.

박세훈, 권인탁, 고명석, 유평수, 정재균(2008). 교육행정 및 교육경영. 서울: 학지사.

박제윤(2007). 초·중등학교 교육과정 총론 개정(안). 초·중등 교육과정 총론 개정안 공청회 자료집. 서울: 교육인적자원부.

박종렬(1994). 단위학교 책임경영을 위한 영기준 예산제도 도입과 적용 절차. 교육재정경제연구, 3(2), 279.

박종렬, 권기욱, 김창곤, 배호순, 임연기, 정영수(2003). 교육행정평가론. 서울: 도서출판 하우.

박종혁(2006). 학교시설에 대한 초·중학교 학생의 인식에 관한 연구. 전주교육대학교 대학원 석사학위논문.

박현옥, 김정현(2007). 교사-유아관계와 발달장애유아의 놀이행동 및 사회성 발달의 관계 분석. 특수교육재활과학연구, 46(2), 85-101.

부산광역시교육연구정보원(2019). 2019학년도 학교자체평가 기본계획.

서정화(1994). 교육인사행정. 서울: 세영사.

서정화(2001). 지식기반사회에 적합한 평준화 정책의 방향. KEDI 교육정책포럼-한국교육의 현실과 대안(2). 서울: 한국교육개발원.

서정화(2002). 교장학의 이론과 실제. 서울: 교육과학사.

성기선, 강태중(2001). 평준화 정책과 지적 수월성 교육의 관계에 대한 실증적 검토. KEDI 교육정책포럼-한국교육의 현실과 대안(2). 서울: 한국교육개발원.

성태제(2005). 제7차 교육과정 정착을 위한 적정시설기준 연구. 제7차 교육과정 정착을 위한 적정시설기준 연구위원회.

소경희(2003). 교사전문성의 재개념화 방향 탐색을 위한 기초연구. 교육과정연구,

    21(4), 77-96.

송화섭 역(1999). 최신 교육행정의 이론 탐색과 실제. 서울: 학문사.

신현석, 한유경 공역(2007). 교육정책의 이론과 실제. 서울: 아카데미프레스.

심연미(2000). 학교붕괴 현상에 대한 사회학적 분석: 사회적·문화적 맥락을 중심
    으로. 제5분과 교육사회학연구회 발표집. 서울: 한국교육사회학회.

염철현(2001). 공교육의 위기와 학교선택권의 확장: charter school과 voucher
    scheme을 중심으로. 교육학연구, 39(4), 141-154.

오영재, 신현석, 양성관, 박종필 공역(2007). 교육행정: 이론, 연구, 실제. 서울: 아카데
    미프레스.

윤세은, 이규남, 신수경(2004). 교사-유아와 유아-유아 수놀이 상호작용이 유아의
    지능과 사회성에 미치는 영향 비교. 한국영유아보육학, 38, 105-125.

윤정일(2000). 교육재정의 이론과 실제. 서울: 세영사.

윤정일, 송기창, 조동섭, 김병주(2002a). 교육행정학원론(3판). 서울: 학지사.

윤정일, 송기창, 조동섭, 김병주(2002b). 한국교육정책의 쟁점. 서울: 교육과학사.

윤정일, 송기창, 조동섭, 김병주(2007). 교육행정학원론(4판). 서울: 학지사.

윤정일, 송기창, 조동섭, 김병주(2008). 교육행정학원론(5판). 서울: 학지사.

윤종건, 정하찬(1996). 교사론. 서울: 정민사.

이병진(2003). 새로운 교육의 패러다임 교육리더십. 서울: 학지사.

이상안(2000). 공직윤리봉사론. 서울: 박영사.

이성(2001). 고교입시 평준화의 정당성. KEDI 교육정책포럼-한국교육의 현실과
    대안(2). 서울: 한국교육개발원.

이성은(2008). 학교변화와 열린행정(개정판). 경기: 교육과학사.

이종각(1997). 교육사회학총론. 서울: 동문사.

이종열(1984). 정책학개론. 서울: 대왕사.

이지윤(2000). 자녀가 지각한 어머니의 양육태도와 애착 및 사회성 간의 관계. 서강
    대학교 대학원 석사학위논문.

이혜숙(1993). 교사의 학생범주화 과정에 관한 참여관찰연구. 서울대학교 대학원
    석사학위논문.

이화룡, 윤천근(2003). 학교시설기준 개정에 관한 연구. 교육인적자원부. 정책연구
    2003-일-22.

임귀성(1999). 아동이 지각하는 부모의 양육태도와 사회성 간의 관계. 한남대학교
    대학원 석사학위논문.

장수명, 최형주(2004). 학급규모가 교사의 수업태도와 교수–학습방법의 활용에 미친 영향. 한국교육, 31(4), 123-154.

정진환(2003). 교사의 교직윤리. 한국교원단체총연합회 편. 교사론(개정판). 서울: 교육과학사.

정태범(1994). 교육행정학: 기초와 발전. 서울: 정민사.

조석훈(2002). 학교와 교육법. 서울: 교육과학사.

주삼환(2003). 장학의 이론과 기법. 서울: 학지사.

주삼환, 신재흡(2006). 학교경영의 이론과 실제. 서울: 학지사.

주삼환, 천세영, 명제창, 신붕섭, 이명주, 이석열(2003). 교육행정 및 교육경영(개정판). 서울: 학지사.

주삼환, 천세영, 김택균, 신붕섭, 이석열, 김용남, 이미라, 이선호, 정일화, 김미정, 조성만(2009). 교육행정 및 교육경영(4판). 서울: 학지사.

주철안(1999). 교육수요자의 학교선택권 보장을 위한 학교체제 재구조화 연구. 부산: 부산대학교 사범대학.

중앙교육진흥연구소(2001). 일반계 고등학교의 학교별 교육효과 분석.

진동섭 역(2004). 새로운 선택적 장학. 서울: 교육과학사.

진동섭, 이윤식, 김재웅(2009). 교육행정 및 학교경영의 이해. 서울: 교육과학사.

최근영(2007). 부모의 양육태도와 교사의 학급운영태도에 따른 아동의 자기개념과 사회성. 한양대학교 대학원 석사학위논문.

최승희, 김수옥(1996). 심리학개론. 서울: 박영사.

최연희(2012). '파놉티콘'에서 본 학교의 모습 비판. 초등교육학연구, 19(2), 203-228.

표시열(2002). 교육정책과 법. 서울: 박영사.

한국교육행정학회(1995). 장학론. 서울: 도서출판 하우.

한용진(2010). 근대적 교육공간의 성격과 한국의 근대학교. 한국교육학연구, 16(1), 109-128.

한유경(1997). 교육의 선택과 경쟁: 학교선택권에 관한 이론적 논의와 각국의 정책 동향. 교육개발, 106, 99-103.

허숙(2003). 학급규모 감축의 효과: 메타분석적 연구. 교육논총, 21, 69-101.

허재욱(2003). 신교육법요론. 서울: 형설출판사.

Adams, J. S. (1965). Inequity in social exchange. In L. Berkowitz (Ed.). *Advances in experimental social psychology* (Vol. 2, pp. 267-299). New

York: Academic Press.

Argyris, C. (1990). *Integrating the individual and the organization*. New Brunswick, NJ: Transaction Publications.

Argyris, C. (1993a). *Knowledge for action: A guide to overcoming barriers to organizational change*. San Francisco: Jossey-Bass.

Argyris, C. (1993b). *The individual and the organization: Some problems of mutual adjustment*. New York: Irvington.

Atwater, D. C., & Bass, B. M. (1994). Transformational leadership in teams. In B. M. Bass & B. J. Avolio (Eds.), *Improving organizational effectiveness through transformational leadership* (pp. 48-63). Thousand Oaks, CA: Sage.

Avolio, B. J. (1994). The alliance of total quality and the full range of leadership. In B. M. Bass & B. J. Avolio (Eds.), *Improving organizational effectiveness through transformational leadership* (pp. 121-145). Thousand Oaks, CA: Sage.

Banathy, B. H. (1992). *A systems view for education: Concepts and principles of effective practice*. Englewood Cliffs, NJ: Educational Technology Publications.

Barnard, C. I. (1938). *Functions of an executive*. Cambridge, MA: Harvard University Press.

Barrett, P., & Zhang, Y. (2009). *Optimal learning spaces: Design implications for primary schools*. Salford Centre for Research and Innovation in the built and human environment(SCRI).

Bartlett, W. (1993). Quasi-markets and educational reforms. In J. Le Grand & W. Bartlett (Eds.), *Quasi-markets and social policy* (pp. 125-153). London: Macmillan.

Bass, B. M. (1985). *Leadership and performance beyond expectation*. New York: Free Press.

Bass, B. M. (1990). *Bass and Stogdill's handbook of leadership* (3rd ed.). New York: Free Press.

Bass, B. M., & Avolio, B. J. (1994). Introduction. In B. M. Bass & B. J. Avolio (Eds.), *Improving organizational effectiveness through transformational leadership*. Thousand Oaks, CA: Sage.

Bernstein, B. (1977). *Class, codes and control* (2nd ed.). London: Routledge and Kegan Paul.

Blase, J. (1989). The micropolitics of the school: The everyday political orientation of teachers toward open school principals. *Educational Administration Quarterly, 24*(4), 377–407.

Blatchford, P., & Mortimore, P. (1994). The issue of class size for young children in schools: What can we learn from research? *Oxford Review of Education, 20*(4), 411–428.

Blau, P. M. (1955). *The dynamics of bureaucracy.* Chicago: University of Chicago Press.

Bolman, L. G., & Deal, T. E. (2003). *Reframing organizations: artistry, choice, and leadership* (3rd ed.). San Francisco: Jossey-Bass.

Bourdieu, P. (1973). Cultural reproduction and social reproduction. In R. Brown (Ed.), *Knowledge, education, and cultural change: Papers in the sociology of education* (pp. 71–84). London: Tavistock.

Bowe, R., Ball, S. J., & Gold, A. (1992). *Reforming education and changing schools: Case studies in policy sociology.* London: Routledge.

Bransford, J. et al. (2000). *How people learn: Brain, mind, experience and school.* Washington, D.C.: National Academy Press.

Brighouse, H. (2000). *School choice and social justice.* Oxford: Oxford University Press.

Bronfenbrenner, U. (1954). *The measurement of sociometric status, structure and development.* Sociometry monographs, 6. New York: Beacon House.

Brubacher, J. S. (1965). *Bases for policy in higher education.* New York: McGraw-Hill.

Bryson, J. E., & Bentley, C. P. (1980). *Ability grouping of public school students.* Charlottesville, Virginia: The Michie Company.

Bryson, J. M. (1995). *Strategic planning for public and nonprofit organizations: A guide to strengthening and sustaining organizational achievement* (2nd ed.). San Francisco: Jossey-Bass.

Burns, J. M. (1978). *Leadership.* New York: Harper & Row.

Cadwallader, T. W. (2001). Sociometry reconsidered: the social context of peer rejection in childhood. *International Journal of Action Method: Psychodrama, Skill Training, and Role Playing, 53*(3-4), 99-118.

Campbell, R. F. (1971). *Introduction to educational administration* (4th ed.). Boston: Allyn and Bacon.

Cansever, B. A., & Aslan, N. (2016). "Teacher" from the children's perspective: A study by metaphors. *Journal of Education and Learning, 5*(4), 21-33.

Carlgren, I. (1999). Professionalism and teachers as designers. *Journal of Curriculum Studies, 31*(1), 43-56.

Carnoy, M. (1993). School improvement: Is privatization the answer? In J. Hannaway & M. Carnoy (Eds.), *Decentralization and school improvement: Can we fulfill the promise?* (pp. 163-201). San Francisco: Jossey-Bass.

Chemers, M. M. (1997). *An integrative theory of leadership.* Mahwah, NJ: Erlbaum.

Cherrington, D. J. (1994). *Organizational behavior: The management of individual and organizational performance.* Needham Heights, MA: Allyn and Bacon.

Chubb, J. E., & Moe, T. M. (1990). *Politics, markets and America's schools.* Washington, D.C.: Brookings Institution.

Cleland, D. I., & King, W. R. (1972). *Management: A system approach.* New York: McGraw-Hill.

Cockriel, I. W. (2001). Forming instructional groups from sociometric data. *Education, 93*(4), 393-395. Columbia: University of Missouri.

Cohen, E. G. (1994). Restructuring the classroom: Conditions for productive small groups. *Review of Educational Research*, 64, 1-35.

Cohen, M. D., March, J. G., & Olsen, J. P. (1972). A garbage can model of organizational choice. *Administrative Science Quarterly, 17*, 1-25.

Coie, J. D. (1990). Toward a theory of peer rejection. In S. R. Asher & J. D. Coie (Eds.), *Peer rejection in childhood* (pp. 365-401). New York: Cambridge University Press.

Coleman, J. (1968). The concept of equality of educational opportunity. *Harvard Educational Review, 38*(1), 7-22.

Coleman Report (1966). *Equality of educational opportunity.* Washington: U.S. Government Printing Office.

Commission for Architecture and the Built Environment (CABE). (2004). *Building futures, 21ˢᵗ century libraries*. CABE and Royal Institute for British Architects(RIBA) in collaboration with Museums Libraries and Archives Council(MLA).

Commission for Architecture and the Built Environment (CABE). (2010). *Creating excellent primary schools: Guide for clients*. CABE.

Conger, J., Lawler, E. E., & Spreitzer, G. M. (Eds.) (1998). *The leader's change handbook: An essential guide to setting direction and taking action*. San Francisco: Jossey-Bass.

Connor, D. R. (1995). *Managing at the speed of change: How resilient managers succeed and prosper where others fail*. New York: Villard Books.

Cookson, P. W. Jr. (1994). *School choice: The struggle for the soul of American education*. New Haven, CT: Yale University Press.

Coopersmith, S. (1967). *The antecedents of self-esteem*. San Francisco: Freeman.

Cox, J. H., & Witko, C. (2008). School choice and the creation of social capital reexamined. *American Journal of Political Science, 52*(1), 142-155.

Dalin, P. (1996). *School development*. London: Cassell.

Department for Education and Skills (DfES). (2003). *Classrooms of the futures*. DfES.

Design Council. (2005). *Learning environments campaign prospectus: From the inside looking out*. Design Council.

Doyle, W. (1986). Classroom organization and management. In M. C. Wittrock (Ed.), *Handbook of research on teaching* (3rd ed., pp. 392-431). New York: Macmillan Publishing Co.

Drath, W. H., & Palus, C. J. (1994). *Making common sense: Leadership as meaning-making in a community of practice*. Greensboro, NC: Center for Creative Leadership.

Dreikurs, R., Grunwald, B., & Pepper, F. (1982). *Maintaining sanity in the classroom*. New York: Harper & Row.

Duignan, P. A., & Macpherson, R. J. S. (1992). *Educative leadership: A practical theory for new administrators and managers*. London: Falmer Press.

Edwards, R., Manstead, A. S. R., & Macdonald, C. J. (1984). The relationship between children's sociometric status and ability to recognize facial expressions of emotion. *European Journal of Social Psychology, 14*, 235-238.

Ekstrom, R. B. (1961). Experimental studies of homogeneous grouping: A critical review. *The School Review, 69*, 216-226.

Etzioni, A. (1964). *Modern organizations*. Englewood Cliffs, N.J.: Prentice-Hall.

Etzioni, A. (1989). Humble decision making. *Harvard Business Review, 67*, 122-126.

Evans, D. L. (1991). The marketplace mythology in school choice. *Education Digest, 56*(7), 28-29.

Fayol, H. (1949). *General and industrial management*. Translated by Constance Storrs. London: Sir Isaac Pitman & Sons.

Fiedler, E. D., Lange, R. E., & Winebrenner, S. (1992). In search of reality: Unraveling the myths about tracking, ability grouping, and the gifted. *Roeper Review, 16*(1), 4-7.

Finn, J. D., Pannozzo, G. M., & Achilles, C. M. (2003). The "Why's" of class size: student behavior in small classes. *Review of Educational Research*, *73*(3), 321-368.

Fisher, K. (2005). *Linking pedagogy and space: Proposed planning principles*. Department of Education and Training. section 2.09.

Flanders, N. A. (1970). *Analyzing teaching behaviour*. New York: Addison-Wesley.

Flanders, N., & Havumaki, S. (1960). The effect of teacher-pupil contracts involving praise on the sociometric choices of students. *Journal of Educational Psychology, 51*, 65-68.

Foster, S. S. (2002). School choice and social injustice: A response to Harry Brighouse. *Journal of Philosophy of Education, 36*(2), 291-308.

Fowler, F. C. (2002). The great school choice debate. *The Clearing House, 76*(1), 4-7.

Freedman, J. L., Sears, D. O., & Carlsmith, J. M. (1981). *Social psychology* (4th ed.). Englewood Cliffs, NJ: Prentice-Hall.

French, J. R. (1993). *A formal theory of social power*. New York: Irvington.

Fullan, M. (2001). *Leading in a culture of change*. John Wiley & Sons.

Fuller, B. (1996). School choice: Who gains, who loses? *Issues in Science &*

Technology, 12(3), 61-67.

Fuller, B., Elmore, R. F., & Orfield, G. (1996). *Who chooses? Who loses?: Culture, institutions, and the unequal effects of school choice.* New York: Teachers College Press.

Gallagher, J. C. (1995). Comments on "the reform without cost?" *Phi Delta Kappan, 77*(3), 216-217.

Gewirtz, S., Ball, S. J., & Bowe, R. (1995). *Markets, choice and equity in education.* Buckingham: Open University Press.

Gil, N. (2009). *The BSF programme: Teacher involvement in design (A).* Manchester Business School. The University of Manchester.

Glasser, W. (1990). *The Quality school: Managing students without coercion.* New York: Harper & Row.

Glatter, R., Woods, P. A., & Bagley, C. (1997). *Choice and diversity in schooling: Perspectives and prospects.* London: Routledge.

Glatthorn, A. A. (1984). *Differentiated supervision.* Alexandria, VA: Association for Supervision and Curriculum Development.

Glatthorn, A. A. (1997). *Differentiated supervision* (2nd ed.). Alexandria, VA: The Association for supervision and curriculum development.

Goffman, I. E. (1968). *Stigma.* Middlesex: Penguin Books.

Goldman, A. H. (1992). Professional ethics. In L. C. Becker & C. B. Becker (Ed.), *Encyclopedia of ethics* (Vol II, pp. 1018-1020). New York: Garland.

Good, T. L., & Marshall, S. (1984). Do students learn more in heterogeneous or homogeneous groups? In P. Peterson, L. C. Wilkinson, & M. Hallinan (Eds.), *The social context of instruction: Group organization and group processes* (pp. 15-38). New York: Academic Press.

Good, T., & Weinstein, R. (1986). Teacher expectations: A framework for exploring classrooms. In K. K. Zumwalt (Ed.), *Improving teaching* (The 1986 ASCD Yearbook). Alexandria, VA: Association for Supervision and Curriculum Development.

Gorard, S. (1999). Well, that about wraps it up for school choice research: A state of the art review. *School Leadership and Management, 19*(1), 25-47.

Gottman, J. M. (1977). Toward a definition of social isolation in children. *Child*

Development, 48, 513-517.

Gottman, J., Gonzo, J., & Rasmussen, B. (1975). Social interaction, social competence, and friendship in children. *Children Development, 46*, 709-718.

Gouldner, A. (1954). *Patterns of industrial bureaucracy.* New York: Free Press.

Gronlund, N. E. (1959). *Sociometry in the classroom.* New York: Harper.

Gronlund, N. E., & Anderson, L. (1957). Personality characteristics of socially accepted, socially neglected, and socially rejected junior high school pupils. *Educational Administration and Supervision, 43*, 329-338.

Gulick, L., & Urwick, L. (Eds.) (1937). *Papers on the science of administration.* New York: Institute of Public Administration, Columbia University.

Haller, E. L. (1985). Pupil race and elementary school ability grouping: Are teachers biased against Black children? *American Educational Research Journal, 22*(4), 465-483.

Hallinan, M. T. (1994). School choice, foundations of. In T. Husen & T. N. Postlethwaite (Eds.), *The international encyclopedia of education* (2nd ed., pp. 5197-5201). Oxford: Elsevior Science Ltd.

Halpin, A. W. (1966). *Theory and research in administration.* New York: Macmillan.

Halpin, A. W., & Croft, D. B. (1963). *The organizational climate of schools.* Chicago: Midwest Administration Center of the University of Chicago.

Hall, R. H. (1962). The concept of bureaucracy: An empirical assessment. *American Sociological Review, 27*, 295-308.

Hall, R. H. (1987). *Organizations: Structures, processes, and outcomes* (4th ed.). Englewood Cliffs, NJ: Prentice-Hall.

Hamilton, D. (1989). *Towards a theory of schooling.* London: The Falmer Press.

Hargreaves, D. H., Hester, S. K., & Mellor, F. J. (1975). *Deviance in classrooms.* London: Routledge & Kagan Paul.

Harris, A., Day, C., Hadfield, M., Hopkins, D., Hargreaves, A., & Chapman, C. (2003). *Effective leadership for school improvement.* London: Routledge Falmer.

Harris, B. M. (1985). *Supervisory behavior in education* (3rd ed.). Englewood

Cliffs, N.J.: Prentice-Hall.

Harris, S. (2010). *The place of virtual, pedagogic and physical space in the 21ˢᵗ century classroom.* Sydney Centre for Innovation in Learning.

Harrison, A., & Hutton, L. (2014). *Design for the changing educational landscape: Space, place and the future of learning.* New York: Routledge.

Harter, S. (1990). Processes underlying adolescent self-concept formation. In R. Montemayor, G. R. Adams, & T. P. Gullotta (Eds.), *From childhood to adolescence: A transitional period* (pp. 205-239). Newbury Park, CA: Sage.

Hartzell, G. N., & Petrie, T. A. (1992). The principal and discipline: Working with school structures, teachers, and students. *Clearing House, 65*(6), 376-380.

Henig, J. R. (1994). *Rethinking school choice: limits of the market metaphor.* New Jersey: Princeton University Press.

Hersey, P., & Blanchard, K. H. (1996). *Management of organizational behavior* (7th ed.). Mahwah, NJ: Prentice-Hall.

Herzberg, F., Mausner, B., & Snyderman, B. (1959). *The motivation to work.* New York: Wiley.

Hirschman, A. O. (1970). *Exit, voice, and loyalty: Responses to the decline in firms, organizations, and states.* Cambridge, MA: Harvard University Press.

Hodgkinson, C. (1991). *Educational leadership: the moral art.* Alban: State University of New York Press.

Hoge, R. D., & Renzulli, J. S. (1993). Exploring the link between giftedness and self-concept. *Review of Educational Research, 63*(4), 449-465.

Hoover, S., Sayler, M., & Feldhusen, J. (1993). Cluster grouping of elementary students at the elementary level. *Roeper Review, 16*(1), 13-15.

Hoy, W. K., & Miskel, C. G. (1996). *Educational administration: Theory, research, and practice* (5th ed.). New York: McGraw-Hill.

Hoy, W. K., & Miskel, C. G. (2001). *Educational administration: Theory, research, and practice* (6th ed.). New York: McGraw-Hill.

Hoy, W. K., & Miskel, C. G. (2005). *Educational administration: Theory, research, and practice* (7th ed.). Boston: McGraw-Hill.

Hoy, W. K., & Miskel, C. G. (2008). *Educational administration: Theory, research, and practice* (8th ed.). Boston: McGraw-Hill.

Hoy, W. K., & Tarter, C. J. (1997). *The road to open and healthy schools: A handbook for change, elementary and middle school edition.* Thousand Oaks, CA: Corwin.

Hoyle, E. (1980). *The role of the teacher.* NJ: Routledge & Kegan Paul.

Ireson, J., & Hallam, S. (2001). *Ability grouping in education.* London: Paul Chapman Publishing.

Isaacson, G. (1983). Leadership behavior and loyalty. Doctoral dissertation. New Brunswick: Rutgers University.

Isherwood, G., & Hoy, W. K. (1973). Bureaucracy, powerlessness, and teacher work values. *Journal of Educational Administration, 9,* 124-138.

Jacobs, T. O., & Jaques, E. (1990). Military executive leadership. In K. E. Clark & M. B. Clark (Eds.), *Measures of leadership* (pp. 281-295). West Orange, NJ: Leadership Library of America.

Jaeger, R. M., & Hattie, J. H. (1995). Detracking America's schools: Should we really care? *Phi Delta Kappan, 77*(3), 218-219.

Jennings, R. (1977). *Education and politics: Policy making in local education authorities.* London: Batsford.

Joint Committee on Standards for Educational Evaluation (1994). *The program evaluation standards* (2nd ed). Thousand Oakes, CA: Sage.

Joint Information Systems Committee(JISC). (2006). *Designing spaces for effective learning: a guide to 21st century learning space design.* Bristol: JISC Development Group.

Katz, R. L. (1974). Skill of an effective administrator. *Harvard Business Review, 52,* 90-102.

Keddie, N. (1971). Classroom knowledge. In M. F. D. Young (Ed.), *Knowledge and control: New directions for the sociology of education* (pp. 133-160). London: Collier Macmillan.

Kontos, S., & Wilcox-Herzog, A. (1997). Influence on children's competence in early childhood classrooms. *Early Childhood Research Quarterly, 12,* 247-262.

Korir, J., & Karr-Kidwell, P. J. (2000). *The relationship between self-esteem and effective educational leadership: A literary review, recommendations, and interviews.* ERIC ED 443 142.

Kosir, K., & Pecjak, S. (2005). Sociometry as a method for investigating peer relationships: What does it actually measure? *Educational Research, 47*(1), 127-144.

Kounin, J. (1977). *Discipline and group management in classroom* (rev. ed.). New York: Holt, Rinehart & Winston. (Original work published 1971).

Kulik, C. C., & Kulik, J. A. (1982). Effects of ability grouping on secondary school students: A meta-analysis of evaluation findings. *American Educational Research Journal, 19,* 415-428.

Kulik, J. A. (1991). *Ability grouping: Research based decision making series.* C.T.: National Research Center on the Gifted and Talented. University of Connecticut.

Lauder, H., Hughes, D., Waslander, S., Thrupp, M., McGlinn, J., Newton, S., & Dupuis, A. (1994). *The creation of market competition for education in New Zealand.* Smithfield Project. Wellington: Victoria University of Wellington.

Lebacqz, K. (1986). *Six theories of justice.* Augusburg Publishing House.

Leithwood, K., Jantzi, D., & Steinback, R. (1999). *Changing leadership for changing times.* Buckingham: Open University Press.

Lewin, K. (1951). *Field theory in social sciences.* New York: Harper & Row.

Lewin, K. (1997). *Resolving social conflicts and field theory in social science.* Washington, D.C.: American Psychological Association.

Liberman, M. (1956). *Education as a profession.* Englewood Cliffs, N.J.: Prentice-Hall.

Likert, R. (1967). *The human organization.* New York: McGraw-Hill.

Locke, E. A., & Latham, G. P. (1990). *A theory of goal setting and task performance.* Englewood Cliffs, N.J.: Prentice-Hall.

Locke, E. A., & Latham, G. P. (1995). *A theory of goal setting and task performance* (2nd ed.). Englewood Cliffs, NJ: Prentice-Hall.

Loveless, T. (1999). *The tracking wars: State reform meets school policy.* Washington. D.C.: Brookings Institution Press.

Lunenburg, F. C., & Ornstein, A. C. (2000). *Educational administration:*

Concepts and practices (3rd ed.). Belmont, CA: Wadsworth.

MacKay, D. (1964). An empirical study of bureaucratic dimensions and their relations to other characteristics of school organization. Doctoral dissertation. University of Alberta, Edmonton.

MacKinnon, J. D., & Brown, M. E. (1994). Inclusion in secondary schools: An analysis of school structure based on teachers' images of change. *Educational Administration Quarterly, 30*, 126-152.

Mahoney, G. (1999). *Family/child curriculum: A relationship focused approach to parent education/early intervention.* Tallmadge, OH: Family Child Learning Center.

Manz, C. C., & Sims, H. P., Jr. (1989). *Super-leadership: Leading others to lead themselves.* New York: Berkley Books.

Marshall, R. E. (1978). The effect of classroom organization and teacher-student interaction on the distribution of status in the classroom. Doctoral dissertation. IL: University of Chicago.

Martin, J., Sugarman, J., & McNamara, J. (2000). *Models of classroom management* (3rd ed). Canada: Detselig Enterprises.

Maurer, R. (1996). *Beyond the wall of resistance: Unconventional strategies that build support for change.* Austin, TX: Bard Books.

McGregor, D. (1960). *The human side of enterprise.* New York: McGraw-Hill.

McKerrow, K. (1997). Ability grouping. *Journal for a Just & Caring Education, 3*(3), 333-337.

Mehan, H., Villanueva, I., Hubbard, L., & Lintz, A. (1996). *Constructing school success.* Cambridge: Cambridge University Press.

Merton, R. K. (1968). *Social theory and social structure.* New York: The Free Press.

Mintzberg, H. (1979). *The structuring of organizations.* Englewood Cliffs, New Jersey: Prentice-Hall.

Mintzberg, H. (1989). *Mintzberg on management.* New York: Free Press.

Mintzberg, H. (1992). *Structure in fives: Designing effective organizations* (2nd ed.). Englewood Cliffs, NJ: Prentice-Hall.

Mintzberg, H. (1993). *Structure in fives: Designing effective organizations.*

Upper Saddle River, New Jersey: Prentice-Hall.

Mintzberg, H., & Quinn, J. B. (1995). *The strategy process: Concepts, contexts, and cases* (3rd ed.). Paramus, NJ: Prentice-Hall.

Moeller, G. H., & Charters, W. W., Jr. (1966). Relation of bureaucratization to sense of power among teachers. *Administrative Science Quarterly, 10*, 444-465.

Molnar, A., Smith, P., Zahorik, J., Palmer, A., Halbach, A., & Ehrle, K. (1999). Evaluating the SAGE program: A polot program in targeted pupil-teacher reduction in Wisconsin. *Educational Evaluation and Policy Analysis, 21*(2), 165-177.

Moreno, J. L. (1934). *Who shall survive?: A new approach to the problem of human interrelations.* Washington, D.C.: Nervous and Mental Diseases Publishing Co., Reprint. New York: Beacon House, reprinted 1953.

Moreno, J. L. (1953). *Who shall survive?: A new approach to the problem of human interrelations.* Washington, D.C.: Nervous and Mental Disease Publishing Co. (Original work published 1934).

Nair, P. (2017). *Blueprint for tomorrow: Redesigning schools for student-centered learning* (3rd ed.). Cambridge, MA. Harvard Education Press.

Nair, P., Fielding, R., & Lackney, J. (2009). *The language of school design: Design patterns for 21st century schools.* Minneapolis: DesignShare.

Northway, M. L. (1940). A method for depicting social relationship obtained sociometric testing. *Sociometry, 3*, 144-150.

Nozick, R. (1974). *Anarchy, state, and utopia.* New York: Basic.

Nusser, J. L., & Haller, E. J. (1995). *Alternative perceptions of a school's climate: Do principals, students, and teachers agree?* San Francisco: American Educational Research Association. ERIC ED 390 138.

Oakes, J. (1983). Tracking and ability grouping in American schools: Some constitutional questions. *Teachers College Record, 84*(4), 801-817.

Oakes, J. (1985). *Keeping track: How schools structure inequality.* New York: Yale University Press.

Oakes, J. (1993). Detracking: Higher quality schools for all children. In P. Brown & P. Goren (Eds.), *Ability grouping and tracking: Current issues and concerns. Achieving national educational goals.* ERIC ED 406 458.

Oakes, J., Gamoran, A., & Page, R. (1992). Curriculum differentiation: Opportunities, consequences and meaning. In P. Jackson (Ed.), *Handbook of research on curriculum* (pp. 570-608). New York: Macmillan.

Palmer, P. (2017). *The courage to teach: Exploring the inner landscape of a teacher's life.* Jossey-Bass.

Parker, J. G., Rubin, K. H., Price, J. M., & DeRosier, M. E. (1995). Peer relations, child development, and adjustment: A developmental psychopathology perspective. In D. Cicchetti & D. J. Cohen (Eds.), *Developmental psychopathology: Risk, disorder, and adaptation* (Vol. 2, pp. 96-161). New York: Wiley.

Persell, C. (1977). *Education and inequality.* New York: The Free Press.

Peters, T., & Austin, N. (1985). *A passion for excellent.* New York: Collins.

Peterson, J. (1989). Remediation is not a remedy. *Educational Leadership, 46,* 24-25.

Plank, S., Schiller, K. S., Schneider, B., & Coleman, J. S. (1993). Effects of choice in education. In E. Rasell & R. Rothstein (Eds.), *School choice: Examining the evidence* (pp. 111-134). Washington, D.C.: Economic Policy Institute.

Pollard, S. (1995). *Schools, selection and the left.* London: Social Market Foundation.

Powell, M. (1963). *The Psychology of adolescence.* New York: The Bobbs-merrill. Co.

Power, S., Fitz, J., & Halpin, D. (1994). Parents, pupils and grant maintained schools. *British Educational Research Journal, 20*(2), 209-226.

Powers, J. M., & Cookson, Jr. P. W. (1999). The politics of school choice research: Fact, fiction, and statistics. *Educational Policy, 13*(1), 104-122.

Rawls, J. (1999). *A theory of justice* (revised ed.). Mass: Harvard University Press.

Reay, D., & Lucey, H. (2000). Children, school choice and social differences. *Educational Studies, 26*(1), 83-100.

Rein, M. (1983). *From policy to practice.* London: Macmillan.

Rich, J. M. (1974). *New directions in educational policy.* Lincoln, Nebraska: Professional Educators Publications.

Richards, D., & Engle, S. (1986). After the vision: Suggestions to corporate visionaries and vision champions. In J. D. Adams (Ed.), *Transforming leadership*. Alexandria, VA: Miles River Press.

Roff, M., Sells, S. B., & Golden, M. M. (1972). *Social adjustment and personality development in children*. Minneapolis: University of Minnesota Press.

Rogers, C. R. (1951). *Client-centered therapy*. Boston: Houghton Mifflin.

Rogers, K. B. (1991). Grouping the gifted and talented: Questions and answers. *Roeper Review, 16*(1), 8-12.

Rosenholtz, S. J., & Simpson, C. (1984). The formation of ability conceptions: Developmental trend or social construction. *Review of Educational Research, 54*, 31-63.

Rosenthal, R., & Jacobson, L. (1968). *Pygmalion in the classroom*. New York: Holt, Rinehart & Winston.

Sammons, P., Thomas, S., & Mortimore, P. (1997). *Forging links: Effective schools and effective departments*. London: Paul Chapman Publishing.

Schein, E. H. (1980). *Organizational psychology* (3rd ed.). Englewood Cliffs, N.J.: Prentice-Hall.

Schein, E. H. (1992). *Organizational culture and leadership* (2nd ed.). San Francisco, CA: Jossey-Bass.

Schlechty, P. C., & Joslin, A. W. (1986). Images of schools. In Lieberman, A. (Ed.). *Rethinking school improvement* (pp. 147-161). New York: Teacher College.

Schmuck, R. A. (1963). Some relationships of peer liking patterns in the classroom to pupil attitudes and achievement. *School Review, 71*, 337-359.

Schmuck, R. A. (1966). Some aspects of classroom social climate. *Psychology in the School, 3*, 59-65.

Schmuck, R. A., & Runkel, P. J. (1994). *Handbook of organization development in schools* (4th ed.). Prospect Heights, IL: Waveland Press.

Schmuck, R. A., & Schmuck, P. A. (1992). *Group process in the classroom* (6th ed.). Dubuque, I.A.: Brown & Benchmark.

Selznick, P. (1957). *Leadership in administration: A sociological interpretation*. Evanston, Ill: Row, Peterson and Co.

Senge, P. (1990). *The fifth discipline*. New York: Double-day.

Sergiovanni, T. J. (1992). *Moral leadership: Getting to the heart of school improvement.* San Francisco: Jossey-Bass.

Slavin, R. E. (1995). Detracking and its detractors: Flawed evidence flawed values. *Phi Delta Kappan, 77*(3), 220-221.

Slavin, R. E., & Braddock, J. H. III. (1993). Ability grouping: On the wrong track. *The College Board Review, 168,* 11-18.

Slavin, R. E., & Braddock, J. H. III. (1994). Ability grouping: On the wrong track. In J. I. Goodlad & P. Keating (Eds.), *Access to knowledge: The continuing agenda for our nation's schools* (revised ed., pp. 287-296). New York: The College Board.

Smith, T., & Noble, M. (1995). *Education divides: Poverty and schooling in the 1990s.* London: Child Poverty Action Group.

Smith-Maddox, R., & Wheelock, A. (1995). Untracking and students' futures: Closing the gap between aspirations and expectations. *Phi Delta Kappan, 77*(3), 222-228.

Sobel, R. S., & King, K. A. (2008). Does school choice increase the rate of youth entrepreneurship? *Economic of Education Review, 27*(4), 429-438.

Spillane, J. P. (2006). *Distributed leadership.* San Francisco: Jossey-Bass.

Stephens, T. M. (1992). *Social skills in the classroom.* Odessa, FL: Psychological Assessment Resources.

Stogdill, R. M. (1948). Personal factors associated with leadership: A survey of the literature. *Journal of Psychology, 25,* 35-71.

Stogdill, R. M. (1981). Traits of leadership: A follow-up to 1970. In B. M. Bass (Ed.). *Stogdill's handbook of leadership* (pp. 73-97). New York: Free Press.

Swing, S., & Peterson, P. (1982). The relationships of student ability and small group interaction to student achievement. *American Educational Research Journal, 19,* 259-274.

Thelen, H. A. (1981). *The classroom society: The construction of educational experience.* New York: John Wiley & Sons, Inc.

Thomas, K. (1976). Conflict and conflict management. In M. D. Dunnette (Ed.), *Handbook of industrial and organizational psychology* (pp. 889-935).

Chicago: Rand McNally.

Thomas, K. (1977). Toward multi-dimensional values in teaching: The example of conflict behaviors. *Academy of Management Review, 20*, 486-490.

Thrupp, M. (1999). *Schools making a difference: Let's be realistic!* Buckingham: Open University Press.

Vecchio, R. P. (1988). *Organizational behavior.* Chicago: Dryden Press.

Walford, G. (1992). Educational choice and equity in Great Britain. *Educational Policy, 6*(2), 123-138.

Walford, G., & Miller, H. (1991). *City technology college.* Milton Keynes: Open University Press.

Walker, H. M. (1988). *The walker social skills curriculum: The ACCEPTS program.* Texas: Pro-Ed.

Waslander, S., & Thrupp, M. (1995). Choice, competition and segregation: An empirical analysis of a New Zealand secondary school market 1990-1993. *Journal of Education Policy, 10*(1), 1-26.

Watson, S. B., & Marshall, J. E. (1995). Heterogeneous grouping as an element of cooperative learning in an elementary education science course. *School Science & Mathematics, 95*(8), 401-408.

Webb, B. (1990). Situational leadership: The key is knowing when to do what. *Executive Educator, 12*, 29-30.

Weber, M. (1947). *The theory of social and economic organization.* Translated by A. M. Henderson & T. Parsons. New York: The Free Press.

Wells, A. S. (1993). *Time to choose: America at the crossroads of school choice policy.* New York: Hill and Wang.

West, A. (2006). School choice, equity and social justice: The case for more control. *British Journal of Educational Studies, 54*(1), 15-33.

Wheelock, A. (1992). *Crossing the tracks: how untracking can save America's schools.* New York: The New Press.

Whitty, G., Power, S., & Halpin, D. (1998). *Devolution and choice in education: The school, the state, and the market.* Bistol, PA: Open University Press.

Woodman, R. W., & Pasmore, W. A. (Eds.) (1988). *Research in organizational change and development* (Vol 2). Greenwich, CT: JAI Press.

Yingjie, W. (2000). Teacher education reform in China: From international perspective. Paper presented in the *International Conference on Reforming Teacher for the New Millennium: Searching for the New Dimensions*. July 10-13. Bangkok.

Yukl, G. A. (1981). *Leadership in organizations*. Englewood Cliffs, NJ: Prentice-Hall.

Yukl, G. A. (1998). *Leadership in organizations* (4th ed.). Englewood Cliffs, NJ: Prentice-Hall.

Yukl, G. A. (2002). *Leadership in organizations* (5th ed.). Upper Saddle River, NJ: Prentice-Hall.

Yukl, G. A. (2006). *Leadership in organizations* (6th ed.). Upper Saddle River, NJ: Prentice-Hall.

Zanolli, K. M., Saudargas, R. A., & Twardosz, S. (1990). Two year old's responses to affectionate and caregiving teacher behavior. *Child Study Journal, 20*, 35-54.

찾아보기

〈인명〉

〈내용〉

| 저자 소개 |

김달효(金達孝/Kim, Dal-Hyo)

부산대학교 사범대학 교육학과 학사, 석사, 박사(교육행정 전공)
전 한국교육정치학회 편집위원장(2016~2017년)
　　교육부 정책자문위원(2017~2018년)
현 동아대학교 교육학과 교수
　　부산광역시교육청 정책자문위원
　　한국교육정치학회 이사
　　한국교육행정학회 이사

〈주요 저 · 역서〉
능력별 집단편성의 비판적 이해(시그마프레스, 2006)
공교육의 도전: 학교선택제(문음사, 2016)
사회정의와 교육리더십(문음사, 2019)
신자유주의 교육정책의 비판: 교육정치학과 교육사회학의 관점(역, 학지사, 2012)

〈주요 논문〉
고교 평준화 제도 정당화의 재조명(2003)
학교선택제의 시행에 대한 비판적 접근(2010)
한국 교사들의 좌파와 우파의 인식에 관한 실증적 분석(2012)
학급규모에 대한 주요 쟁점 분석(2013)
사회정의를 위한 교육의 이론적 고찰(2014)
새로운 교장임용제도로서 '교장보직공모제'의 가능성 탐색(2015)
교수재임용거부 사건의 유형별에 따른 교원소청심사위원회의 결정 분석(2016)
교육감 주민직선제의 타당성에 관한 재조명(2016)
'좋은 교사'의 특성이 교사평가에 주는 시사점(2016)
'좋은 학교'의 특성이 학교평가에 주는 시사점(2016)
안토니오 그람시(Antonio Gramsci) 사상의 교육적 적용의 시사점과 한계(2017)
노암 촘스키(Noam Chomsky) 사상의 교육적 적용의 가능성과 한계(2017)
학교민주주의에 관한 플랫폼 구축 연구(2019)

교육행정 및 교육경영(2판)

Educational Administration & Educational Management (2nd ed.)

2011년 2월 14일 1판 1쇄 발행
2012년 8월 20일 1판 3쇄 발행
2019년 9월 10일 2판 1쇄 발행

지은이 • 김달효
펴낸이 • 김진환
펴낸곳 • (주) **학지사**
　　　　04031 서울특별시 마포구 양화로 15길 20 마인드월드빌딩
대표전화 • 02)330-5114　　　　팩스 • 02)324-2345
등록번호 • 제313-2006-000265호

홈페이지 • http://www.hakjisa.co.kr
페이스북 • https://www.facebook.com/hakjisa

ISBN 978-89-997-1889-2 93370

정가 19,000원

이 도서의 국립중앙도서관 출판시도서목록(CIP)은 서지정보유통지
원시스템 홈페이지(http://seoji.nl.go.kr)와 국가자료공동목록시스템
(http://www.nl.go.kr/kolisnet)에서 이용하실 수 있습니다.
(CIP 제어번호: CIP2019030614)

출판 · 교육 · 미디어기업 **학지사**

간호보건의학출판 **학지사메디컬** www.hakjisamd.co.kr
심리검사연구소 **인싸이트** www.inpsyt.co.kr
학술논문서비스 **뉴논문** www.newnonmun.com
원격교육연수원 **카운피아** www.counpia.com